キャンパスの国際化と留学生相談

多様性に対応した学生支援サービスの構築

大西晶子 ──［著］

東京大学出版会

Campus Internationalization and Counseling Services for International Students:
Developing Culturally Competent Services for Students
Akiko ŌNISHI
University of Tokyo Press, 2016
ISBN 978-4-13-011144-7

序

　世界は，人類史上，前例のない速さでグローバル化している。インターネットの普及がその第一の理由であろう。また，交通手段の発展も，人々の移動を容易にしたという点でその要因になっているであろう。しかし，そのようなグローバル化は，人々を真に幸せにしているのであろうか。グローバル化のポジティブな面のみが喧伝され，その負の面が見逃されていないであろうか。今日の世界情勢は，グローバル化とともに，他方でグローバル化の益を得ていない，あるいはグローバル化の影の部分を担わされた人々の不満の噴出の，双方によって揺れ動いているようにも思われる。

　グローバル化が進むということは，それだけ世界を相手とする競争が激しくなるということでもある。グローバル化した企業は，国境を越えて活動を広げており，世界を相手にしのぎを削っている。それは，大学についてもいえることである。大学というのは，多様な文化の接点となって新たな学術文化を生み出していく場である。その点で大学は，本来的に国際化を促進する場である。しかし，日本の大学は，海外で学んだことを取り入れるという点では国際化が進んでいたが，多様な文化の接点となるとともに，新たな文化を創造して，世界に対して存在意義を示す場としての発展が遅れていた。

　ところが，世界の大学ランキングなるものが出てきて（これもグローバル化の縮図であろう），日本の大学もいよいよグローバル化の波に飲み込まれる時代が来た。政府は，国をあげて学生の海外留学を促進する制度の充実を図るとともに，留学生の受け入れを進めてきている。加速するグローバル化の波の中で，新たな時代を生き抜く人材の育成に社会的な注目が集まっており，多くの大学は，留学生の受け入れを通じた大学の国際化に積極的な姿勢を示している。

　大学の国際化は，しかしながら，未だ多くの人にとっては，その意味を実感することが難しい「掛け声」に過ぎない面がある。留学生の受け入れを担当す

る人々の口から不満が漏れてくるだけでなく，留学生自身からも日本の大学の受け入れ体制の不備が指摘されている。真の国際化とは，表面的な受け入れ体制の整備だけでなく，留学生が生活する中で，「この国に住めてよかった」という生活レベルでの満足感を得られることであろう。その点で，日本の留学生受け入れ体制は，まだまだ貧弱と言わざるを得ない。生活レベルでのサービスを充実させていくことが，真の国際化に向けての第一歩といえる。そのためには，まず現状をしっかりと把握し，どのような改善が必要かを示すことが重要となる。

　本書はそれを，「学生支援サービスの多様性への対応」という具体的な次元で扱うことによって，議論可能な問題としている。著者の大西晶子氏は，留学生相談の実務家であり，本書はその実践の場での体験が起点となっている。一方で，本書はそれを実務家の個人的経験の次元に留めず，社会の変化や大学の国際化という大きな文脈の中で捉えなおし，問題を社会的な課題として位置づけている。様々な調査データや実践事例を示しながら，何が問題となっているのか，その解決に向けて何ができるかを論じている点では，極めて実践的である。

　キャンパスにおいて少数者である留学生の声を取り上げ，実践の中から援助のモデルを作り上げていくと同時に，国の国際化推進策や大学の留学生受け入れの施策等，留学生を取り巻くマクロの要因の影響にも目も向け，それらに働きかけていくことの重要性を指摘している。社会が大きく変化する中で，専門家と呼ばれる人々が，新たな社会のニーズにどのように応じていくのか，心理支援サービスの領域における課題としても，本書の試みは興味深い。

　さらに，我が国は，留学生以外にも海外から来日する人々の受け入れ体制の充実を図っている。それは，大学だけでなく，地域の活性化とも関わる重要なテーマとなっている。そのような生活面を含む"国際化"に関わる人々にとって，本書は，具体的な活動の指針を提示するものとなっている。真の国際化を進めるために，多くの方に読んでいただきたい書物である。

2016 年 8 月

下山晴彦

はじめに

　2016年現在，外国人旅行者の急増や東京オリンピックを追い風に，国全体が海外から訪れる人を歓迎するムードに溢れている。巷はさながら「おもてなし」と「日本再発見」ブームである。

　グローバル化は，訪日客の増加だけでなく，社会のあらゆる側面における国境を越えた活動を活発化させ競争を激化させており，高等教育の場も例外ではない。こうした中，新しい時代を生き抜くことができるグローバル人材の獲得や育成の必要性を唱える声を耳にしない日はなく，また留学生に対する社会的関心も，かつてないほど高まっている。

　2015年5月1日付で，高等教育機関で学ぶ留学生数は15万2062人，日本語教育機関で学ぶ学生を含めると20万8379人である。国は2020年までにこの数を30万人にまで拡大させることを計画しており，「世界ランキングトップ100に10大学」といった数値目標も並ぶ。留学生数や外国人教職員数の拡大，英語プログラムや共修授業の導入は，今日の主要な「キャンパスの国際化」の手段である。イメージ図として，留学生がキャンパスで語らう姿や，英語が飛び交う学びの場が大学の広報資料やウェブサイト上には示される。しかしながら，これらの取り組みを通じて，どのような大学の実現が目指されているのか，また様々な取り組みが実際には日本の大学に何をもたらしているのか，明確ではない。留学生と接する場で感じられるのは，理念や戦略として語られる大学の国際化と，学生たちのキャンパスにおける体験の間の大きなギャップの存在である。

　国際化に向けて海外からの学生を欲しているという，国や大学の放つメッセージと，日々の体験との相違に戸惑い，複雑な思いを抱きながら学生生活を送る留学生は残念ながら少なくない。これらは果たして日本の大学に馴染むことができない学生の個人的な資質の問題であると言い切れるだろうか。さらに，

国や大学が唱える国際競争力の強化やグローバル人材の育成と，目の前の留学生の増加がどうつながっているのか実感がないという思いを抱いたまま，年々増加する業務に忙殺される大学関係者も少なくない。

留学生受け入れが大学にとって重要な課題となる中で，「郷に入っては郷に従え」式の留学生対応は，表向き耳にすることは少なくなった。しかしながら，自らが変わることを求められる場面や，意見の対立が生じる異文化接触状況では，ホスト側・多数派側にそうした意識が見え隠れする場面は，今日においても多く遭遇する。

留学生をいつまでも援助を必要とする対象とみなすべきではないという言葉も，近年時折耳にする。留学生もまた，常に助けられることを必要としているわけではなく，彼らはむしろ，主体的に自身の人生を選択し，海を渡ってきた優秀な若者たちである。したがって筆者も，留学生を常に弱い立場，援助が必要な学生群とみなすべきではない，という立場に全く異論はない。しかしながら同時に，この言葉が，必要とされる大学の変革に取り組まない言い訳となっていないだろうか，という視点も失ってはならない。グローバル化の進行により，異文化との出会いと共存は，もはやそれに関心を寄せる人だけが選択し，体験するものではなく，日常の一部となっている。その中でも，国際化を宣言する大学においては，大学の国際化とは何かという問いを，構成員すべてが自分自身に問われているテーマとして受け止め，議論に関わっていく必要がある。自らの変化を前提に，無関心や同化，あるいは表面的なおもてなしを越えていくプロセスにこそ，「なぜ多様な人材を受け入れるのか」「留学生や外国人研究員数を増やすことの意味はどこにあるのか」という問いに対する答えがあるのではないだろうか。

本書は，国際化の時代において，大学はどのような内的変化を求められているのかを，キャンパスの国際化，中でも学生支援の側面から捉えていくものである。高等教育の国際化という事象の中では，極めて限られた領域ではあるが，急激な変化に伴うひずみや課題は，究極的には留学生個々の次元において問題化し体験されるものである。留学生の目に，日本の大学はどのように映っているのか。この最もミクロの単位から，大学や国の国際化推進策の課題をみていくことは，十分な議論もないまま，当事者を置き去りにして進んでいくかのよ

うにみえる今日の大学の国際化推進の問題点をあぶり出し，われわれが何をすべきかを明らかにしていくことを可能にすると考える。また留学生支援の実践者としての筆者の立ち位置からは，多様化し変容する社会の中で，対人援助や教育に携わる専門家が担う社会的責任とは何かを問いながら，論を進めていきたい。

目　次

序（下山晴彦）　　i

はじめに　　iii

第1章　大学の国際化と学生支援の課題　　1
第1節　いま大学で何が起きているか　　1
　1.1　国境を越える大学生　　1
　1.2　大学の国際化の現状　　2
　1.3　国際化に伴う多様性拡大への対応　　3
第2節　本書のねらい　　4

第2章　日本の留学生受け入れと留学生支援の展開　　9
第1節　日本における留学生の受け入れ　　9
　1.1　日本で学ぶ留学生の増加とその背景　　9
　1.2　留学生をなぜ受け入れるのか――留学生受け入れの理念　　11
第2節　留学生支援の枠組みはどのように生まれてきたか　　12
　2.1　留学生数の急増と個別対応の限界（第一期：1980年代〜90年代前半）　　12
　2.2　留学生センター中心の支援の拡充（第二期：1990年代後半〜2000年代前半）　　14
　2.3　国際貢献から高度人材としての留学生へ（第三期：2000年代後半）　　15
　2.4　グローバル人材への関心と留学生支援の拡散（第四期：2010年代〜）　　17
第3節　留学生支援とはいかなる領域か　　19
　3.1　留学生支援に関する基本的概念の整理　　19
　3.2　学生支援における留学生支援の位置づけ　　21

　　　　3.3　留学生支援体制の実際　　23
　　　　3.4　留学生支援の活動領域　　24
　　　　3.5　留学生支援の担い手をめぐる議論　　26
第4節　留学生支援領域の課題　　29

第3章　留学生支援の拡充に向けた研究の動向　　35
第1節　留学生支援に関する心理学的研究の動向　　35
　　　　1.1　異文化における適応への関心　　35
　　　　1.2　留学生に特有の適応領域の検討　　36
　　　　1.3　留学生の中の多様な文化的集団の特徴　　37
　　　　1.4　ソーシャルサポートを活用した支援　　38
　　　　1.5　専門的援助資源の役割　　41
第2節　留学生のニーズに対応したサービスとは何か　　41
　　　　2.1　文化的少数派の援助の求め方への注目　　41
　　　　2.2　留学生に対する援助の工夫　　44
　　　　2.3　多文化カウンセリングの概念の広がり　　45
　　　　2.4　多文化に対応した援助の諸方略　　46
　　　　2.5　サービスを支えるマクロ要因　　49
　　　　2.6　実態を踏まえたサービス構築　　51
第3節　留学生を対象とした研究の留意点　　55
　　　　3.1　「留学生」という集団の適切な扱い　　55
　　　　3.2　文化的にセンシティブな研究の実施　　57

第4章　学生相談の中の留学生相談　　65
　　　　――実態調査（研究1）からみる留学生支援体制の現状
第1節　研究1「学生相談機関を対象とした実態調査」の概要　　65
　　　　1.1　調査の概要　　65
　　　　1.2　調査の内容　　66
第2節　研究1の結果　　67
　　　　2.1　学生相談機関における留学生対応体制　　67
　　　　2.2　学生相談機関における留学生対応状況　　69
第3節　学生相談機関における留学生対応の特徴と課題　　70

3.1　留学生相談の実施形態——統合型と分業型，分離型　　70
　　　3.2　学生相談機関における留学生相談の課題　　73
　　　3.3　留学生相談の実施形態による課題の整理　　74
　　　3.4　大学としての方針の重要性　　77

第5章　学生相談従事者からみた留学生　　79
　　　——実態調査（研究2）を踏まえた留学生対応の課題

第1節　研究2「学生相談従事者による留学生対応の実態調査」の概要　　79
　　　1.1　調査の概要　　79
　　　1.2　回答者の特徴　　80
第2節　研究2の結果　　80
　　　2.1　学生相談従事者の留学生対応経験　　80
　　　2.2　学生相談機関を利用している留学生の特徴　　80
　　　2.3　留学生対応の独自性の認識　　81
　　　2.4　学生相談従事者の留学生対応に対する自信　　82
　　　2.5　学生相談従事者の視点からみた留学生相談の拡充の方法　　85
第3節　学生相談従事者の留学生対応力の向上に向けて　　87

第6章　なぜ留学生は学生支援サービスを利用しないか　　91
　　　——質問紙調査（研究3）から障壁要因を探る

第1節　研究3「留学生の学生支援サービスの障壁要因」の概要　　91
　　　1.1　調査の概要　　91
　　　1.2　調査の内容　　92
　　　1.3　回答者の特徴　　93
第2節　研究3の結果　　97
　　　2.1　学生支援サービスについての認知・利用状況　　97
　　　2.2　学生支援サービスを利用しない理由　　98
　　　2.3　学生支援サービス利用障壁の構造　　99
　　　2.4　学生支援サービス利用障壁と諸属性の関連　　101
第3節　留学生の学生支援サービスの利用に対する障壁の理解　　106
　　　3.1　日本語力はどのように影響するか　　106
　　　3.2　出身地域による特徴をどう捉えるか　　107
　　　3.3　日本語力の高い層にみられる特徴の検討　　109

  3.4　滞日期間の長さはなぜ影響しないか　110
  3.5　学生支援サービスの利用しにくさを捉える新しい視点　111

第7章　留学生支援サービスの実践事例　113
——利用者データ分析（研究4）によるニーズの把握と対応

第1節　実践事例の特徴　113
 1.1　大学の特徴　113
 1.2　留学生受け入れ状況　114
 1.3　学生支援サービス全体の特徴　115
 1.4　留学生向け相談室の相談構造の特徴　116

第2節　研究4「留学生向け相談室利用者データの分析」の概要　119
 2.1　実践事例の検討に用いるデータ　119
 2.2　分析の流れ　121

第3節　留学生の相談室利用の特徴　122
 3.1　利用者の特徴　122
 3.2　相談内容の全体的な傾向　124
 3.3　相談内容の時期による変化　128
 3.4　出身地域による相談内容の特徴　129
 3.5　性別による相談内容の特徴　132
 3.6　相談対応の特徴　134

第4節　留学生のニーズに対応した実践活動の展開　135
 4.1　第一期分析より明らかになったこと　135
 4.2　第一期分析を踏まえた取り組み　136

第5節　利用されるサービスの構築と今後の課題　139
 5.1　留学生をめぐる状況の変化への対応　139
 5.2　多機能サービスの有効性　143

第8章　留学生と学生支援サービスをつなぐ視点　147
——質的研究（研究5）によりサービス利用のモデルを生成する

第1節　研究5「留学生の学生支援サービス利用に関する質的研究」の概要　147
 1.1　留学生の内的体験へのアプローチ　147
 1.2　GTAの特徴と用いられる用語の定義　148

　　　　1.3　インタビューへの協力依頼の手順　149
　　　　1.4　インタビュー調査の実施の手順　151
　　　　1.5　分析の手順　151
　　　　1.6　分析の視点の絞り込み　153
第2節　分析1：相談資源の相応しさを見極める枠組みの検討　154
　　　　2.1　分析1の流れ　154
　　　　2.2　抽出されたカテゴリーの説明　154
　　　　2.3　カテゴリー間の関連性の検討による相応しい相手の見極め　159
　　　　2.4　相応しさの見極めの枠組みについて説明するモデル　164
第3節　分析2：見極めの枠組みの多様性はどのように生まれるか　166
　　　　3.1　分析2の流れ　166
　　　　3.2　援助のやりとりに関する個人の規範　167
　　　　3.3　ホストシステムとの折り合いによる影響　178
　　　　3.4　学生支援サービスの利用に向けた流れ　186
　　　　3.5　学生支援サービスへのアクセスを生む主要な三つの状況　189
第4節　分析3：学生支援サービスの利用継続メカニズムの検討　194
　　　　4.1　分析3の流れ　194
　　　　4.2　相談の場の適切さをどう評価するか　194
　　　　4.3　相談の場との結びつきが深まるとき　195
　　　　4.4　相談の場との緩やかなつながりの維持　198
　　　　4.5　相談の場とのつながりが途切れるとき　199
　　　　4.6　援助者と利用者の間の共通性　201
第5節　留学生の学生支援サービス利用の2段階モデル　202

第9章　**多様性に対応した学生支援サービスの姿**　……………　207
第1節　留学生が利用しやすい学生支援サービス　207
　　　　1.1　学生支援サービスと留学生の接点をつくるための工夫　207
　　　　1.2　援助関係構築の初期の課題への対応　211
　　　　1.3　援助者との文化差の影響の扱い　212
　　　　1.4　多様な結びつきを可能とする援助構造　214
　　　　1.5　留学生集団内の多様性の理解　215
第2節　「留学生向け」サービスの再考　217

第10章 キャンパスの国際化とは何か ……………………………… 219
——学生支援サービス構築の視点から

第1節 本書が明らかにしてきたこと　219
第2節 キャンパスに求められる変化　221
 2.1 キャンパス内部からの変化　221
 2.2 キャンパス全体の変容に向けた包括的取り組み　223
第3節 留学生支援の場からキャンパスの国際化に向けて　224
 3.1 留学生支援の場の役割の再定義　224
 3.2 国際化に向けた取り組みの継続と共有化　227
第4節 今後に向けて　229
 4.1 専門家の社会的責任　229
 4.2 心理援助モデルの発展への貢献　231
 4.3 本書の限界　232
 4.4 結びにかえて　234

初出一覧　237
引用文献　239
Appendix　255
あとがき　263
索　引　265

第 1 章
大学の国際化と学生支援の課題

第 1 節　いま大学で何が起きているか

1.1　国境を越える大学生

　人や物，経済活動の国境を越えた行き来が活発になること，すなわちグローバル化は，社会の諸次元において様々な変化を生じさせているが，高等教育の場も例外ではない。OECD (2014) の統計によると，自国以外の国で学んでいる留学生の数は 1975 年に 80 万人，2000 年には 210 万人，2012 年には 450 万人に達しており（図 1-1），過去 10 年あまりの間に倍増している。

　この急激な増加は「国家間の学術，文化，社会，政治の結びつきを強めたいという関心，EU の形成や，高等教育へのアクセスの大幅な増加，移動コストの減少に由来するものであり，また高度人材を対象とした労働市場の国際化は，高等教育において国際的な経験を持つことにインセンティブを与えている」(OECD, 2013, p. 306) ことによると説明される。

　留学生の増加という世界的な動向は，日本においても同様に生じており，2015 年 5 月 1 日付で 15 万 2062 人の留学生が日本国内の高等教育機関で学んでいる[1]。数的増加に加えて，国を越えて学ぶ大学生の多様化もまた，グローバル化の進行に伴う現象の一つとして注目の必要な点である。日本で学ぶ学生に関していえば，アジア出身者中心，大都市・大規模大学への集中，国立大学には大学院生の在籍者が多く，私立大学においては学部生が中心（馬越，1991）といった全体像は，馬越の指摘から四半世紀経過した現在まで大きく変化していない。しかしながら，送り出し国の経済的な発展によって，幅広い社会階層の人々が留学を選択可能な状態にある。また，留学生獲得に重点を置いた様々な国の施策の下で，学位取得を目的とした大学院留学生が中心であった国立大

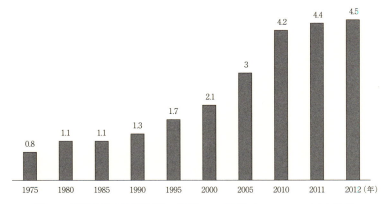

図1-1 留学生数の世界的増加（単位：100万人）（OECD, 2014より作成）

学においても，交換留学生などの姿が目立ち始めている。さらに，卒業後の日本での就職を後押しする施策の導入を背景に，日本での就職を希望する留学生も増えている。留学生の滞在目的，滞在期間，日本語力，経済力等は過去10年で急速に多様化している。

1.2 大学の国際化の現状

　グローバル化は「21世紀の高等教育を，ますます国際化の方向に押しやる経済的，政治的，社会的な諸力」（アルトバック＆ナイト, 2006）であり，Knight（2001）は，「教育の国際化とは，グローバル化への大学の対応の様式の一つである」[2]と述べている。マクロ的にみれば，大学の国際化はグローバル化する社会の中で求められる不可避な方向性であり，さらに留学生個々の次元でみれば，留学は，新しい時代において，より多くの人生の選択肢を持つための手段の一つとなろう。グローバル化と大学の国際化という話題においては，しばしば，大学の世界ランキング[3]が引き合いに出される。これらのランキングは，大学の序列化のための評価領域の一つとして「大学の国際化」を用いており，国際的な共同研究や学生の国際体験の機会の多さ，留学生や外国人教員受け入れにより高まるキャンパスの多様性などによって，その程度が測定される。

　一国の中でも多様な高等教育のあり様を，統一指標を用いて評価し，意味あ

る比較・序列化を行うことは本来容易ではないが，こうした序列化が，国や大学に，変化に向けた動機づけを提供しており，高等教育のあり方に強く影響を与えていることは間違いない。中でも，政府や大学の国際化の指標に対する関心は非常に高い。こうした傾向は世界的にみられ，International Association of Universities（以下 IAU）が，2013 年に世界中の高等教育機関を対象に実施した調査によると[4] 国際化推進の外的要因として，政府の方策，産業界からの要請に続き，「国や世界ランキング」が 3 位に挙げられている（IAU, 2014, p. 57）。

　江淵（1997, pp. 16-18）は，大学の国際化を定義するにあたっては，「国際化の課題領域と指標に関する問題」，すなわち「具体的に大学がどのように変わったら国際化したといえるのか」という議論が生じるとし，国際化には「現象・事実的次元」と「目標・理念的次元」の二つの側面があると述べている。また，江淵（1989, 1997）は，「大学の国際化の指標」として，①価値：教育課程及び教育課程の内容強化と多様化，②システム：単位の互換性を保証するシステムの確立，③ルール：高等教育機関の運営に関する国際合意の形成，④規範：大学のキャンパス内外における国際理解の促進と国際的協力活動に必要な規範の発達，⑤秩序：国際共同研究への参加，の五つの次元を挙げ，これらの次元の実現に向け取り組むことが"目標"として大学の国際化であることを指摘している。

　さらに，Hudzik（2011）は，高等教育の国際化とは，単に学生の海外派遣や留学生の獲得ではなく，教育・研究・アウトリーチ活動等に関する大学のミッションと密接に結びついた包括的な取り組み（comprehensive internationalization）を意味すると述べており，国際化はゴールであるだけではなく，それぞれの大学がミッションを遂行するための手段的側面を持つことを指摘している。

1.3　国際化に伴う多様性拡大への対応

　こうした国際化推進の議論においては，その主体が明確ではない場合が多いが，国や大学を主語として国際化が議論される際には，数値化可能な領域に議論が集中し，その数的達成自体が目的化しがちである。IAU の調査では，回答した大学のうち約半数が，目標とする留学生獲得数を掲げており，中でも数値目標を重視する傾向はアジア地域の大学で強いことが示されている（IAU,

2014, p. 93)。国際化の達成状況のモニタリング指標としても,「留学生在籍者数」「学生の海外派遣数」「海外大学とのパートナーシップ数」等の数的把握が容易な学生移動（student mobility）の数字が用いられる（IAU, 2014, p. 47）。日本の大学の世界ランキングでの順位が振るわない理由の一つには,留学生や外国人教員比率の低さが挙げられており（米澤, 2013）,留学生獲得に関する領域は,日本においても関心が集中しやすい。対して,多様な学生を受け入れた結果生じる問題については,議論はあまりなされていない。

　天野（2013, p. 61）は,留学生の増加を「新しい学生層の出現,言い換えれば新しい支援対象層の出現」を意味すると述べ,「留学生は,日本人の学生とは違った配慮を必要とする,さまざまな条件や要求を持っている」としている。大学が国際化を志向し,その手段,あるいはその結果として留学生が増加するということは,キャンパスが,異なる社会文化的環境で生きてきた学生たちが集う場となることを意味している。共通性の高い教育システムの中で育ってきた学生を想定してきた日本の大学は,多様な学生を受け入れていくために,既存の枠組みの見直しを迫られていくだろう。大学の国際化の議論において,キャンパスの多様性拡大が進むこと,またその拡大にどのようにキャンパスが対応していくのかといった問題への関心は,世界的動向をみてもあまり高くない[5]。しかしながら,個々の学生の留学生活の成功は,大学の国際化の最も基本的な単位であり,それを支えることは,教育機関の担う倫理的な責任でもある（Arthur, 1997, 2004; O'Reillya *et al*., 2013）。学生支援の取り組みは,大学教育の場を下支えするものであり,多様な学生の学びを保障していくためには欠くことができない。また,国際化推進に伴う学生層の多様化への対応,キャンパスの国際化は,留学生数の増加を,意味のある本質的な高等教育の国際化につなげていくうえでも重要であるといえる。

第2節　本書のねらい

　国際化の中で求められるキャンパスの姿に関する議論が遅れ,表層的な数の上での多様性拡大が先行している現状において,積極的な留学生受け入れ政策がとられているにもかかわらず,そのための環境整備がスムーズに進んでいる

とは言い難い。特に学生支援の面に関しては，議論そのものが乏しい。多様化する学生のニーズに対応しうる学生支援体制を構築していくことは，大学が新たな時代においてその役割を果たしていくうえで，後回しにすることはできない課題である。

　Yonezawa (2009) は，継続した国際化のプロセスを支えるためには，学術関係者と大学の国際化に向けた自律的なイニシアティブが不可欠であることを指摘している。また，芦沢 (2008) は，国の予算や補助金に依存しない，大学の実情に適した戦略の構築，国際教育の実務者や高等教育の研究者が連携したボトムアップ型の国際化戦略の構築の必要性を指摘している。留学生の戸惑いや教職員の違和感にも，問題解決のカギが隠れており，こうした声を聴き取り，施策に反映させていくことが求められているといえよう。

　本書においては，このような問題意識のもと，国際化が生じる場と施策の乖離を解消するために，現実・実践を踏まえた議論を重視する。中でも学生支援の仕組みづくりという，大学と学生をつなぐ活動に視点を置き，変化する大学と学生双方のニーズに対応していくことのできる学生支援サービスのあり方を検討していく。

　まず，第2章において，留学生支援の現状に関して理解を深め問題点を明らかにするために，既存の体制が生まれてきた背景について考察を加える。続いて，第3章においては，留学生支援に関連して実施されてきたこれまでの研究の動向をまとめ，国外の動向と比較しながら，日本の大学における留学生支援の拡充につながる視点を整理する。さらに，第4章以降においては，在日留学生や日本の大学の学生支援従事者，留学生相談の場を対象として実施した五つの研究を取り上げる。これらの理論的・実践的研究を通じて本書が目指すのは，国際化する日本の大学に求められる留学生支援サービスのあり方を示すことである。多様性に対応した学生支援サービスの整備を，大学の国際化のための取り組み領域の一つとして位置づけ，組織としての対応課題や援助専門家の役割についても議論を深めていきたい。

注

1) 日本学生支援機構（2016）．平成 27 年度外国人留学生在籍状況調査結果　Retrieved from http://www.jasso.go.jp/about/statistics/intl_student_e/2015/index.html（2016 年 4 月 4 日）

「留学生」は，「出入国管理及び難民認定法」別表第 1 に定める「留学」の在留資格（いわゆる「留学ビザ」）により，「我が国の大学（大学院を含む），短期大学，高等専門学校，専修学校（専門課程）及び我が国の大学に入学するための準備教育課程を設置する教育施設において教育を受ける外国人学生」（日本学生支援機構，2013）である。日本語教育機関（日本語学校）に在籍する外国人学生は，在留資格「就学」を有し，留学生とは区別されていたが，「出入国管理及び難民認定法」の改正（2009 年 1 年 7 月 15 日公布）により 2010 年 7 月 1 日付で「留学」と「就学」の在留資格が一本化された。日本学生支援機構は各年 5 月 1 日段階の在籍留学生数を報告しており，2014 年度在籍者データまでは，日本語教育機関以外の在籍者に関して資料がまとめられていたが，2015 年度在籍者からは両者を合算したデータが公表されている。日本語教育機関に在籍する学生と大学等で学ぶ留学生とでは，異文化適応の課題などに共通性もあり，また日本語学校を経由して高等教育機関に進学する学生も多いことから，日本語学校における学生支援の取り組みは重要である。一方で，両者は異なる面も多い。支援の面からみると，日本語を学ぶ学生のみで構成される日本語教育機関と，日本生まれの学生と海外出身の学生がともに学ぶ大学とでは，教育を受ける場の環境が全く異なる。さらに教育機関としての機能・役割の違いから，大学では教育の国際化・国際競争力の強化が求められ，キャンパスの国際化やグローバル人材育成へのインパクト等が議論となるのに対して，日本語教育機関においてはそのような議論は必要とされていない。

本書の関心は，大学の国際化という議論に，学生支援の体制整備の問題を位置づける点にあることから，高等教育機関で学ぶ留学生のみを議論対象とする。なお，前述の定義にもある通り，各種留学生関連のデータは，日本国籍以外の学生（外国人学生）であっても，家族滞在や永住，日本人の配偶者等の在留資格を有する学生を含んでいない。キャンパスには外国とつながりを持つ留学生以外の学生も多く学んでおり，その学生たちのニーズは，本人たちの育ちや，文化的アイデンティティの問題，身につけている言語力，家族が現在どの国で暮らしているか，等によって非常に多様である。学生集団は，留学生／日本人という 2 分類で捉えることはできない多様な集団であるという認識は，本書の大前提である。

2) グローバル化や国際化といった用語は，領域や時代により異なる用いられ方をするが，Knight（2008）は，両者は相互に互換可能な用語ではないと述べ，グローバ

ル化という現象に対応していく「プロセス」を重視した概念として，「教育の国際化」「大学の国際化」という用語を使用している。本書においても，グローバル化によって生じる課題に対応していく，大学の試み，変化に対して，「大学の国際化」という用語を用いる。また，特に「キャンパス」という物理的空間を伴う場を強調したい場合には，「キャンパスの国際化」という表現も用いる。

3) 代表的な例として，上海交通大学の Academic Ranking of World Universities (ARWU) やイギリスの高等教育専門誌 Times higher education が，トムソン・ロイター社と共同で毎年示している，Times Higher Education (THE) World University Rankings が挙げられる。前者は，主に学術の側面に焦点を当てたランキングであり，後者は，「教育」「研究」「研究の引用」「産学連携」「国際化の程度」(international outlook) の評価軸を用いて順位づけしている。「国際化の程度」は，評価全体の7.5%を占めており，指標として留学生や外国人教員のシェア，国際的に行われた共同研究の雑誌への掲載率等が用いられている (Thomson Reuters, 2013)。

4) IAU は，2003年より高等教育機関の国際化の取り組みに関する調査を行っており，第4回の調査報告書が2014年に出されている。第4回調査は，131ヶ国1336機関の回答が取りまとめられており，「高等教育の国際化に関する調査の中で，回答数が最大であり，また最も広い地域を対象とした調査」(IAU, 2014, p. 35) である。回答者はそれぞれの機関の長や国際関係の担当理事等が中心であり，各国・大学が国際化戦略を練るために高等教育機関の国際化の世界的動向についての基礎資料を提供することが調査の主要目的とされている。

5) 注4) の IAU 調査においては，大学の国際化推進方策において，どのような価値・原理が明示されているのかを問うている。その結果，学術的目標の達成，パートナーシップ関係を結ぶ前提としての共有の利点・尊重・公平性，国際化の機会の平等性に言及する大学は，回答大学の半数を超えているが，「留学生・外国人研究者の権利」への言及を行っている大学は36%に留まっている。

第2章

日本の留学生受け入れと留学生支援の展開

　留学中の学生をどのように支援するのか。この問題は，日本の大学が海外から学生を受け入れてきたこれまでの歴史の中で，常に問われてきたものである。第2章においては，大学は実際にどのように留学生を受け入れ，支えてきたのかを示し，その特徴と問題点を明らかにしていきたい。以下ではまず，国内の留学生増加の経緯とその背景を明らかにしたうえで，留学生支援体制の整備がどのような施策の下に進められてきたのか，時代的流れに沿って示していく。

第1節　日本における留学生の受け入れ

1.1　日本で学ぶ留学生の増加とその背景

　歴史的にみると，日本の戦後の留学生受け入れは，1954年に国費外国人留学生制度[1]のもとで東南アジア出身の学生の受け入れを行ったことによって開始され，1983年のいわゆる「留学生10万人計画」[2]によって本格化，以後，全体的にみると大きく増加している。ただしその増加の経緯を細かくみていくと，決して右肩上がりに順調な増加を遂げてきたわけではなく，10万人計画策定当時1万428人であった留学生数は，10年後の1993年には5倍の5万2405人にまで達したものの，その後はしばらく5万人前後で頭打ちの状態が続いた。

　図2-1は，1983年から2015年までの，留学生数の前年度からの増減と，受け入れる日本社会側の動向を示したものであるが，この間いくつかの増減の山がみられる。それぞれの増加に影響を与えたと考えられる要因は多様であるが，たとえば1990年代後半から2000年代初めにかけてみられる増加の背景には，アジア諸国の経済成長に伴う大学進学意欲の増加や日本における18歳人口の減少（寺倉，2009），1993年に中国政府が行った個人の海外留学を認める制度改定による中国人私費留学生の増加（芦沢，2013），2000年に行われた留学生・

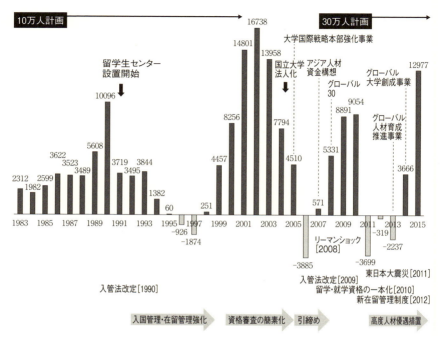

図2-1 留学生受け入れ施策・入国管理政策と留学生数の増減（各年前年度からの増加・減少人数）

就学生の入国・在留の資格審査の大幅簡素化（白石，2006）などがあると考えられている。中でも白石（2006）は，留学生数の増減に最も大きな影響力を持つのは，日本の入国管理政策であると主張しており，1983〜92年の漸増期，1993〜99年の停滞期，2000〜05年の急増期に分け，留学生数の増減とそれぞれの時期に行われた入国審査の厳格化・緩和策の関係を指摘している。

2003年の10万人達成後，2008年には，2020年を目途に留学生数30万人を目指す「留学生30万人計画」（文部科学省，2008）が新たに策定され，2010年には留学生数は14万1274人となった。リーマンショックや，2011年の東日本大震災の影響などを受け，その後数年は13万人台に留まっていたが，2014年度以降再び増加に転じている。

横田・白土（2004）は，巨視的にみれば，留学は人材流動の一つの形態であり，送り出す側の要因（プッシュ要因）と，受け入れる側の要因（プル要因）が

複雑に絡み合って発生していると指摘している。留学生数の動向は，政府の示す留学生施策とセットで語られることが多いため，在日留学生数の増加の主要な要因は，日本側の要因（プル要因），中でも留学生の積極的受け入れ施策であるかのような印象を受けやすい。しかしながら，実際には数の増減に対しては，前述のように，入国管理政策や留学生の送り出し国の要因がより大きなインパクトを持っていることがデータからは見て取れる。ただし，入国管理政策自体もまた，単独で存在するわけではなく，日本経済や日本の世論に大きく影響を受けること，さらにそれらは世界経済や国家間の政治的関係に影響を受けること，送り出し国もまた同様であることを踏まえると，グローバル化の進行によって，国境を越えて学ぶ大学生の動向は，留学生の受け入れ政策，あるいは送り出し国と受け入れ国という二国間の関係だけでは説明が難しい，より一層複雑な現象となっているといえるだろう。

1.2　留学生をなぜ受け入れるのか──留学生受け入れの理念

　留学生を巡る議論は，とかく留学生数を増加させることを前提に進められがちだが，そもそもなぜ留学生を受け入れるのか，という根本的な問いが存在する。

　江淵（1997，pp. 112-113）は，留学生を受け入れる意義・理念を意識的に検討した比較的古い例として，1950年代にアメリカの国際教育協会（IIE）が策定した方針を挙げ，そこで示されたモデルを分析し，①個人的キャリアモデル，②外交戦略モデルないし国際協力・途上国援助モデル，③国際理解モデル，④学術交流モデルないし研究活性化モデルの四つを示している。江淵（1997，pp. 119-120）は，モデルの普遍的通用性を認めながらも，これらを留学が一部のエリートに限られていた時代の"古典的モデル"であるとし，留学が大衆化した時代の留学生受け入れを説明するために⑤パートナーシップモデル（互恵主義モデル），⑥顧客モデル，⑦地球市民形成モデル，の三つのモデルを提示している。

　芦沢（2012，2013）は，江淵の示したモデルを基盤に，横田・白土（2004）が2000年以降の動向として指摘した経済主導型の留学理念モデル（高度人材獲得モデル，留学立国モデル）を加え，これらの複数のモデルを整理して留学生受け

入れの理念を《外交・国際理解・国際協力モデル》《顧客モデル・戦略的「留学立国」モデル》《高度人材獲得モデル》の三つにまとめている。留学生数の本格的増加が始まった1980年代以降から現在までに，日本の留学生受け入れ政策は，何度か大きく転換している。その背景には，なぜ留学生を受け入れるのか，という基本理念の変化がみられる。前述したように，留学生政策が留学生の数的増加に及ぼしてきた直接的な影響は限定的なものに過ぎないが，その時々の留学生受け入れの理念の変化は，留学生政策を通じて，留学生受け入れの場に有形無形の影響を及ぼしてきた。とりわけ，留学生支援の体制整備は，国の施策との結びつきが極めて強い領域であるといえる。

以下では理念レベルの変化がみられる四つの時期に分け，各時期の留学生施策とその前提となっている留学生受け入れ理念，さらに留学生支援体制の特徴を示す。国主導の留学生支援体制の整備の経緯は，国立大学においてよりその特徴が明らかであるため，特に国立大学のケースについて取り上げることとする。

第2節　留学生支援の枠組みはどのように生まれてきたか

2.1　留学生数の急増と個別対応の限界（第一期：1980年代〜90年代前半）

国費外国人留学生制度開始当初の留学生受け入れの目的は，日本と諸外国との国際文化交流を図り，相互の友好親善を促進するとともに，諸外国の人材養成に資することであり，アジア諸国の経済発展への寄与，また太平洋戦争における日本の侵略行為に対する賠償という外交的な意味合いも込められていたと芦沢（2013）は述べる。つまり，戦後の日本は，芦沢の分類に沿うと，《外交・国際理解・国際協力モデル》を背景に留学生受け入れを開始したといえる。こうした受け入れ理念のもとで来日した留学生の支援は，指導教員や研究室，事務職員，ボランティアなど周囲が親切心から行う「世話活動」とみなされ，業務外で担われるものと認識されていた。しかしながら，1980年代に入り留学生数が本格的に増加し始めると，個別対応で留学生を支えていくことは，教職員の大きな負担となり始める（白土・権藤，1991；横田・白土，2004）。そうした状況への対応策の一つとして，1984年より一定数以上の留学生の在籍がある国立

表 2-1 留学生センター設置の効果（総務庁行政監察局，1993，p. 55 より作成）

1) 留学生に対する生活面の相談体制の整備による教育研究指導担当教官の負担軽減と内容の充実
2) 留学生へのサービスの一元化によるきめ細やかな対応の実現
3) カリキュラムの体系化等による日本語教育の教育効果の向上
4) 各学部に配置されている専門教育教官間の連携の確保

　大学の学部・研究科には留学生専門教育教官（当時：以後，専門教育教員で統一）が，また 1990 年には，留学生センター[3]の設置が，文部省（当時）の指導のもと開始された。留学生センターには，日本語教育の部門とともに「相談指導部門」が設置され，留学生在籍者数 500 名以下の場合は 1 名，500 名以上の大学には 2 名の，留学生の修学上，日常生活上の支援を職務として担う教員が配置された（当時の名称は留学生指導担当教官，以後，指導担当教員で統一）。

　文部省が留学生センターに期待した役割は，「大学院入学前に必要な予備教育」「日本語・日本事情の教育」，さらに指導担当教員の業務に該当する「留学生の教育・研究上及び社会生活への適応上の悩みに関する指導・相談」の三つであったが，その具体的内容については明確には示されていなかった（栖原，2003）。1992 年 7 月から 9 月に総務庁行政監察局によって行われた，大学等の留学生受け入れ機関の監察の報告書（総務庁行政監察局，1993）においては，留学生センター設置の効果として表 2-1 の 4 点を挙げ，またこうした設置の趣旨・目的に即した運営を行うよう大学に対して勧告を行っている。栖原（2003）は，表 2-1 の 3）以外は，主に指導部門の指導担当教員に期待される業務であることを指摘しており，学生へのサービスの充実化が，留学生センター設置においては最も期待されていたことが窺える。またその際「サービスの一元化」が，国が前提として有していたサービス提供の目標モデルであったことがわかる。さらに「負担軽減」「内容の充実」という言葉が示すように，誰にでも担える「世話活動」の延長と内容的充実との両方が期待されている。

　ただし充実すべき支援の内容やそのための方法に関して具体的な言及はなく，国策として，組織的な留学生支援サービスの導入が図られたものの，具体的な中身は各大学，さらには現場の担当者に任せられていたといえる。

2.2 留学生センター中心の支援の拡充（第二期：1990年代後半〜2000年代前半）

留学政策懇談会（1997）の報告書では，留学生政策の基本方針に関する議論において，「留学生に対する教育・生活面の相談・支援体制の充実」が課題として示されている。「留学生にとって，最も身近で重要な基盤はその在籍する大学等にあり，各大学等は，その教育・生活面の相談にきめ細かく対応し，必要な支援を行う体制の整備に努めなければならない」と指摘されており，その具体的な方策として，「留学生に関するセンター機能の整備」と「留学生担当教職員の配置の充実と専門性の向上」が挙げられている。第一期に引き続き，1990年代を通して，留学生支援を一元的に担う機関の設置・整備による留学生に対するサービスの充実化の方策がとられていたといえる。この施策の下で，1990年の東京大学，広島大学，京都大学への設置を皮切りに，留学生センターの設置数は年々増加していき，2002年には44国立大学に（栖原，2003），法人化がなされた2004年には54校（横田・白土，2004）にまで設置数が拡大した。また「留学生に関するセンター機能の整備」と「留学生担当教職員の配置の充実と専門性の向上」に取り組むために，留学生支援に関わる情報共有や，留学生に関する研究を推進することを目的とした，実践の場にある担当教員たちの自発的・自助的なネットワーク化が進んでいった。同時期には，留学生センターが設置されていない大学・日本語学校関係者も含めた，留学生支援を担う実務家のネットワークが誕生するなど[4]，1990年代は，実践・研究両面において，留学生相談・指導の発展期であったといえる。

一方，前述の報告書（留学政策懇談会，1997）では，1990年代後半における留学生センターの状況に対して，「形式的には組織が設けられていても，実際には留学生に必要な情報が学内の各部局に留まっていて，留学生センターが把握しておらず，必ずしも的確に相談に応じられていない例が多く見られる」と述べ，「各大学等において，留学生センターと各部局との連携を密接にして，必要な情報をセンターに集中し，センターがその機能を十分に果たすことができるように努めるべきである」と課題を指摘している。同様の指摘は，1993年の報告書（総務庁行政監察局，1993）においてもなされている。学部ごとの教授会自治を基盤とした法人化以前の国立大学の運営形態を考えると，留学生支援の機能の留学生センターへの集中化・一元化を図ろうとする文部省の目指して

いた方向性は、大学のシステム全体との齟齬が大きく、実現困難なものであったことが推測される。この間留学生数は、前述のように5万人前後で微増減を繰り返していたが、1990年代末から再度増加に転じ数年間で急増、2003年には10万人計画が達成された。ただし、学生数の急増を支えることができる十分な体制が整っていたとは言い難く、この時期には、留学生受け入れの制度的不備による数々の問題が指摘された。2003年に示された「新たな留学生政策の展開について（答申）——留学生交流の拡大と質の向上を目指して」（中央教育審議会，2003）において、「留学生の数の拡大はそれ自体望ましい」としながらも、「安易な数の拡大が招きかねない大学等の受け入れ体制、教育研究内容、学生等の質的低下」については懸念が示された。

2.3 国際貢献から高度人材としての留学生へ（第三期：2000年代後半）

留学生数の急増による混乱を背景に、質の保持に関する議論が行われていたのと並行して、2000年代半ばになると、それまでの「国際貢献」中心的な受け入れ理念に変化の兆しがみえ始める。芦沢（2013）はこの転換の時期として、文部科学省の「大学国際戦略本部強化事業」[5]が開始された2005年を挙げており、この頃より、日本の高等教育機関において、「国際戦略」「国際マーケティング」といった表現が登場するようになったと指摘している。

国レベルの留学生受け入れ理念の転換は、文部科学省が他省庁との協力のもと取りまとめた「留学生30万人計画」の骨子（文部科学省，2008）において、より明確に示されるところとなった。「留学生30万人計画」は、日本を世界により開かれた国とする「グローバル戦略」展開の一環として、2020年を目途に30万人の留学生受け入れを目指すものとして策定されたものであり、文部科学省主導の従来の留学生政策とは異なり、経済産業省や厚生労働省（2008）など各省庁、さらには産業界の意向にも強く影響された、国を挙げたものであることが特徴である。計画においては、「世界的な人材獲得競争が厳しくなっている状況の下、我が国の高等教育の国際競争力の強化及び留学生等に魅力的な水準の教育等を提供するとともに、留学生と切磋琢磨する環境の中で国際的に活躍できる高度な人材の養成を図ること」が、留学生受け入れ目的として明示されている。

さらに 30 万人計画を基本方針とし，「国際化拠点整備事業（通称グローバル 30）」[6]や，「大学の世界展開力強化事業」等の文部科学省の競争的資金が相次いで投じられ，これらが国の基本施策を各大学の留学生受け入れ施策に浸透させていくうえで大きな役割を果たした。同時期，2004 年の国立大学の法人化以降の流れとして，従来の部局教授会を中心としたボトムアップ型の組織から，学長を組織の最高責任者としたトップダウンの組織への移行が進められており，それらの動きとも結びついた形で，大学の国際化推進施策の展開がみられる。たとえば，前述した「大学国際戦略本部強化事業」は，各大学が学長の下，大学としての国際化戦略を打ち立てていくことを推進するものである。天野（2008, pp. 303-305）は，法人化の背景要因として，大学が国際競争を勝ち抜くためには，管理運営面での自由度を高め，教育研究活動を活性化する必要性があるとの認識の高まりがあったことを指摘しており，法人化と大学の国際化推進は，密接につながっている。法人化以降は，国家の示す留学生政策が，競争的資金を通じて各大学の国際化推進の方針・留学生受け入れの枠組みに影響を及ぼす構図がさらに強まっている。こうした構図の中で，第三期の留学生受け入れ施策には，次に示すような特徴がみられる。まずその施策の中心が留学生の獲得に置かれ，留学フェア等の実施による日本留学への動機づけへの働きかけ，入試・入学などに関する制度改定，学生を引き付ける魅力ある大学づくりとして英語のみによって学位取得が可能な受け入れ体制の整備（文部科学省，2008）など，入り口に関わる議論が活発化した。さらに高度人材の獲得に対する産業界からの強い要望を背景に，卒業後の日本での就職という出口の問題にも関心が高まった。

　受け入れの環境づくり，在籍中の学生に対する支援の側面に関しては，宿舎・奨学金の整備，在留手続きや各種書類申請などのワンストップサービス化（中央教育審議会大学分科会留学生特別委員会，2008）といった取り組みが目立つ。

　また，2000 年代半ば以降，各大学の国際関連業務を担う組織の改編が進んでおり，中でも法人化後に設置基準が各大学にゆだねられるようになった国立大学の留学生センターは，国際センター・国際交流センター等への名称変更（ただし，本書では引き続き留学生センター等と称する）や組織体制・機能の変化が生じている。組織改編は，国際化推進を担う機能と在籍留学生の支援機能との

学内での統合・一本化を意図し，従来の留学生センター機能を拡大再編成した形や，留学生センターの担っていた機能をその一部として取り込む形で国際化推進を統括する本部組織を新たに立ち上げた形がみられる。こうした流れは，大学全体として国際化，留学生受け入れに取り組んでいくための土台の強化を目的としたものと考えられる。

さらに，競争的資金を用い，新たに開始された特定のコースやプログラムに，多くの人員が配置され，また留学生のキャリア支援を担当する専門教職員や英語に堪能なカウンセラーの配置を行った大学もみられる。留学生に対するサービス，学生支援の資源の総量は多くの大学で確実に増加したといえる。一方で，期限付きの予算を元にした事業は，特定のプログラムに資源が集中し，サービスが細分化されたり，不必要な重複が生じるなど，関わる人的資源の量的増加ほどには，大学全体としてのサービスの拡充をもたらさない状況もみられる。そうした点においては，世話業務的な認識の中で留学生対応がなされていた時代に逆戻りしている感も否めない。また留学生獲得や交流協定の締結といった，外向きの活動に重心が置かれ，受け入れた留学生に対する関心が低下，結果留学生支援の弱体化が生じているとの指摘もみられる（宮崎・岡，2013；中矢・中川，2008；岡，2011）。このような現象は，第四期に入り，より一層加速している。

2.4　グローバル人材への関心と留学生支援の拡散（第四期：2010年代〜）

日本経済団体連合会が2011年に示した「グローバル人材の育成に向けた提言」，グローバル人材育成推進会議が2012年に示した「グローバル人材戦略審議まとめ」においては，「世界各国の若者が日本で学び，働きたいと思えるような環境づくりを産学官で推進すること」「優秀な外国人留学生との交流や切磋琢磨を通じた日本人学生の内なる国際化を促進すること」が謳われている。さらに2012年には，文部科学省の競争的資金である「グローバル人材育成推進事業」[7]が開始され，42大学が採択された。グローバル人材育成推進会議が示す「グローバル人材としての要素」には，語学力・コミュニケーション能力，主体性・積極性，チャレンジ精神，協調性・柔軟性，責任感・使命感と併せて，「異文化に対する理解と日本人としてのアイデンティティ」が挙げられている。また安倍晋三総理大臣は2013年5月の成長戦略第2弾スピーチ[8]において

「世界に勝てる」人材の育成のために「すべての若者に留学機会を」と，日本育ちの若者に国際経験を積ませることを推奨している。

このように，第三期においては，高度人材としての留学生受け入れを中心に議論されていたグローバル化・国際化への対応は，2011年頃からは，グローバル人材とみなされる留学生の受け入れ戦略と，日本人学生をグローバルに活躍できる人材に育成するための海外留学促進戦略との混在した議論となり，さらに「日本人学生のグローバル人材化」へと，関心が急速にシフトしている。受け入れ中心に議論されてきた日本の留学政策は，日本人学生の海外派遣に大きく重心を移し，留学生の受け入れに関しては「従来のODA的な考え方から脱却し，我が国の更なる発展を目的とした戦略による『攻めの』の留学生受け入れに取り組む」（文部科学省 戦略的な留学生交流の推進に関する検討会，2013）という，日本社会への貢献可能性を強調したものとなっている。

こうした中，各大学の国際化推進のための取り組みにおいても送り出しへの重心の移動が生じており，横田（2013, p. 5）は，こうした変化の背景要因として，東日本大震災と原発事故の影響を挙げ，「大学が今後留学生受け入れは難しくなると判断し，外国人留学生の受け入れよりも，日本人学生の送り出しに力を入れるべきであると力点の置き方を変えた」「国際化を進めるという大義名分を変えずに，外国人留学生の受け入れはほどほどにしておくためには，日本人学生の国際化を推進するのが一番であり，大学は急速にそちらに軸足を移した」と指摘している。

米澤（2013, p. 69）は，21世紀の最初の10年間の日本の高等教育政策について，「世界水準大学」[9]の形成を目指すことを意図した政策が打ち出されたこと，しかしながら国の財政政策の影響を受ける中で，政策の中心が学術研究面の国際競争力を高めることを中心としたものから，より少額で実現が可能な，高等教育の国際化支援政策へと転じていったと指摘している。日本の大学にとって，留学生受け入れは負担が大きいにもかかわらず，経済的には直接的に利益を生まない，国の支援に依存した領域であり（芦沢，2008；米澤ほか，2008b，Yonezawa, 2009），横田（2013, p. 5）は，留学生を受け入れることに対する「肯定的な側面に関する説得力のある評価は残念ながらほとんどなく，またそれらの浸透もなされていなかった」と述べている。

留学生の受け入れに際して，自らのシステムを変えるという発想には乏しかった日本の大学は，近年，マジョリティである日本人学生の送り出し強化に取り組む中で変わりつつあると，横田（2013）は指摘する。また，政権の交代や経済状況の変化を背景に，高等教育の国際化施策は再び学術研究面の国際競争力の強化を重視したものへの回帰がみられる。たとえば，2013年の安倍首相のスピーチの中での，「『日本の大学』ではなく，『世界の大学』」との言葉や，翌6月に閣議決定された日本再興戦略[10]での，今後10年間で大学の世界ランキングトップ100に日本の大学を10校以上入れることが目標として示されたことなどは象徴的である。この傾向は，2014年秋より開始されたスーパーグローバル大学創成支援事業[11]においてより顕著に示されており，「我が国の高等教育の国際競争力の向上を目的に，海外の卓越した大学との連携や大学改革により徹底した国際化を進める，世界レベルの教育研究を行うトップ大学や国際化を牽引するグローバル大学に対し，制度改革と組み合わせ重点支援を行う」ことが事業目的において謳われている。これらは世界的動向でもあり，IAUの調査では（IAU, 2014），5年前の調査と比較すると，留学生の受け入れから送り出しへの優先順位の変化，学術研究面の国際化への関心の高まりが報告されている。

このような高等教育の国際化に向けた世界的な流れの中で，今後日本の大学がどのような変化を遂げていくのか，その中で留学生支援の拡充がいかに取り組まれていくのか，注目していく必要がある。中でも，スーパーグローバル大学創成支援事業は，2025年までの10年にわたる長期の予算措置であることや，30万人計画の達成は2020年を目標としていることなどから，国際化に向けた各大学の取り組みは今後本格化することが期待される。数合わせではない，本質的な変化を遂げるために，日本の大学は重要な時期にあるといえよう。

第3節　留学生支援とはいかなる領域か

3.1　留学生支援に関する基本的概念の整理

留学生支援の問題について検討していく前に，まず基本的な概念の整理を行いたい。改めて述べるまでもないが，留学生は留学生である前にまず「学生」

である。また同時に，海外から来日し，日本社会という異文化状況での生活を経験する，「外国人」「異文化滞在者」「文化的言語的少数派」としての側面も持つ。

　異文化滞在者には，特定の目的を持って短期的にホスト国に滞在する集団もいれば，国際結婚や移民など，生活の場を長期的，時には永久に，渡航先に移す集団もいる。Wardら（2001, p. 142）は，「明確な滞在期間の定義はないが，およそ半年から5年程度異文化に滞在する人を短期滞在者 sojourner とみなし，留学生は，駐在員や外交官と並んでこの集団に含まれること，この集団の特徴は旅行者に比べると渡航先の社会に関わりを持つが，移民や定住難民と比較すると関わりは薄いことであり，また移民と比較すると，自主的な滞在である点は共通するが，『帰国』という前提を持つことが異なっている」と述べている。このように通常留学生は短期滞在者の集団に属するが，中には大学を卒業後日本に留まる計画を持つ者もおり，近年はその数が増加している。さらに家族を伴って来日する学生も多く，受け入れにあたって生じる課題は，学生生活に関連したものに留まらない。生活者として留学生が抱える課題は，外国人を住民として長期的に受け入れることを想定する政策と留学生政策が重なり合う部分に生じている（栖原，2009）。また高度人材として長期滞在・定住化が期待されるという点において，外国人住民に対する政策と留学生政策，さらに短期滞在者である留学生としての課題と長期的な異文化接触者の課題は重なり合っており，線引きは難しい。留学生支援の取り組みは，大学の国際化に伴う対応課題の一つであるとともに，社会的には，多数派とは異なるニーズを持つ文化的少数派に対する支援の試みであるといえる。

　さらに本書においては，（留）学生支援を，（留）学生に対して行われる，非専門家を含むすべての人から提供されるサポートや，制度的支援・インフラの整備も含む支援全体を指して用いる。また（留）学生支援サービスを，学生支援を主たる業務として担う部署や人による，働きかけや働きかけの総体に対して用いる。留学生支援サービスのうち，個人に対する相談対応を「留学生相談」とし，留学生相談は，留学生支援サービスのメニューの一つであり，働きかけの一つの形態であるとみなす。なお，留学生相談の一部には，心理発達的な援助を行う，カウンセリングも含まれるが，留学生相談は，留学生に対する

第 2 章　日本の留学生受け入れと留学生支援の展開

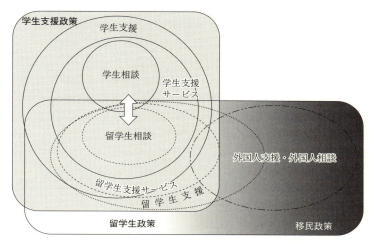

図 2-2　近接する政策・支援領域と留学生支援・留学生政策の関連

（心理発達的な援助を主たる目的とした）カウンセリングのみを意味しない。「学生」としての留学生の特徴と，「外国人」としての留学生の特徴を踏まえ，学生支援・留学生支援・外国人支援／留学生政策や移民政策の関係性を整理すると，図 2-2 のように示すことができる（留学生政策と移民政策が重なり合う構造については，栖原（2009）を参考にした）。

「学生」としての留学生という視点から捉えると，留学生支援は学生支援の一部であり，両者は重なる領域を持つ。また，留学生は「学生」であるとともに，日本で生まれ育った学生とは異なる，「外国人」としての特性も有する。したがって，必要とする支援の中には，留学生以外の学生にとっては必要とならない，言語面のサポートや，生活面の幅広い支援の活動が含まれる。図中の矢印は，両者の円の重なりがいずれの方向にも移動しうることを示している。

3.2　学生支援における留学生支援の位置づけ

学生支援も留学生支援も，大学というコミュニティにおける，学生を対象として行われる活動であり，キャンパスにおいて両者をどのように位置づけるのかという整理が必要となる。しかしながら，日本学生相談学会が中心となってまとめた学生相談ハンドブックにおいては，「留学生相談との連関は今ひとつ

明確になっていない」（齋藤，2010, p. 19）との記載がみられる。

そもそも，日本の大学における学生支援・学生相談は，戦後に学生の大学生活を支援する厚生補導（Student Personnel Services：SPS）の概念が米国から導入されたのを誕生の契機としている。その後の学生運動などの時期を挟み，SPSの理念が下火になったことや国の政策等により，日本の大学の中では，個人の治療を目的とした伝統的なカウンセリングモデルに基づいた相談活動が長らく行われてきた（池田ほか，2008；下山，2012）。1990年代前後から，こうした伝統的なモデルに基づく学生相談の活動を見直す議論が生じており（下山ら，1991；鶴田・齋藤，2006；吉武，2005），大学コミュニティ全体への働きかけを含めた，コミュニティ・モデルの発想を基盤とした相談モデルへの転換が進みつつある。さらに，近年まで日本の大学の学生相談機関は，欧米の大学ほど学内で専門分化していないことが特徴であり，また教員が「トータルかつ多様な機能を期待されてきた」（齋藤，2008, p. 215）が，これらにも変化がみえつつある。2000年代に入り，学生支援の領域においては，専門職の配置，業務の細分化，学生支援センター等の設置が急速に進んでおり，特にカウンセリング領域においてその傾向が顕著である（小貫，2009）。こうした状況の背景には，大学・地域社会，学生側それぞれの変化が指摘されており，たとえば下山（2012）は，大学教育における教育から研究重視への変化とそれに伴う教養教育の崩壊，大学の学生を育てる機能の低下を挙げている。さらに，天野（2013, pp. 59-61）は，大学のユニバーサル化に伴い，学生層に変化が生じたことを挙げ，大学教育に対する多様な期待や要求に対して大学が対応できなくなっていったと述べている。大規模大学を中心に，従来の学生相談の活動に加え，就職相談やハラスメント相談など，個別ニーズに特化した相談機関の設置が行われ，従来の学生相談機能を拡充する形で，サービスの専門分化・機能分化が進みつつある。国立大学においては，特に法人化以降にこうした動きが活発化している。また，個別面接を担当するカウンセラーの配置数を増やすだけでは，専門性の高い支援とコミュニティへの幅広い働きかけは両立しえない。そのため専門化，細分化する新しい時代の学生支援を支える新たなモデルが求められ，2007年には，日常的学生支援，制度化された学生支援と，専門家による学生支援との連携・協働により学生支援を担う，「学生支援の3階層モデル」が示されている（日本学生支援

機構, 2007)。このような学生支援・学生相談の領域における近年の動きは, 学生相談と留学生相談の関係性を理解し, 留学生対応のサービスの位置づけ・役割について考えていくうえでも重要である。中でも, 留学生受け入れ規模の大きな国立大学においては, 留学生センターの設置が1990年代前半に実施されていることに留意が必要である。前述したような学生支援機能の拡充は, 留学生センター中心の留学生支援モデルがある程度キャンパスの中で浸透した後に始まっており, つまり留学生対応のサービスは, 従来の学生相談機関の中から, 個別ニーズへの特化を目的に派生したものではない。そうした意味でハラスメント相談やキャリア支援のたどってきた専門分化の流れとは異なる。また, 留学生相談と学生相談がさほど交わることなく展開してきた背景には, 従来の学生相談領域の援助モデルが伝統的なカウンセリングモデルに沿っており, 面接室型の対応を基本とした活動であったことの影響も大きいと思われる。

今後, 新たな時代の「学生相談」の概念(学生相談活動・あるいは学生支援サービス等)に基づいて学内で学生相談の援助モデルが発展していくならば, 図2-2において, 留学生相談・留学生支援サービスの領域と, 「学生相談」は, 重なる部分が多くなると考えられる。一方, 学生への対応が, 面接室型の個への心理援助のみを想定した, 旧来の学生相談のモデルに留まる場合, 留学生支援サービスと学生相談の重なりは小さいものとなる。

3.3 留学生支援体制の実際

日本の大学における留学生支援の体制は, 留学生政策と連動しながら日本の大学独自の領域として発展してきた。しかしながら, 留学生支援に関する議論や必要な支援の内容に関する検討は多数なされてきたのに対して, 支援組織やサービス形態の適切性に関する議論はほとんどなされていない。キャンパスの中での留学生に対する学生支援をどのように行っていくのか, 機能的な援助モデルの模索が求められ, そのためには, まず今ある留学生支援体制の特徴・課題を把握する必要がある。

すでに指摘したように, 国立大学においては, 1990年代以降, 留学生の生活・修学面の支援を担う教員が留学生センターに配置されたことから, 彼らを中心に留学生相談の実践研究・実践報告が積み重ねられてきた。留学生を対象

とした支援体制が，学内の他の援助資源とは異なる施策の下で整備されてきたことにより，結果として，留学生支援サービスは，その役割の範囲や学生支援全体における位置づけが明確ではなく，学内の他のサービスと十分に統合されていない。

　1990年代には，国費留学生が1名以上，あるいは私費留学生が20名以上在籍している高等教育機関を対象に，留学生の学生支援サービス利用の実態調査が二度行われている（井上・伊藤，1998；松原・石隈，1993）。対象となったのは，学生相談機関と留学生支援部署であり，大学全体の資源の利用実態把握が試みられた貴重な調査といえるが，留学生支援部署がどのような機能を有する部署であるのか，それぞれの大学内の資源間でどのような連携体制が組まれているのかといった詳細は明らかにされていない。

　また，前述したように，学生支援の業務の細分化・専門分化の近年の動きの中で，専門領域や対象別に様々な「センター」や「相談室」が設置されているが（小貫，2009），留学生センターは，こうした各種センター設置とは異なる経緯の中で整備されてきた援助機能を持つ学内部署であった。さらに，2000年代後半からは，英語プログラム等，競争的資金に基づく事業展開が進む中で，さらに細分化された留学生集団を対象としたサービス整備が進められている面もある。一見，留学生のニーズにきめ細やかに対応可能な支援体制の実現が図られているようにもみえるが，資源の細分化が果たして各大学の留学生支援の拡充を可能にしているのかどうか，あるいはキャンパスの国際化という文脈の中で，今後も推し進められるべき方向性なのかどうかは，検証が必要な点である。

3.4　留学生支援の活動領域

　「留学生は，日本人の学生とは違った配慮を必要とする，さまざまな条件や要求を持っている」（天野，2013, p. 61）との認識や，留学生数の急激な増加が世話業務の負担増を招いたことが，留学生センターの設置や留学生対応の教職員配置の背景の一つにはある。しかしながら，留学生10万人計画下で国主導で進められた体制整備は，留学生の持つニーズを明らかにし，それにいかに対応していくべきか十分議論を行ったうえで進められたわけではない。結果，

1990年代に国立大学において，指導担当教員，専門教育教員として相談指導を担った留学生相談第一世代は，参考にできる実践が乏しい状態から，試行錯誤を重ね，経験の蓄積によって学生対応を行う必要に迫られた（たとえば鈴木・大東，1989；高松，1997a，2002，2003；田中，1993）。箕口（2001，p. 201）は，留学生を対象とした相談と日本の大学における学生相談の相違点として，「母国の同胞という社会的資源の活用」「留学生の抱える問題が多様かつ複雑であることに加え，言葉の障壁によって問題解決のための社会資源が同定されにくく，臨機応変に対応せざるを得ない場合が多い」ことなど，社会資源の活用の仕方や活用できる資源の違いを挙げている。言語の制約，帰国という前提，危機対応時の困難など留学生対応における固有の留意点や，生活面のトラブル相談や奨学金の問題を契機とした来室など，生活相談や心理相談が重なり合うことや，具体的・現実的な問題への対応が，心理的な相談への入り口にもなるという相談の仕方の特徴（高松，2002）なども，留学生相談の実践の中から示されてきた。

田中（1993）は，国立大学における留学生相談の実践の場を，相談内容とそれに対する対応の種類によって分類し，留学生相談には「心理臨床家の必要な第一種相談」と「一般的な世話役が求められる第二種相談がある」と述べ，後者に該当する相談対応の比重がはるかに大きいことを指摘している。また井上・伊藤（1998）の調査や，留学生センター等の留学生支援部局の活動報告においても，いわゆる心理発達的な問題を主訴とし，カウンセリング的な対応を求めて学生サービスを利用する留学生よりも，生活や修学の問題を訴える相談が中心であり（たとえばスカリーら，2011），ガイダンス的な対応が多いことが留学生相談の特徴として報告されている（井上・伊藤，1998）。

横田・白土（2004）は，米国の大学における「留学生アドバイジング」（Althen，1995 服部・三宅訳 1999）の実践領域の概念を援用しながら，「1. 異文化間カウンセリング，2. アドバイジングと情報提供，3. オリエンテーション，4. 交流コーディネーション，5. 留学交流アドミニストレーション，6. 教育活動，7. 留学生問題の研究や研修活動」の7領域を含む活動として，日本の大学の留学生支援の実践領域を説明している。また白土（2010）は，これらの活動領域を，目的と方法によって整理し，支援の対象が留学生である場合には，「制度的アプローチ」による経済的支援や住宅支援，「問題解決的アプローチ」によ

る情報的支援や物質的支援，問題解決支援・情緒的支援等，「予防的アプローチ」による事前の情報的支援や他団体との連携による支援があることを示している。さらに，対象を教職員や日本人学生，地域社会にまで広げた場合には，「教育的アプローチ」による学内教育や社会教育，「人員育成的アプローチ」による教職員支援等が挙げられ，また「研究的アプローチ」を用いて，問題を把握することも，留学生支援の活動領域に含まれている。

3.5　留学生支援の担い手をめぐる議論

　留学生支援の領域に関する包括的な議論の不足は，その実践領域を「誰が」（どのようなスキルを持つ人が）担うのか，という議論にも混乱をもたらしてきた。また留学生は大学にとって，教育や学生支援サービスの対象であるとともに，在留資格が定める活動に専念するよう管理する対象でもある。留学生支援業務を担う担当教職員は，在留関連手続き業務や学生の在籍管理業務を通じて，留学生を管理する立場を兼ねている場合も少なくない。このような大学と留学生の関係性は，学生支援の中で留学生支援の独自性を生む要因となっていると考えられるが，こうした視点からの議論も不足している。必要とされる人材像の不確かさは，大学の国際化がどのような人材を必要とする領域であるのか，留学生支援がいかなる活動領域であるのか明らかとなっていないことによるものであろう。

　こうした中で，留学生センターに配置され，同じ業務を担っている（はずであった）指導担当教員の専門的バックグラウンドは実に多様なものとなり（田中，1998a），たとえば，潘（2005）の調査によると，回答した 61 名の指導担当教員の研究分野は，「留学生分野」30％，「異文化関係分野」16％，「日本語関係分野」15％，「心理学分野」4％，「教育学分野」13％，「その他」21％である。実務を担う担当者の専門性の多様性も，留学生相談の専門性に関する議論を一つの方向性に集約し，統一した専門職の姿を示すことを困難にしてきた背景にはある。

　受け入れ規模の比較的小さな大学においては，留学生相談の担い手が日本語教育を兼任するケースが多く，教員採用の募集要領において，職務内容に「留学生への生活指導，留学生への日本語教育」が並列して記載されることも少な

くない。第四期以降，大学の国際化推進施策が，英語によるコースの設置や海外への日本人学生の送り出しへと重心を移しつつあることに伴い，募集要項には，新たに「英語での授業」「国際交流活動の企画・実施」，あるいはもっと大雑把に「グローバル人材の育成に係る業務」といった文字が並ぶようになっている。中には，担当者一人が，国際交流協定の締結から，送り出し・受け入れのプログラムの企画や実務，留学生の生活相談，国際交流や言語教育の授業を一手に担うような状況もあり，およそ異なる専門性を必要とすると考えられる，相談業務，日本語教育，英語による授業実施，国際業務の遂行を期待されている。

　また，"留学生相談"という言葉からは，"学生相談の留学生バージョン""留学生を対象としたカウンセリング"というイメージが生じやすく，「外国語によるカウンセリング」という語られ方をする場合も少なくない。こうしたイメージは，心理援助の専門外の人だけではなく，心理援助の専門家の中にも強くみられる。しかしながら，留学生支援の基本的な概念の整理においても述べたように，そのイメージは，留学生支援・留学生相談の極めて限られた一側面しか捉えていない。たとえば，Shigematsu（1997）は，「留学生相談の業務は，適切な情報や具体的な援助を提供すること（advising）が中心であるが，同時に，心理援助ニーズへの対応（counseling）も必要である」と述べ，「日本の大学における留学生相談担当者の大多数はカウンセリングの訓練を受けたメンタルヘルスの専門家ではない，という事実から，後者のニーズへの対応にあたっては，担当者が能力・限界を認識して活動にあたる必要がある」と指摘している。Shigematsu（1997）のこの指摘は，同時に，留学生相談の領域の大半が，いわゆるカウンセリングの専門性だけでは担いえないものであることを意味してもいる。「担当者が能力・限界を認識して活動にあたる必要がある」という指摘は，カウンセリングの専門家を留学生相談の担当者に任ずる必要があるとの主張と同一ではない。

　心理援助の専門家が留学生相談の領域で活動するためには，その専門性のあり方を見直す必要性があることを指摘した論考もみられる。たとえば，田中（1998b）は，「留学生指導は相談室での個人対応だけでは終わらず，たとえば行動を起こしての解決を要する第二種相談もあるし，相談以外の活動もかなり

ある」ことから，「臨床『治療』の専門家を招いても，能力を十分に発揮してもらえない可能性があること，実際の現場では，方法論にこだわらずに，臨機応変な留学生の『相談役』が必要な場合が多いことから，安易な臨床家の配置は，相談活動という形態に共通性があるだけに，内容の違いが表面化しづらく，かえって問題が生じる可能性があること」「既存の専門性の領域にこだわる場合は，結果的に必要とされる業務が遂行できないこともあり得ること」などを指摘，臨床心理領域の専門性が留学生支援領域において発揮されるためには，「環境調整の視点を多く入れるという改良を，どの程度施していけるか」がカギとなると述べている。

　また，高橋（2010）は，「近年，国の方針による大学の国際化と留学生数の急激な増加，また国立大学法人化により大学独自の留学生支援が求められるなか，激動の只中にいる留学生指導を担当する教員は，自らの大学組織上，そして学問上の『位置』を改めて問い直す時期に来ている」と指摘している。

　すでにある専門領域や職務体系を無理に当てはめるのではなく，留学生支援の業務範囲を整理し，独自の専門領域としての形を明確にすることを目指した議論も行われている。たとえば，横田・白土（2004）は，前述のように「留学生アドバイジング」の領域を示したうえで，その業務を担う人々を「留学生アドバイザー」（foreign students advisor）という用語で総称し，修学面や生活面の支援に加えて，交流のコーディネーションや受け入れに係るアドミニストレーションも担う人材像を示している[12]。芦沢（2009）は，米国における国際交流教育領域においては，さらに専門職化が進んでいることや，大学外の第三者機関の果たす役割が大きいことを指摘している。専門職化が進んでいる領域には，「教育交流の受け入れと送り出しにかかわるコーディネーター」「異文化適応するためのサポートを担当するカウンセラー」「出入国に伴うビザ申請の業務を担当するスタッフ」「第二言語習得をサポートする教育スタッフ」等が挙げられており，業務別の専門分化・細分化が進んでいると考えられる。「職員の専門職化と人材の流動化は大学の国際競争力を高めていくうえでの不可欠の課題」（芦沢, 2009, p. 86）であり，中でも国際系の分野は，専門職の配置への期待が高い領域である[13]。スーパーグローバル大学創成支援事業の基本構想においても，多くの大学が国際系教職員の専門職化を盛り込んだ構想を提示して

おり，今後も上記のような領域において専門人材の配置や専門家の育成が進む可能性は高い。しかしながら，こうした人材論と併せて不可欠なのが，既存の人事システムや教職員体制の中にこれら新たな人材をどのように位置づけるのかという議論である。

　近田（2011）は，留学生センターを中心とした支援が，留学生の異文化適応等に果たしてきた役割を認めつつも，そうした支援から得られた知見が，留学生担当教員や留学生カウンセラーなどの国際部門においてのみ蓄積・共有され，日本の大学における一般の教員に知られてきたとは言い難いと批判を加えている。国際化や留学生対応を主たる業務とするいわゆる「国際系」「留学生担当」の教職員の「専門性」「スキル」の次元の議論に加えて，そうした人材が望まれる業務を遂行することが可能な組織体制・仕組み，大学全体を対象とした包括的な議論も並行して必要といえる。

第4節　留学生支援領域の課題

　留学交流の分野が大きく展開する今日，これまでの留学生支援領域の実践を振り返り，その問題点や課題を整理することは，今後の取り組みを進めるうえで重要であろう。

　トップダウンの体制整備の中で指導担当教員が配置されたことは，担当者同士の情報交換や経験共有を可能とし，留学生支援の実践領域の可視化や質の向上に貢献してきたといえよう。また，試行錯誤を繰り返す中で留学生のニーズの把握が進み，個々の担当者に求められる能力がより明確となったことは，留学生支援の質的向上・担当者の実践力の向上に役立つものであったといえよう。留学生に特化した部署の設置と指導担当教員の配置は，このように留学生支援領域の発展において重要な役割を果たしてきたと考えられる。

　しかしながらその一方で，留学生支援サービスを，各大学の学生支援の場にいかに導入し機能させていくのかといった，大学全体のシステムを見据えた議論はあまり行われてこなかった。留学生のみを対象とした援助実践の中では，日本人学生との相違点が目立ちやすく，留学生の独自性の側面が強調されやすい。留学生を対象とした実践から導かれる結果は，留学生のみをサービスの対

象として想定した支援モデルに帰結しがちであり，学生支援に関する包括的な議論やキャンパス全体の国際化を前提とした提案・提言に結びつきにくいという特徴もみられる。このように，留学生相談・留学生支援の包括的な理論モデルの不在が，施策の転換に影響されない，本質的に必要な留学生支援の実現を阻害してきた側面がある。結果，留学生受け入れのホスト側への貢献可能性や国外への学生の派遣を重視した留学政策へのシフトを背景に，近年留学生支援領域の発展には停滞が生じている。

　天野（2013）は，日本における近年の大学改革の流れを振り返った著書のまえがきで，「こうした『中長期』の明確な見取り図や将来像を持たぬまま，大学・高等学校を取り巻く社会・政治・経済的な環境の激変に揺さぶられて，課題解決型・対症療法型の部分的な改革が，財政的な措置による『政策誘導』の形で次々に実施されているのが，大学改革の現状です」と指摘している。天野の指摘は，高等教育の改革全体に対したものであるが，これまでみてきたように，大学の国際化推進施策において特に顕著である。日本の大学は，国の留学生政策に振り回されながら，大学のシステムの根幹を変えずに，あるいは，そうした本質的な変化を生じさせる手立てを持たないまま国際化の問題に取り組んできたといえる。

　スーパーグローバル大学創成支援事業は，「『大学改革』と『国際化』を断行し，国際通用性，ひいては国際競争力の強化に取り組む大学の教育環境の整備支援」を行うことを目的として謳っており，今後，各大学の取り組みの中で，システムレベルでの変容も含む環境整備が進むことが強く期待される。しかしながら，これまでのトップダウンの留学生施策が，留学生支援の拡充に及ぼした効果の如何を振り返ったときに，変化への楽観的な予測はできない。

　本書は，国や大学が戦略性を持って留学生獲得を行う，その際に自国への貢献可能性を重視するという方針自体を否定するものではない。しかしながら，留学生の受け入れを通じて日本の大学が国際通用性を高めることができるか，受け入れた学生が日本社会に貢献しうるか，といったホスト側にとっての効果は，結局のところは，留学生個々人の留学生活の成功の積み重ねにかかっている。すでに指摘したように，多様性の数字上の拡大に，組織や制度，個々人の意識の変容という多次元の変容が伴わない場合，留学生を受け入れることがキ

ャンパスにもたらす効果は限定的であり，留学生個々人の次元においてはマイナスでしかない。大学の本質的な国際化を志向するのであれば，留学生の増加が学生・教職員の日常にどのような形で影響を及ぼすのかを見定め，既存の仕組みやサービスの改善を前提として，内側から対応を進めていくことが不可欠である。

したがって次章では，留学生支援サービスが，どのような形で提供されることが，留学生のニーズにより適切に対応でき，さらに大学の国際化に向けた変容を後押しするのか，「留学生支援の拡充につながる視点」を検討していくこととする。

注
1)「国費外国人留学生招致制度」(いわゆる国費外国人留学生制度) の創設時は，主に東南アジア出身の留学生の受け入れが行われていたが，現在対象国は日本と国交のあるすべての国に広げられている。
2) 文部科学省 (2002). 当初の「留学生受入れ10万人計画」の概要　Retrieved from http://www.mext.go.jp/b_menu/shingi/chukyo/chukyo4/007/gijiroku/030101/2-1.htm (2014年1月10日)
　　中曽根内閣の下で発足した文部大臣の私的諮問機関「21世紀への留学生政策懇談会」によって，1983年に，21世紀までに留学生数を10万人にまで増加させる，「21世紀への留学生政策に関する提言」，いわゆる「留学生10万人計画」が示された。10万人という数字は，当時の先進国における留学生受け入れ実態をもとに算出され，中でもフランス並みの留学生受け入れを行うことを目途として設定された数字であるとされる。
3) 留学生在籍者数201人以上の国立大学には，国立学校設置法実施規則第二十条の3の規定に基づき，留学生センター (当時名称) が設置された。留学生受け入れ数401人以上の場合には受け入れの事務業務を担当する留学生課 (当時) も設置。なお留学生センターの配置とは別に，留学生受け入れ数の多い学部・研究科には，留学生専門教育教官 (当時) の配置が行われた。留学生センターの留学生指導担当教官，学部配置の留学生専門教育教官ともに，職務内容と範囲は明確ではなく，各大学・学部研究科にその職務内容が一任された。
4) 外国人留学生問題研究会 (JAFSA=Japan Association for Foreign Student Affairs) が1968年に設立，2003年には法人格を取得した特定非営利活動法人 (NPO) となり，主に大学の国際教育交流に関する情報交換・調査・研究・研修・出版・提言等

の諸活動を行っている（JAFSA ウェブサイト　http://www.jafsa.org/about/history.html 参照）。2000 年には，団体名称が「国際教育交流協議会（Japan Network for International Education)」（通称は JAFSA のままで維持）に変更されていることが示すように，活動内容も受け入れた留学生の支援に関連するものから，現在は広く「国際教育交流」へと拡大・シフトがみられる。1996 年 5 月には，国立大学の留学生センターの指導担当教員と専門教育教員を主な会員とした「国立大学留学生指導研究協議会」が設立。設立主旨は「留学生に対する相談・指導を担当する教員有志が，大学の枠を越えて相互に情報や意見を交換するとともに，留学生に関する研究を推進すること」。同年 7 月には，「留学生に対する教育あるいは指導・支援に携わるすべての国内外の留学生関係者に開かれた学会」（留学生教育学会ウェブサイト http://jaise.org/n-jaise.html）として，留学生教育学会が設立され，「留学生に関する生きた学問研究を遂行すること」を目的に活動が行われている。

5) 「大学国際戦略本部強化事業」は，各大学の国際交流関連の本部機能の強化を図ることを事業目的とした 5 年間の期限付き予算。

6) 「国際化拠点整備事業（大学の国際化のためのネットワーク形成推進事業）」は，5 年の期限付き予算であり 2013 年度に終了。当初は 30 大学が採択予定であったが，予算的な制約から 13 校となり，さらに 2010 年度の新規募集は，自由民主党から民主党への政権交代後見送られた（米澤，2013）。事業の柱の一つは，英語のみで学位が取得できるコースの設置であり，採択大学には新たな英語コースが学部に 33，大学院に 124 開設された。採択大学の取り組みの詳細は，グローバル 30 のウェブサイト　http://www.uni.international.mext.go.jp/ja-JP/global30/ （2013 年 12 月 8 日）に掲載。

7) 文部科学省事業として「若い世代の『内向き志向』を克服し，国際的な産業競争力の向上や国と国の絆の強化の基盤として，グローバルな舞台に積極的に挑戦し活躍できる"人財"の育成を図るため，大学教育のグローバル化を推進する取組を行う事業に対して，重点的に財政支援すること」を目的として実施。日本学術振興会ウェブサイト　http://www.jsps.go.jp/j-gjinzai/gaiyou.html（2013 年 7 月 1 日）。国立大学 17，公立大学 4，私立大学 21 計 42 大学が採択。

8) 首相官邸（2013）．安倍総理「成長戦略第 2 弾スピーチ」（2013 年 5 月 17 日）Retrieved from　http://www.kantei.go.jp/jp/96_abe/statement/2013/0517speech.html（2014 年 1 月 10 日）

9) 「世界水準大学」の概念は，Altbach & Balan（2007）による著書 *Worldclass Worldwide: Transforming Research Universitiesin Asia and Latin America* によって広まったと，米澤（2013）は述べる。また，米澤（2013, pp. 70-71）は，Salmi

(2009) による定義を用い，(1) 才能（教員及び学生）の集中，(2) 豊かな教育環境と高度な研究を実現する有り余るほどの資源，(3) 戦略的ビジョンやイノベーションと柔軟性を促進する適切なガバナンスを，「世界水準大学」の要件とし，さらにその形成を目指すことを意図した政策を「世界水準大学」政策と定義している。

10) 首相官邸（2013）．日本再興戦略（2013 年 6 月 14 日） Retrieved from http://www.kantei.go.jp/jp/singi/keizaisaisei/pdf/saikou_jpn.pdf（2014 年 1 月 10 日）

11) 徹底した国際化と大学改革を断行する大学を重点支援することにより，高等教育の国際競争力を強化することを目的として 2014 年度より最大 10 年間の期間実施予定の事業。タイプ A トップ型（世界大学ランキングトップ 100 を目指す力のある，世界レベルの教育研究を行うトップ大学）に 13 大学，タイプ B グローバル化牽引型（これまでの実績をもとにさらに先導的試行に挑戦し，我が国の社会のグローバル化を牽引する大学）に 24 大学が採択済み。詳細は，日本学術振興会ウェブサイト http://www.jsps.go.jp/j-sgu_ggj/index.html（2015 年 1 月 22 日）参照。

12) 「留学生アドバイザー」という用語は，『留学生アドバイザーという仕事』の日本語版（Althen, 1995 服部・三宅訳 1999）刊行によって広く日本の国際教育交流の担い手の中で広がった。「留学生アドバイザー」は，留学生の支援担当者の仕事に枠組みを与えるものであったと思われるが，留学生支援領域自体が大きな変化の中にあり，今のところ「留学生アドバイザー」の明確な定義を行うには至っていない。たとえば，潘（2005）は，「留学生アドバイザー」を，「留学生センターの留学生指導部門で留学生に対して修学上・生活上必要な指導あるいは助言を与える仕事を担当している教員」に対して用いており，このように作業的な定義を行うものが多い。また，近年は職務内容自体が多様化し，留学生支援業務と併せて海外派遣や国際交流協定等の業務を担う教職員も増えており，「国際教育交流担当者」（渡部，2014）など，より広い呼称が用いられる場合もある。

13) 文部科学省が実施した，大学における専門的職員の活用の実態把握に関する調査結果（文部科学省，2016）によると，様々な分野において専門的職員の配置等が進められているが，今後配置したい職務に関して特に重要と考えるものの上位として，他の設置主体と比較して国立大学は「インスティテューショナル・リサーチ」「研究管理」「国際」が特に高い，という結果が示されている。

第3章
留学生支援の拡充に向けた研究の動向

　留学生支援の課題について，主にその支援の枠組みが構築されてきた背景を示しながら明らかにしてきた。施策との連動性の強さと，その実践を支える理論的な基盤の弱さが，日本の留学生支援領域の特徴であるといえる。一方，留学生の異文化における適応と支援に関しては，特に心理学領域において研究が進められている。また，本書が重視する文化的な多様性に対応した援助という観点に関しては，北米を中心に研究の蓄積がみられる。第3章においては，こうした先行研究の知見を踏まえながら，日本の留学生支援の拡充につながる視点を明らかにしていく。

第1節　留学生支援に関する心理学的研究の動向

1.1　異文化における適応への関心

　心理学領域における留学生への関心は，異文化適応という現象面への関心としてまず高まっていった。留学に限らず，駐在，移住などによって，国を越えた人の行き来が活発化するのに伴い，心身の健康や心理発達に異文化接触が及ぼす影響全般が，心理学研究の対象とされた。日本においては，この動きは，企業の海外進出が本格化した1970年代以降より顕著となり，まずは在外邦人や帰国後の海外成長児童生徒に対して，1980年代に入ると，いわゆるニューカマー外国人や留学生に対して研究が行われていった（大西，2002）。国内外を問わず，多くの専門家がまず注目したのは，どのような要因がよりよい適応を予測するのか（Ward *et al.*, 2001）という点であり，異文化適応の関連要因の研究が進められた。先行研究は多岐にわたるため，ここで列挙することはしないが，たとえばZhang & Goodson（2011）は，在米留学生を対象に1990年から2009年の間に行われた64の研究をレビューし，心理的適応の予測変数として用い

られた主要な要因として，ストレス，ソーシャルサポート，英語力，出身国・地域，在米期間，文化変容，米国人（ホスト成員）との関係，自己効力感，性格を挙げている。また同じく在米留学生を対象としたWangら（2012）の横断的研究においては，入学直前，1学期目，2学期目，3学期目の四つの時点で文化変容のストレスを比較し，全体の65%はこの期間を通じてストレスが低く適応がよい集団，10%は常に高いストレスを感じている集団，14%は入学から1学期にかけてストレスが減少している集団，1学期と2学期に突出して高いストレスを体験しているカルチャーショック体験集団が11%であったことが示されている。国内の研究では，来日直後よりも，数ヶ月から1年前後が困難のピークであり，1年目を迎える頃に精神的健康度に影響が生じやすいとの指摘もみられる（井上・伊藤，1997）。

1.2 留学生に特有の適応領域の検討

留学生にとって来日後に問題が体験されやすい領域を明らかにし，学業や生活，人間関係などの諸側面を含めて異文化適応を検討していくアプローチもみられる。適応を心理学的側面のみに留めないこの視点は，特に日本国内の留学生相談において重視されてきた点でもある。たとえば，「学習・研究（学習・研究／言語）」「心身健康・情緒」「対人関係」「文化」「住みごこち・経済（住居・環境／経済）」領域（水野，2003；上原，1988）や，「専門分野の教育・研究に関する領域」「語学学習に関する領域」「経済的自立と安定に関する領域」「生活環境への適応に関する領域」「青年期の発達課題に関する領域」「交流に関する領域」（横田・白土，2004, pp. 51-54）などが，留学生の適応が必要な領域として挙げられている。

これらの適応の諸領域の中には，大学生一般と共通する領域も含まれるが，留学生独自の領域があるとの指摘もなされる（Arthur, 1997; Mori, 2000; O'Reilly et al., 2013）。国内の研究では，上原（1988）が，対照群に日本人学生を設定した比較の結果から，言語の問題や対人関係，経済環境等が，留学生により特徴的な課題であることを示している。

留学生のニーズの独自性を主張するその他の研究では，「差別や言語的障壁の問題，異なる文化社会的環境で勉学に取り組むこと」（Mier et al., 2009），「社

会的少数派となることへの適応」(Mewett & Nyland, 2008) など，少数派としての社会的位置づけに伴う課題を挙げるものもある。留学生の抱える課題には，移民・民族的少数者と共通する部分があるが，留学生はその地位的特性による独自ニーズも抱えており，文化的少数派一般に求められる多文化への問題への注目だけでは十分ではない (Arthur, 2004) とする指摘もみられる。たとえば，在留資格上の活動の制限や，家族や親せきから離れて学ぶ状況，アルバイトや奨学金に依存した不安定な経済状況，卒業後の進路選択に関する問題などは，留学生の地位的特徴から生じる独自な状況といえるだろう。

1.3 留学生の中の多様な文化的集団の特徴

Redmond & Bunyi (1993) が在米留学生を対象に行った研究では，ストレスの認知度が低いのは欧州，南米出身者であり，高いストレスを報告した集団は中東，中国，韓国，日本出身者であるという結果が示されている。文化差の影響を検討したこうした研究の多くが，個人主義的な文化的自己観を持つ欧米社会においては，集合主義的な文化的特徴を持つ学生がより困難を体験すると説明を加えている。また，ホスト国の言語の堪能さや，言語的コミュニケーションに対する自信は，社会文化的適応や心理的適応の予測要因であり (Yang et al., 2006; Wang, 2009)，アジア圏出身者は，英語によるコミュニケーションへの自信が最も低い集団 (Redmond & Bunyi, 1993) であることも，米国に留学したアジア圏の学生の困難度の高さを説明する際に挙げられる理由である。しかしながら，文化的距離や言語力により，集団間の適応の差異を説明する枠組みは，非西欧圏で学ぶ留学生の体験に関しては限定的な説明力しか持っていない。

日本においては集団間の差異を統計的に検討した研究は少ないが，たとえば葛 (2007) は，中国の大陸出身者は，その他の地域出身の留学生よりも対日感情がネガティブであると同時に，対人関係，言語的コミュニケーションの両方において，より大きな困難を抱えていたという結果を示している。また大橋 (2008, p. 40) も，十分なサンプルサイズがなく統計的な検討はなされていないものの，SDSで測定されたストレス得点は，東アジア，東南アジア，中南米，アフリカ，中近東，欧米の順に高いことを報告している。文化的距離の視点からみると，日本文化との距離がより離れている非アジア (中南米，アフリカ，中

近東，欧米）出身者のほうが，東アジア出身者よりも困難度が低く，前述の枠組みは当てはまりにくい。これに対して葛（2007）は，東アジア出身者に私費留学が多いことからくる経済的切迫感や，渡日前の対日イメージが抽象的であったりネガティブであったりすること，日本人側の態度，アルバイト先で経験する差別体験，同国人集団が大きいことによるホストとの接触量の少なさなどによって，この結果の説明を試みている。また，馬越（1991, p. 23）も「いわゆる漢字文化圏からの留学生にとって，日本社会は，欧米のそれほど『異文化』的ではないかもしれない。地理的に近く，共に『米』を主食とし，『漢字』を共有していることは，留学に伴う困難を軽減していることは確かである」としながらも，このことが「日本の大学関係者に，彼らを『外国人留学生』として認識する視点を希薄にさせているとすれば，大きな問題であるといわなければならない」と指摘し，「アジア近代史における日本とこれら諸国との『支配＝従属』関係はいうまでもなく，日本と中国・台湾・韓国とでは社会構造や思考の面でも，類似性よりも差異性のほうが顕著である」と述べている。文化的距離の問題に加え，ホスト国との間の歴史・関係性などを踏まえ，それぞれの地域出身者の困難を理解していくことが必要であるといえる。

　コーネル大学の調査（Cornell University Asian and Asian American Campus Climate Task Force, 2004）においては，留学生であるか移民であるかを問わず，アジア系の学生たちの集団的特徴として，他の学生集団と比較した場合の高い自殺企図率，低い相談資源利用率が示されている。経済的成功という将来の目標に向けて興味を集中させ，大学はその目標を達成するための踏み台であると捉える特徴，それによって大学での失敗をより重大に恐れたり，また学業以外のことに関心を示さなかったりする傾向が強いことも指摘されている。さらに親からの期待の強さ，成功しなければならないプレッシャーといったものも，アジア系の学生により強くみられるとされ，この集団にとって，大学で学ぶことが特別な意味を持つことを指摘している。こうした集団特性は，在日の東アジア出身学生にもある程度共通しているだろう。

1.4　ソーシャルサポートを活用した支援

　異文化適応に関する研究は，そもそも「適応」の共通した定義が不在であり，

適応を測定する尺度も研究によって異なるという問題点が指摘されており，相反する結果を示すものも少なくない（Pedersen, 1991b; Searle& Ward, 1990）。また適応を予測する要因を仮に同定できたとしても，そのことをもって，適応を促進する働きかけが可能なわけではなく，異文化適応の支援という実際的な課題には十分には役立たない場合もある。さらに，適応を個人的な属性要因で説明しようとする前提自体を批判し,異文化接触の生じる状況に影響され（Pedersen, 1991b），環境と個人の複雑な相互作用により規定されるもの（横田，1997）として適応をみなす視点が，1990年代以降強調されている。こうした視点の変化は，環境への働きかけによって問題発生を予防することや，個人がより効果的に環境に関わることができるよう援助を行うなど，援助の場における発想の転換にもつながっており，ソーシャルサポートネットワークの効果や，個人からの環境への働きかけの仕方を学ぶスキル学習に関する研究の増加につながっている。

　国内においても，1980年代に留学生を対象とした研究が増え始めた時期には，異文化接触の現象の一つとして，留学生の異文化適応状況（井上・伊藤，1997；モイヤー，1987；山本，1986；上原，1988）や日本観の成り立ち（岩男・萩原，1988；山崎，1993）を説明することに関心を置いた研究が多かったのに対して，1990年代後半に入ると，ソーシャルサポートに注目した研究の増加がみられる（水野・石隈，2001）。さらに後述するように，専門的なサービスが敬遠される傾向を踏まえ，予防的関わりやソーシャルサポートネットワークの拡充を重視した研究が多くみられ（加賀美，2007a, b；加賀美・箕口，1997；箕口，2001；高松，1997b, 2003），中でも，同国出身学生や学生間のサポートは重要であるとみなされている。

　しかしその一方で，同国人が留学生の周辺にいるかどうかは，出身国や大学の留学生受け入れ状況にも左右され（水野・石隈，2001），母国の政情等によって同国人同士の関係性は複雑にもなりえる（Mori, 2000）。またホスト出身の同輩学生との間に信頼できる関係を形成すること自体が，留学生にとって極めて難しい課題であることを数多くの研究が指摘してきた。たとえば田中ら（1990b）は，留学生が滞在国の学生と友人関係を持つほど，その文化をより理解し，適応しやすくなるという異文化適応の交流仮説は，多くの研究結果によって支持されていないと述べ，その理由として「日本人は留学生の第一次対人関係ネッ

トワークを形成しておらず，道具的な役割を果たしているに過ぎないのかもしれない」と説明している。上原（1988, p. 115）も，留学生の多くが学内外に気軽に相互交流できる日本人がおらず，「周辺人として生活している傾向」があると述べている。さらに，田中ら（1991）は，「日本人とのネットワーク形成は，エクイティが乏しく満足感が低い」ことや「同国あるいは外国人の友人と比べて，個人的，情緒的なつながりが形成されにくい」ことを指摘している。ソーシャルサポート研究においては，サポートの互恵性（reciprocity）の視点を導入した議論が進められており（Buunk et al., 1993；周・深田，1996），Fisher ら（1982）は，援助を受けることが援助者と被援助者の間の関係の公平性を失わせる場合，その援助は受け手の自尊心に対して脅威になるという自尊心脅威モデル（threat-to-self-esteem model）を提唱している。サポートを受け過ぎること（過剰利得）と否定的感情（負債感）の関連や，親よりも友人からのサポートの受け過ぎのほうが，自尊心の低下との結びつきが強い（佐々木・島田，2000）ことなども指摘されている。そもそも，サポートの送り手の違いや，受け取ったサポートの質・量がどのように異文化での適応に関連するのか，あるいは同国人・ホスト成員どちらからのサポートがより適応を予測するのかについて，先行研究は一貫した結果を示しえていない（Searle & Ward, 1990; Ward & Kennedy, 1993; Ward & Rana-Deuba, 2000）。また，Pines ら（2003）は，ソーシャルサポートを重視し，専門家よりも身近な友人や家族に相談を行う傾向は多くの国の大学生に共通しているが，ソーシャルサポートに何を期待するかは，文化による違いがあると指摘している。たとえば，中国とイスラエルの大学生の比較においては，イスラエルの大学生がソーシャルサポートの持つ情緒的な支えの機能を重視するのに対して，中国の大学生は助言などの道具的なサポート機能を重視する傾向が示されている（Pines et al., 2003）。

　また，Taylor ら（2004）が，韓国人，アジア系の米国人，ヨーロッパ系の米国人を対象に行った研究では，アジア系の人々のほうがソーシャルサポートを利用しないという結果が示されている。この結果は一見予測に反しているが，Taylor らは，そもそも，ストレス下にある個人が，その状況の解決のために他人から援助を獲得するという考え方自体が西欧文化的であり，集団内の融和が優先されるアジア的社会規範にそぐわないと説明を加えている。このことは，

相応しいソーシャルサポートの提供源となる非専門家が，家族などごく狭い範囲に限られる場合があることを意味しているだろう。こうした点を踏まえると，異文化間移動を経た個人が，母国で得ていたのと同様に機能しうるソーシャルサポートを渡航先で得ることは，量的にも質的にも容易ではないといえよう。

1.5 専門的援助資源の役割

大学が提供するサービスは，入手可能性という意味では，すべての留学生が等しく利用できる援助資源であり，非専門家から得るソーシャルサポートと相補的に用いることで，留学生の異文化適応を促進する重要な役割を担いうる。また，前述のようなソーシャルサポートの得にくさから，留学生は，学生生活や日常生活の多くの面で，結果的に，大学の資源を利用せざるをえない状況が生まれやすいとされる（Leong & Sedlacek, 1986）。

しかし，国内外の研究においては，留学生は，大学が提供する援助資源，中でも精神科医やカウンセラー・アドバイザーのような援助専門家をサポート源としてみなしていないこと，あるいは必要な場合であってもこうしたサービスを容易には利用しないこと（Arthur, 2004; Dadfar & Friedlander, 1982; 松原・石隈，1993；水野，2003；大橋，2008；園田，2011；田中，2010）が指摘されてきた。また，学内の相談資源の利用率の低さ（たとえば Hyun et al., 2007; Raunic & Xenos, 2008; Russell et al., 2008; Yakushko et al., 2008）や，インテーク後の再来室率の低さ（Anderson & Myer, 1985），早期中断率の高さ（ドロップアウト率の高さ・retention 率の低さ）（Nilsson et al., 2004; Snowden & Yamada, 2005）を，留学生のサービス利用の特徴として挙げる研究もみられる。このように，既存の学生支援のサービスが留学生に活用されていない現状を指摘する研究は国内外で多数みられる。しかしながら，それに対してどのようなサービスが利用しやすいか，いかにそうしたサービスを提供していくのかという視点からの議論はあまり進んでいない。

第2節 留学生のニーズに対応したサービスとは何か

2.1 文化的少数派の援助の求め方への注目

留学生にとって利用しやすいサービスとは何か？ を問い，多様なニーズに

沿ったサービスの形を同定していくためには，留学生のサービス選択・利用の特徴を明らかにすることがまず必要である。このような，援助を求める行為に関する研究は，援助要請行動の研究領域と関わりが深い。

　留学生のみならず，文化的少数派に関しては，潜在的ニーズほどには，実際にサービスが利用されていない状況が報告されている[1]。その理由の一つとして考えられるのが，多数派を念頭に構築されたサービスの利用しにくさである。

　「悩みをかかえながらも相談に来ない学生への対応」は，日本の学生相談全体においても重要な課題であり（日本学生支援機構，2011），高野・宇留田（2002）は，「サービスへのアクセスを援助要請行動の一つとみなし，アクセスを阻害したり，促進したりする要因を明らかにしていくこと」に取り組み，それを踏まえた実践の必要性を指摘している。ただし，日本の学生相談の領域においては，留学生対応に関する研究や実践報告は極めて少なく（たとえば，外ノ池，2006；山内，2001），学生の援助要請行動が文化的に影響を受けるという前提は弱い。日本人学生を対象とした学生サービスが，留学生にとって利用しにくいかもしれないということが議題に上がっていない状態である。

　国外の研究においては，文化的少数派の援助資源利用を抑制する要因として，サービスの有効性やリスクに関する事前の予測や不安（Fischer & Farina, 1995; Pipes et al., 1985; Vogel et al., 2007），サービスに関する情報不足，言語力不足，費用，交通手段や利用する時間的余裕などの実際的な障壁（Berthold, 2006; Hyun et al., 2007; Kung, 2004; Russell et al., 2008; Setiawan, 2006; Uba, 1994），文化的な要因（Chen & Mak, 2008; Lau & Takeuchi, 2001; Sue & Sue, 1977; Uba, 1994）が挙げられている。文化の影響としては，個人的悩みを打ち明けることや自力で解決することに対する文化的価値と，西欧的な心理療法の価値との間の齟齬（Lau & Takeuchi, 2001; Sue & Sue, 1977; Uba, 1994）や，出身文化における，メンタルヘルスの問題に対するスティグマの強さ（Constantine et al., 1997; Yakunina & Weigold, 2011）などが示されている。

　キャンパスの援助資源の利用者データを検討した研究においては，留学生の相談内容の上位項目が，学業関連，抑うつ，不安，信念や将来に関する戸惑い，自尊心，集中力，ストレスマネジメント，やる気を出すこと，時間管理，異性との別れ（Mitchell et al., 2007; Nilsson et al., 2004; Yi et al., 2003）などであり，概ね

現地学生のサービス利用と重なる傾向であることが示されている。ただしYiら（2003）は，学内のカウンセリングセンター等を利用している留学生は，留学生全体の特徴を代表しない可能性があり，利用に至らない学生も含めた議論が必要であると意見を述べている。カウンセリングセンター等の利用経験のない留学生も含んだ調査（Hyun et al., 2007）では，情緒的な問題や対人関係などの個人的問題を相談する目的で，カウンセリングセンターを利用すると答えた留学生の割合は，現地学生の割合よりも低いことが示されている。さらに米国における研究では，アジア系の学生のほうが就学・キャリアの問題として悩みを認識・提示することが多い（Tracey et al., 1986），自己報告される問題内容は，留学生のほうが学業関連領域が多い（Mitchell et al., 2007）など，提示される悩みの領域が異なることが示されている。また，文化的少数派の学生は，カウンセリングセンターではなく，アカデミックアドバイジングオフィスや経済的支援のオフィス，特別プログラムオフィスなどに援助を求める傾向を示すことも指摘されている（Constantine et al., 1997）。

　個人的な不調が，学業やキャリア領域の問題として認識されやすい背景には，心理的不調の原因に関する文化的信念による認知的評価（Chen & Mak, 2008）の影響が考えられるだろう。不安や抑うつよりも，学業に関する問題のほうが専門家に援助を求めやすい（Yi et al., 2003）と感じる学生の存在は，メンタルヘルスの問題に対するスティグマの影響（Constantine et al., 1997）が関連していると考えられる。こうした文化的要因の影響は，西欧的な価値観を持つ文化集団や西欧的価値への文化変容の程度が進んだ集団のほうが，専門的サービスへの援助要請に好意的であり，また実際にサービスを利用する人が多いというデータによっても示されている（Atkinson & Gim, 1989; Atkinson et al., 2001; Chen & Mak, 2008）。国内では，水野（2003, p. 75）が，学習・研究領域に関する相談は，東アジア系留学生が専門的ヘルパーに対して持つ，呼応性の心配が影響しにくい問題領域であることを明らかにしており，「学習・研究領域の援助は，大学で最も日常的に行われているために，留学生もこの領域で援助を求めることに対して，不安を抱かないのかもしれない」と述べている。

2.2　留学生に対する援助の工夫

　専門的サービスの利用回避や心理的・個人的な悩み事を専門家に相談しないという留学生の傾向は，このように，ニーズの不在を意味するものではないと考えられている。Mori（2000）は「カウンセリングサービスが利用されないことは，カウンセリング的な介入が留学生にとって不適合であることを意味しているわけではない。既存のカウンセリングのやり方を，もっと文化的に適した方法に修正する必要がある」と述べている。Pedersen（1991b）は，留学生に対するカウンセリングは，標準化されたカウンセリングモデルに沿えば，カウンセリングとはみなされないかもしれないようなインフォーマルな場所・形式で生じる場合も多いことを挙げ，カウンセラー側が，留学生側のニーズに応じたやり方や場所を選択していく必要性を指摘している。留学生が人目を気にせずに来室できるように相談室の位置を工夫すること（Mori, 2000）や，来室を待つのではなくアウトリーチを行うこと（Arthur, 1997, 2004; Boone et al., 2011; Mori, 2000; Nilsson et al., 2004; Yakunina & Weigold, 2011），心理教育を行うこと（Komiya & Eells, 2001; Mori, 2000），カウンセリングセンターにピアグループサポートシステムを構築すること（Leong & Sedlacek, 1986）などが提案されている。

　Arthur（2004, p. 106）は，留学生のカウンセリングスタイルや援助者に対する好みが，出身文化によって影響を受けている可能性とともに，そうした好みは，ホスト文化における体験の積み重ねや，カウンセリングのプロセスが進むことによっても変化しうることを指摘，留学生に対応するカウンセラーには柔軟性が求められると述べている。国内でも井上（1997，2002）は，留学生相談に従事する専門家には，伝統的なカウンセラーの役割を超えた多様な役割を担うことが求められることを強調している。

　水野（2003）[2]は，東アジア出身の留学生は専門家や教職員よりも，日本人学生や同国人学生に個人的な悩みを相談することが多いという被援助志向性を踏まえ，留学生が相談しやすいと思う人を介して，間接的に留学生とつながること，あるいはカウンセラーの呼応性に懸念が高い留学生に対しては，まず助言や情報提供型の対応で呼応性への懸念を減少させることで，それ以外の問題も相談がなされやすくなることなど，実践につながる提案を行っている。このように国内外の研究は，多数派学生を対象とした既存のサービスや伝統的なカウ

ンセリングモデルでは，留学生に適したサービスを提供しえないという認識において共通している。ただしこれに対して，留学生のニーズにより合致した学生支援サービス提供をいかに可能とするのか，サービスのあり方を問うような議論は，国内外いずれにおいても進んでいない。

2.3 多文化カウンセリングの概念の広がり

どのようなサービスが留学生の多様なニーズに合致するのか，またそうしたサービスを，どのように実現していくのかを整理していくためには，北米を中心に発展がみられる，多文化カウンセリング[3]の領域の知見が参考になる。多文化カウンセリングの議論は，どのような組織的あるいは個人的働きかけが，文化的少数派のニーズによりよく合致するのかを，サービス提供者側の視点から検討し，またそうした働きかけを可能とするための方法や専門的能力について明らかにしていくものである。多文化カウンセリングの歴史をたどると，その発展には，1960年代・70年代の米国における公民権運動によって高まった，少数派に対する社会的関心が深く関与している（Arredondo & Perez, 2006; Das, 1995; Sue, 2006）。

さらに，カウンセリングや心理療法といった心理援助の形態が，西欧文化を起源とした極めて文化的な営みであることについて，1980年代から2000年代の初めにかけて専門家の気づきが高まりをみせ，American Psychological Association（APA）や，American Counseling Association（ACA）など，米国の心理学の専門学会において，文化の視点に留意した心理援助実践についての議論が盛んに取り上げられるようになった。こうした文化的側面への注目は「カウンセリングの第4の波」（Pedersen, 1991a）と称される。日本では，この波は一部の限られた専門家の間でしか広がってはいないが，2008年には，多文化間精神医学会の専門誌の特集で cultural competence を「文化を理解する能力」「文化を理解し対処する能力」（野田・井上，2008）と訳して概念紹介が行われている。特集の中で，葛西（2008）は，北米のカウンセリング心理学の立場から multicultural competencies について解説し，「多文化問題を扱う能力」として用語を定義している。

カウンセリングという用語から想起されるのは，面接場面でのクライエント

とカウンセラーの間の二者の関係，並びにカウンセラーからの援助的介入であるが，多文化カウンセリングの概念は，働きかけの次元や対象，目的において狭義の個人カウンセリングを超えた，組織や社会の次元における多文化への適切な対応を含めた概念である。本書も，面接室に閉じた伝統的なカウンセリングを前提とし，その中で文化的少数派の人々にどのように対応するのかを議論するのではなく，文化的視点を持った心理援助の取り組み全般を含めて多文化カウンセリングと捉える立場に立っている。以下では，こうした多次元的な多文化カウンセリングの概念枠組みと援助要請行動の知見を踏まえながら，サービスの文化的適切性を高めるために用いられる代表的な方略を整理していく。

2.4 多文化に対応した援助の諸方略
(1) 専門家と利用者の属性のマッチング

文化や人種／言語の一致や類似性が認知された相手のほうが，援助者としてより好まれること（Atkinson & Lowe, 1995）や，サービスの対象を特定の文化・民族的バックグラウンドを持つ人に限定し，文化や言語を共有した人が援助提供者となるサービス（Ethnic Specific Services: ESS）のほうが，文化的少数派によく利用されること（Lau & Zane, 2000; Sue et al., 1991; Zane & Hatanaka, 1994）は，多数の実践研究において主張される結果である。

サービスのアクセスの促進のみならず，初期の中断が少なく（Lau & Zane, 2000; Sue et al., 1991），相談相手に対する信頼感などが形成されやすく（Farsimadan et al., 2007; Meyer et al., 2011），クライエントの自己探求が進む（Garkhuff & Pierce, 1967）ことや，治療効果が高い（Farsimadan et al., 2007; Lau & Zane, 2000; Meyer et al., 2011; Sue et al., 1991; Zane et al., 2005）ことを主張する研究もみられる。ただし，マッチングの肯定的な影響を及ぼすことを示すこうした研究の一方で，効果が確認できないものや，矛盾する結果を示す研究も少なくない（Maramba & Nagayama, 2002）。またマッチングの効果があったとしても，それがクライエントとセラピストの人種・民族背景が一致していることによる直接的な効果といえるかどうかは明らかにされていない。

Zane ら（2005）のアジア系出身者を対象とした研究では，人種・民族性が一致するセラピストのほうが好まれるのは，民族的背景が共有されている場合，

問題の認知の仕方，対処の志向性，治療の目的などにおいて認知的一致（cognitive match）が生じ，そのことが治療の結果に影響を及ぼすためと解釈がなされている。また Meyer ら（2011）は，人種の一致の効果は，共通する人生経験を有しているとの類推によって媒介されていると指摘している。Cabral & Smith（2011）は，154 の研究に関してマッチングの効果をメタ分析した結果，「人々が同じ人種・民族的背景を持つセラピストを好み，そのセラピストをより肯定的に評価する傾向は示されるものの，治療の成果はセラピストの人種・民族性とは独立したものである」という結果を示し，その結果を受けて，「人種・民族のマッチングがより重要性を持つのは，セラピーに入る前と治療同盟が形成されるセラピーの初回のセッションにおいてである」可能性を示唆している。Sue & Zane（1987, p. 40）は，専門家や心理援助サービスへの信頼性を高めるのに寄与している要因のうち，特に専門家側の要因に関わるものについて，ascribed status（人から付与されたステイタス）と achieved status（獲得されたステイタス）の二つに分けて整理し，前者の，たとえば年齢や性別が，サービスを利用しない（underutilization）主要な理由となりうることを指摘しており，Cabral & Smith（2011）の結果に重なる。

　文化や民族の一致が援助関係や援助の効果に及ぼす影響は，集団によって異なることを指摘する研究もみられる。たとえばSue ら（1991）の研究では，アジア系において最もよくマッチングの効果が示されている。さらに，Cabral & Smith（2011）のメタ分析においては，アフリカ系アメリカ人は，同人種出身のセラピストとの組み合わせを強く好み，マッチングはセラピーの効果にも影響を及ぼすこと，またアジア系米国人は，好みにおいてはそれほど特徴を示さないが，アジア系セラピストをより肯定的に評価する傾向がみられること，ヒスパニック・ラテン系アメリカ人は，セラピストの好みにおいては民族の一致を強く示すものの，セラピストの評価においてはあまりマッチングが影響を及ぼさないことなど，集団による差が示されている。

　こうした相違の解釈可能性の一つとして，Cabral & Smith（2011）は，社会における人種，民族間の関係性や差別の問題など，社会的状況が及ぼす影響について言及している。さらに，Townes ら（2009）は，黒人のクライエントの同人種カウンセラーを好む傾向には集団内差があることを指摘し，白人文化に対

する不信頼，人種的アイデンティティ（低い白人文化への同化的態度とアフリカ系アイデンティティの内在化の強さ）が好みに影響を及ぼすことを指摘している。これに対して，Cabral & Smith (2011) は，「セラピストやクライエントにとって人種・民族性がより顕在化しているほど，人種・民族のマッチングがセラピーにとって重要性を持つ可能性」を指摘している。マッチングの影響を検討する研究枠組みにおいては，利用者と援助者間の次元が扱われており，中でも人種や民族等の可視的な類似性・共通性が，アクセスや援助関係の初期段階において，無視できない影響要因となる集団があることが示されているといえる。

　マッチングが意味のある効果をもたらすという前提は，サービス提供の形態として，特定の集団にサービスを提供するターゲットを絞る ESS の有効性に根拠を与える。「バイカルチャーの文化的背景を持つスタッフや，プログラムが対象としているコミュニティの出身者を雇用する」という選択を行う ESS は，「コミュニティに根差した人材であれば，対象となる集団の習慣や文化的文脈に対して気づきがあり，あるいはセンシティブであり，したがって文化的にセンシティブなサービスの提供が保証されるだろう」という，暗黙の前提が存在している (Mistry *et al.*, 2009)。さらにサービス構築という具体的課題からみた場合は，マッチングの方略を用いる際には，求められる属性を持った人材が実際に存在するか否かが，まず最初に問われるだろう。

(2) 専門家の多文化対応力の育成

　一方 Sue (2006, p. 242) は，「非西欧圏出身の民族的少数派のクライエントにとっては，心理療法やカウンセリングはあまり信用できるものではないだろう」と述べ，「援助者は自身の信用度，信頼性 (achieved credibility) を向上させるためにスキルを向上させる必要性」があることを指摘している。ここでは，多文化対応力は，習得可能な職能・スキルとみなされており，適切な訓練を受けることにより文化的に適切な対応が可能となるということが前提とされている (Mistry *et al.*, 2009)。したがってこうした立場から，より適切な心理援助の実現を目指す専門家たちは，多文化に対応したカウンセリングの能力がどのような構造を成しているのか，またどのようにその能力を習得可能であるかを明らかにすることに関心を置いてきたといえる。その中でも，Sue らが示した，態度と信念（自分自身が前提としていること，価値観，バイアスについての気づき），文化

に関する知識（文化的に多様なクライエントの世界観の理解），文化に関わるスキル（適切な介入のための方略やテクニックを用いること）の三次元からカウンセラーの多文化対応力を捉えるモデル（Sue et al., 1982）は，最も影響力のある概念モデルであるといえる（Roger et al., 2007; Sue, 2006）[4]。また多文化対応力は，いわゆる「カウンセリング」の領域に限定されるものではなく，学生対応部署（Student Affairs）の教職員全般に習得が求められる能力である（Grieger, 1996; Pope, 1993）。

(3) サービス内容の適合化

誰がどのようにサービスを提供するかという次元に加え，どのようなサービスを提供するのかという内容面の文化的適切性の向上も検討されている。サービス内容の文化的適切性について，Misty ら（2009）は，サービスを該当言語に翻訳する（translated program），対象となる集団の文化的価値観や伝統に合致するようプログラムの内容を修正する（culturally adapted program），特定の集団に合わせて最初から特別なプログラムを開発する（culturally specific program），という三つの方法があることを紹介している。同様に，Hwang（2009）は，「(a)効果が示されている治療法（Empirically Supported Treatments: ESTs）をそのまま用いる，(b)民族的少数派のクライエントの文化的ニーズにより合致するようにESTs を修正する，(c)それぞれの民族集団に適した新しい文化特定の ESTs を開発する」という三つの選択肢を示している。さらに，Hwang（2009）は，米国の治療者の大半が西欧式の心理療法の訓練を受けてきたこと，それぞれの文化集団に合わせて治療法を開発するコスト的・時間的負担，訓練の困難さの面から，(b)の「文化的に修正を加えた ESTs を用いることが，最も適切で費用的にも効果の高いアプローチであろう」と結論づけている。

2.5 サービスを支えるマクロ要因

多文化カウンセリングの初期の議論では，面接室で実施される伝統的なクライエント―セラピスト間の援助関係の次元に焦点が当てられてきた。したがって多文化対応力に関しても，主に専門家個々人の職能育成の次元を扱ったものが多く，多文化対応力の訓練法の開発や能力の測定に関する研究が積み重ねられてきた。この傾向はいまだに強くみられるものではあるが，1990 年代以降，多文化対応力を援助者の個人的な次元に属する職能としてのみ捉えるのではな

く，組織や社会など，マクロ的な次元における多文化対応力を強調した概念定義が登場している（Sue *et al.*, 1998; Sue, 2001; Toporek & Reza, 2001）。援助を提供する組織の多文化対応力の指標の例としては，多文化への対応を明示した活動方針や，雇用・昇進における人材の多様性の確保・維持の取り組み（Darnell & Kuperminc, 2006）が挙げられる。次元間の相互の関わりが重要であり，組織的次元の多文化対応力の高さと個々の専門家の多文化対応力の高さは関連していると考えられている（Darnell & Kuperminc, 2006）。

援助者の対応力を高め，ニーズに合ったサービスを構築・提供していくためには，それを可能とする資源・制度，組織的体制が必要である。これらの整備を求めていく専門家の代弁者やファシリテーターとしての役割も重要であるが（Atkinson *et al.*, 1993），それだけでは十分な力となりえない。多様性の対応を個人や一組織に担わせたり，個々人の気づきの次元のみに働きかけたりしても効果は限定的であり，キャンパスの多文化化，多様性対応推進には，組織やシステム次元への介入を含む包括的な取り組みが求められる（Grieger, 1996; Jackson & Holvino, 1988; Pope, 1993; Pope *et al.*, 2014; Williams, 2013）。特に，新たなサービスの実現には，意識や経済的障壁を取り除くことが必要であり，社会的認識の高まりや制度的なバックアップが不可欠となる。その社会や組織において，文化的多様性がどのように認識されているのか，またそうした理念・理想が，各組織の体制・活動にどの程度具体的に反映されているのかといったことも，実際にサービスを作っていく際には影響する（大西，2014）。

北米における多文化カウンセリングの議論は，集団間の不平等の是正や多様性の尊重に対する，社会的に共有された多文化主義的価値と密接な結びつきがあり，学生支援サービスも，多数派と異なるニーズを持つ学生（nontraditional student）（Bundy & Smith, 2004）の存在に対する気づきがある中で発展している[5]。他方日本では，「ダイバーシティ推進」や「女性の活用」に関するかけ声は，高等教育の場において少しずつ高まりつつあるものの，少数派支援や多様性推進の取り組みを包括するような理論的発展，実践的展開は遅れている[6]。ニーズを示す具体的なデータや臨床研究も限られ（藤岡，2014），サービスの担い手も不足している（大西，2010，2014）。そうした中で，学生支援の議論において，学生の多様性に注目が置かれることは非常にまれである。つまり，日本の大学

で留学生支援を担う専門家は，多様性に応じたサービス構築への社会的関心や制度的支え，また議論を支える理念的基盤の乏しい状態[7]で，サービスの拡充に取り組むことになる。

2.6 実態を踏まえたサービス構築
(1) 適切なサービス形態の文脈依存性

Griner & Smith（2006）は，文化に適合したメンタルヘルスの介入（culturally adapted mental health interventions）に関して，英語で報告された76の研究を対象にメタ分析を行い，心理援助的介入の方法とその効果について検討している。メタ分析の結果によると，最も頻繁に用いられていたのは，介入の内容において文化的特性を考慮すること（cultural content）であり，84%で実施されていた。さらに援助専門家とクライエントの民族的背景のマッチング（61%），英語以外を母語とする人に対する言語サービスの提供（71%），援助機関の枠組みにおける配慮（文化・多文化に配慮していることが名称で示され，機関の活動方針として文化の尊重への言及がみられるか）（41%），クライエントの文化に詳しい人へのコンサルテーション（38%），アウトリーチの取り組み（29%），クライエントがサービスに留まることを目的として行われる付加的なサービス（治療中の保育など：24%），読み書きのできないクライエントのための口頭での説明（21%），スタッフに対するセンシティビティのトレーニング（17%），外部機関へのリファー（15%）が挙げられていた。このように様々な方略が用いられてはいるものの，いずれがより有効であるのかという効果についての検討は十分には行われていない。またどのようなサービス形態がより利用率を高めるのかについての議論も，後付け的な考察を除くと限られている（Mistry *et al.*, 2009）。米国の大学の多様性推進の取り組みにおいても，組織的対応は対症療法的でリアクティブなものが少なくないという指摘がなされており，実証データに基づく働きかけは不十分である（Pope *et al.*, 2014; Williams, 2013）。

こうした状況の背景には，サービスの適切性の文脈依存性が存在する。学生支援サービスの提供の側面に絞っても，サービスを提供する高等教育機関の特徴・対象となる学生集団の特徴・その組み合わせ，これらの取り組みが行われる場となる国・社会は，無数に想定が可能である。さらに，文化的人種的アイ

デンティティの顕在性などによる，集団内の個人差の存在も重要な側面である（藤岡，2013）。性別や年齢層，社会階層など，人種や民族・文化以外の要因も含めて議論した場合，特定の方略・方法の普遍的な有効性を示すことは容易ではない（Cabral & Smith, 2011）。

より良いサービス・実現可能なサービスの文脈依存性の高さからも，普遍的な適切性を強調し，単一のモデルを主張するよりも，どのような文脈の中で導き出されてきた実践モデルであるのかを明確に記述し，モデルの適用性の範囲を明らかにするほうが，実践においては有用性が高いと考えられる。

(2) 組織的次元への注目の必要性

第2章で指摘した通り，日本の大学における留学生支援は，留学生センター等の特定の部署での対応を中心に発展してきたが，それによってキャンパスの中で取り組みが孤立しやすい状況が生まれている。同様の問題は米国の大学においてもみられ，国際化を推進する部署と多文化教育の推進部署がバラバラに活動を行っていることや，キャンパス内の多様な集団への対応を行う domestic diversity の動きと，国際化による多様性（international diversity）への対応が統合されておらず，時には競合してしまうことなどが問題として指摘されている（Olson et al., 2007; Pandit, 2013）。多様性推進の動きが，民族・人種的少数派の権利擁護の文脈で発展してきた米国社会においては，文化的多様性に関する議論は非常に盛んに行われるものの，キャンパスの多様性推進の取り組みの中での留学生対応の位置づけは曖昧であり，日本同様に，留学生に対する支援体制やサービス提供の形態に関する十分な議論はなされていないといえる。議論の視点を援助の場での方略・方法に留めずに，組織体制・サービス形態の次元に置くことも重要であると考えられる。

(3) 実態の把握とサービス形態の選択

選択肢となりうるサービスの形態とその選択の基準については，対象となる集団やコミュニティの特徴を具体的に検討したうえで，その利点や限界・問題点も示しながら提案を行っている Uba（1982, 1994）が参考になる。Uba（1982, p. 217）は，アジア系アメリカ人を想定し，文化的にセンシティブなサービスを提供する形態として，(a)スタッフ全員が，アジア系アメリカ人に対する文化的にセンシティブなサービスを提供するように訓練されている主流派（mainstream）向けの機関，(b)主流派向けの機関の中に設けられた，アジア系アメリカ人に対する文化的にセンシティブなサービスを提供するように訓練を受けたスタッフから成る部門，(c)主流派向けの機関からは物理的に分離しており，すべてのスタッフがアジア系アメリカ人に対する文化的にセンシティブなサービスを提供するように訓練を受けている機関，の三つを挙げている。

　本書では便宜上，(a)を「主流派訓練・統合型」，(b)を「特別対応ユニット型」，(c)を「特定集団限定対応型」と称する。(a)は，専門家の多文化対応力の向上によるサービス整備を目指すものであり，一方，(c)の「特定集団限定対応型」は，セラピストとクライエントの属性のマッチング方略と関連が深い。(b)は，用いられる発想は(c)に近いが，サービスを提供する組織の形態は，(a)と(c)の中間的な特徴を持つといえる。

　表3-1に示す通り，それぞれの形態には利点と問題点とがあり，Uba（1982, p. 219）は，いずれの形態が相応しいかは諸条件によって異なると述べている。たとえば，(a)「主流派訓練・統合型」は，「主流派住民に向けたサービスが小規模であり，地域に居住するアジア系住民の人口がそれほど多くなく，特別な援助機関を設けることを正当化することが難しいが，多言語によるサービスを必要とする人は少なくない場合，また主流派出身のメンタルヘルスの専門家に対して，訓練を施すことができる文化的少数派出身の専門家が存在する」場合に最適であるとしている。同様に，(b)については，「経費・空間・人材が限られているが，アジア系アメリカ人集団が文化的・文化変容的に同質性が高くない場合，さらに可視的でアクセスしやすい場所にサービスを設けることが可能である場合」に適すると述べている。(c)は，「アジア系アメリカ人の集住地域であり，文化変容の進んでいないアジア系住民の人口が多く，さらに経済的・人材的に実施が可能な場合，また紹介することが可能なアジア系の専門家が存在し，リファーシステムをアジア系コミュニティ内で構築・維持できる時」に最も適当なサービス形態であるとしている。特定のコミュニティを想定し，そこで必要とされるサービスニーズを明らかにし，コミュニティの持つ文化的特徴に見合ったサービスを開発していく作業プロセスは，文化的少数派を対象としたサービス構築においてしばしば用いられる（Castro *et al.*, 2005; Hwang, 2009）。Hwang（2009）は，サービスを利用者のニーズに適合させるためには，ターゲ

表3-1 サービスの形態ごとの特徴（利点・問題点）（Uba, 1982より作成）

サービス形態	長所・利点	課題・問題点
(a) 主流派訓練・統合型	・文化変容の途上にあり，主流派の特徴と，文化的少数派の特徴の両方を合わせ持つ人のニーズに合致しやすい	・主流派出身のサービス従事者への訓練が必要となる ・文化的な配慮がなされたサービスであることが利用者にわかりづらいことから，利用されにくい
(b) 特別対応ユニット型	・利用者側が，特別なサービスと多数派向け通常のサービスのいずれかを選択可能 ・両チーム間の相互作用により，組織全体の文化的センシティビティが向上する可能性	・組織内での議論・調整が必要となり，手続き的に複雑である ・不必要なサービスの重複が生じる可能性がある
(c) 特定集団限定対応型	・利用しやすさを感じる人がおり，実際に利用率が向上する可能性 ・対象とする集団の集住地域の近くに設置すれば，アクセスの向上が見込まれる ・サービスの可視性の高さにより，同じ集団内から将来のサービスの担い手が生まれる可能性 ・サービスの必要性に関する公の気づきを高める効果	・特定の集団のみに特化した施設設置の法的問題性 ・援助者が一ヶ所に集中することにより，他のサービスの発展が妨げられうる ・文化変容が進んだ人は「移民向け」サービスを敬遠する可能性 ・多機関への紹介が必要とされる場合に，適切な紹介先がない可能性 ・実施にはお金がかかり経済性に難点

ットとなる利用者，関係者（ステークホルダー）を，サービス構築の過程に参加させ，既存のサービスについての修正点を明らかにし，意見を反映させていくボトムアップの手順を提案している。

　また，利用者にとっての便宜を重視しながらも，Ubaが示すように，コミュニティへの中長期的な波及効果も視野に入れた総合的な判断が必要である。つまり，高等教育機関を場面として想定した場合，留学生の支援ニーズへの対応という視点に加えて，大学コミュニティ側のニーズについても念頭に置いてサービスの形態を選択していくことになる。また，将来的にバランスのとれたサービスを目指すためには，対象となる集団の特徴に加えて，サービスの提供者側の特徴も重要であり（O'Rillya *et al.*, 2013; Turcic, 2008），既存の学生支援サービスの状況も踏まえながら検討を進めていく必要がある。

第3節 留学生を対象とした研究の留意点

　留学生や留学生支援の場を対象とした実践研究が，望ましいサービスの形を同定していくために必要である。研究を進めるうえでは，これまでの留学生研究においてしばしばみられる，以下のような点に留意し，より適切な方法で研究を実施し，さらに分析を行うことが求められる。

3.1 「留学生」という集団の適切な扱い

　文化的少数派集団を扱う研究においては，主流派を対象とした研究ではあまり問題とならない点にも留意が必要となる。留学生を対象にした研究においては，中でも対象とする「留学生」がどのような特徴を有する集団であるのかを明確にしながら議論を進めることが重要である。

(1)「留学生」一般について論じることの問題

　まず，留学生という集団の分類基準の妥当性や代表性の問題に留意することが必要である。多くの研究が，留学生をどのような集団として定義するか，研究の大前提を明確にしていない。北米では，アジア系，ラテンアメリカ系，アフリカ系，欧米系などの文化的少数派集団それぞれに対象を絞った研究も行われているが，数的にはアジア圏出身者を対象としたものに大きく偏っている(Zhang & Goodson, 2011)。日本ではこの傾向はさらに顕著であり，今日実施されている研究の大半は，東アジア諸国，中でも中国出身者を対象としたものであるといえる。留学生全体に関する議論を行っているのにもかかわらず，調査対象者の大半を東アジア出身者が占めている場合も少なくない。また，研究者自身は特定の集団に限定した議論を行っているにもかかわらず，研究結果の引用段階で「留学生」一般に結論が拡大されているケースも散見される。

　田中ら (1990a) は，国内で実施される留学生の適応研究の結果の一貫性のなさは，研究間の調査対象者が等質ではないこと，また多くの研究において対象者の地域別比重が母集団の比重を反映していないことに原因があると指摘している。さらに「同じ留学生であってもさまざまな宗教的，文化的や社会的な背景を有しているので，日本における適応状況も異なる。留学生の出身国を考慮

せずに，一概にまとめて取り扱うことは多くの問題があるため，できるだけ母集団の特徴を正確に捉える必要性が指摘できる」と述べている。集団の扱いに関する言及が不十分で，特定地域出身者のみを対象とした研究や数的多数派の傾向を強く反映している可能性が高い偏りのみられるサンプルから得られた研究結果を，「留学生」という集団全体に一般化すること（Yoon & Portman, 2004），つまりはサンプルの特徴を十分に検討せずに結果を提示することによって，「留学生」があたかも一つの特徴を共有する集団であるかのように理解されてしまったり，偏った結果に基づいて援助的介入策が講じられたりすることは問題である。留学生を対象とした研究や実践に従事する際には，「留学生」全体の特徴として何を語ることができるか，常に心に留めておく必要がある。

(2) 留学生集団内の文化的多様性の扱い

母集団における偏りが大きい留学生集団を対象とする場合，集団内の多様性をいかに扱うかは，特に量的研究において重大な問題となる。国内の研究では，留学生内の多様性が十分に扱われていない状態であり，文化的多様性の側面からの理解は遅れている。

留学生の集団内の多様性を扱う場合には，多様性を，いわゆる出身国や地域という単位で捉えるのか，同じ集団内の多様性にも目を向けるのか，あるいは文化や言語以外の多様な特徴（たとえば性別・性的指向性，社会経済的地位など）をどう扱うのか，といった問題が生じる。藤岡（2013）は，日本の文化的マイノリティに関する先行研究の課題の一つとして，「同一集団内における多様性にはあまり目がむけられておらず，集団内の差異を説明する枠組みを欠いている」ことを挙げている。学生を出身地域により分類し，その差異を強調することは，同文化出身者の中の多様性の無視につながったり，文化集団ごとの特徴の過度な一般化やステレオタイプ化に陥る危険性とも隣り合わせである。松尾（2007）は，1970～80年代に米国で主流であった「集団を比較的純粋で一貫性のある独自の歴史，文化，およびアイデンティティをもつ存在」として捉える，同質性や共通性を強調する本質主義的な集団観には，「内集団と外集団という集団間のバウンダリィを固定化」「集団内に存在する多様性を抑圧」するという欠点があったことを指摘している。ただし一方で，こうした集団観には少数派が「一つの集団として表現する機会を得るために，また，一つの集団の視点

から正確で肯定的なイメージを形成していくために，戦略として重要であった」(pp. 24-25) とも指摘している。

　サービス構築という視点に立つと，出身地域や文化・言語集団を一つの単位とみなし，共通性のあるニーズを明らかにしていくことが必要となる。日本における留学生支援の発達段階を考えると，現段階では留学生集団内の多様性はもとより，「留学生」としての集団に共通するニーズも十分には明らかとなっていない。国内で育った学生を対照集団とした留学生という集団の特徴，さらに「留学生」集団内の多様なニーズに注目し，その独自性を明らかにしていくことが必要な段階といえるだろう。一方で，個々の援助の場面や専門家の対象理解の次元においては，藤岡（2013）が指摘するような，集団内の個別性，とりわけ文化的アイデンティティや文化変容等，多数派文化との関係性の側面は無視できない。多数派出身の研究者・実践家が留学生支援に携わることが多い日本において，この点への留意は極めて重要であろう。

(3) 異なる異文化接触状況で得られたデータ間の比較可能性

　OECD や UNESCO の統計機関にデータを提供している国のうち，最大の留学生送り出し地域はアジアであり，全体の半数以上を占めている（OECD, 2014）。受け入れ留学生のうちアジア出身者が占める割合は，日本や韓国で高く9割を超え，オーストラリアや米国，ニュージーランドのような英語圏の国においても7～8割を占めている。したがって，国外の留学生の異文化適応等を扱った心理学の主要な研究は，英語圏に留学したアジア系の学生を対象としたものであり，欧米圏からアジア圏への移動等を扱った研究や非西欧圏間の移動を扱った研究は少ない。異文化適応は，異文化滞在者と環境の相互作用により影響されうるものであり，特定の文化的文脈（主に英語圏に留学中の非西欧的文化背景を持つ非英語ネイティブの留学生）で得られた知見を，異なる異文化間接触状況（非西欧的文化圏である日本に留学中の欧米・中南米・東アジア・東南アジア・南アジア・中東・アフリカ等地域出身の留学生）に適用することがどこまで可能か，慎重に検討することが必要である。

3.2　文化的にセンシティブな研究の実施

　留学生に関する研究をホスト成員が行う際には，研究者と研究対象とが異な

る文化出身者であるという条件下で研究を進めることになる。また留学生は，文化的には多様な特徴を持つ集団であり，研究もそうした文化的多様性を前提とする必要がある。したがって，研究方法の選択や対象の抽出，データの収集・分析，言語的手段，質問紙の作成など研究の各段階において，文化的にセンシティブ（Pope et al., 2009; Rogler, 1989）であることが求められる。Popeら（2009）は，「対象・目的・デザインが，学生集団の複雑で豊かな多様性を十分に反映したものであることが不可欠」（Pope et al., 2009, p. 654）であり，サンプリングにおいても，その集団の特徴にあった多様なアプローチを用い，合目的的（purposeful）なサンプリングを行わなければ，これまでに十分研究されていない集団の研究協力を得ることは難しいことを指摘している。さらに能智（2011）[8]が指摘するように，研究という場におけるインタビュアー（研究者）の特権性に留意し，文化差や地位差による影響と制約に十分に留意してデータ収集，データ分析，結果の解釈を行うことも重要である。

　国内の研究においては，たとえば田中ら（1990a）は，「留学生の国籍を限定しない研究であれば，母集団の特徴を忠実に表すサンプルを抽出するか，これが困難であれば，対象者を出身地域別に分けて分析することが重要である」と述べ，母集団の特徴を忠実に反映させたサンプルを用いる方法を選択している。しかし，この手法は，出身地域が極端に偏っている在日留学生に対しては現実的には用いにくい。分析の過程で，留学生集団内のサブグループの特徴がかき消されてしまい，圧倒的多数派である東アジア出身者の傾向を強く反映した結論が導かれ，それが集団全体の特徴として一般化されてしまう結果を生みやすい。一方，後者の，対象を出身地域別に分けて分析するアプローチを採用した場合，東アジア，中でも中国出身者に研究対象が偏りがちになる。在籍者の多い国の出身者にターゲットを絞り，その集団の示す特徴を明らかにすることには積極的な意味があり，実態に即した施策を立案したり，支援を進めたりするうえで重要である。しかしながら，本書のように，研究の結果を，大学における留学生全体を対象とした実践に生かしていこうとする場合は，前者のアプローチはもちろん適さないが，後者のアプローチも問題である。Pedersen（1991b）は，留学生研究の一つの課題として，調査データが手に入りやすいサンプル（convenient sample）に偏りがちである点を指摘している。研究対象となる集団

を，統計的な処理を行うのに十分なサンプル数を得ることができることを優先して選択した場合，結果的に在籍者数が多い地域出身者しか対象とならず，特定の地域対象者の研究以外は蓄積されていかない状況が生じる。

Popeら（2009, p. 652）は，学生の多様なニーズを学生支援サービスに反映させていくという目的を達するためには，横断的で量的な研究から，質的で縦断的なアプローチへと広げていくことが必要であると指摘している。また，質問紙を用いた量的調査だけではなく，質的研究やアクションリサーチのパラダイムを取り入れることが，大学側が，高等教育において歴史的に十分に研究対象とされてこなかったり，誤解されたりしてきたりした集団の文化的特徴について理解を深めるのに貢献すると述べている。

量的研究法においては，「普遍的な法則を客観的，論理的に検証できること」が研究の妥当性の基準となるのに対して，質的研究法は「得られた結果が現実の意味を解釈するうえで有効であること」が基準であり，両者は研究の基本的なパラダイムが異なる（下山，2000, pp. 23-24）。それぞれの研究法は相互補完的なものであり，長所・利点を生かす組み合わせを行うことが，より目的にかなった研究を行ううえで重要である（箕口，2007；佐藤，2008）。

質的アプローチの長所としては，「コンテクストを重視すること，研究者の気づきや内省の過程を扱うこと，参加者が自分自身の経験に対して付与した意味を扱うことができること，参加者自身の持つパラダイムを扱うことができること，多文化カウンセリングや心理学の領域の専門家が，伝統的な方法では回答を得ることができないような可能性のある方法を探していること，これまでに耳を傾けられることがなかった周辺化された声を中心に持ってくる機会を提供すること，多文化カウンセリングで生じるようなこれまで探索されておらず，明らかではない構造について検討していく機会を提供すること」などが挙げられ，多文化の問題を扱う方法として，より自然なアプローチであることが指摘されている（Morrow et al., 2001, pp. 582-583）。

留学生研究には，出発点においては留学生の特徴を理解し，支援や教育に活かすという実践的な動機を持つものが多いにもかかわらず，いざ調査段階になると，統計的な手法の制約により対象集団が制限されたり，留学生の多様な文化的バックグラウンドを無視した分析が行われたりする状態が生まれやすい。

国内では，研究対象が東アジア圏出身学生に偏った状況があることは，すでに述べた通りである。学生支援の観点からは，少数派の学生のニーズを無視しないことは極めて重要である。また，研究方法により対象が選択・排除されないことや，得られた結果の一般化の範囲に関して十分に注意を払う必要がある。

　本書では，こうした視点を踏まえ，現実的な制約の中ではあるが，実践性を重視した最適なデータ収集方法を組み合わせ，中でも文化的多様性に配慮した研究デザインを用いることとした。また質的・量的データ間の相補性と循環性により，留学生の状況と留学生が学ぶ大学の状況とをなるべく多側面から把握していくことを目指した。そのうち，第8章では，グラウンデッドセオリーアプローチ（Grounded Theory Approach: GTA）を用いた研究を紹介する。GTA は，米国の社会学者であるグレーザーとストラウスによって1960年代後半に提案された方法であり，データから仮説を検証するのではなく，データに密着した分析によって仮説・理論を生成することを目指すアプローチである（木下，2003；戈木クレイグヒル，2006；Bryant & Charmaz, 2007)[9]。データ密着性，プロセス重視，人々の体験に則した概念生成という GTA の持つ特徴は，多文化に対応したサービスに関する先行研究の少ない日本において，留学生に適したサービスのあり様について検討していく本書の目的に合致した研究方法であるといえる。

　以上，先行研究において示される留学生支援の特徴と課題から留学生支援の拡充につながる視点を整理し，文脈に則したサービス構築を可能とする実践研究の重要性と実施における留意点について示した。次章以降においては，こうした点を踏まえ実施した五つの実践研究を紹介する。

注
1) 一般に，利用すれば問題が軽減する可能性があるサービスがあるにもかかわらず，その利用がなされない状態は，「サービスギャップ」（Kushner& Sher, 1991; Stefl & Prosperi, 1985）と称される。
2) 水野の一連の研究は，東アジア圏出身の，文系専攻の学生が対象であり，日本語力の高い層を扱っている。また分析対象となっている専門的援助資源は，留学生相談の担当者のみであり，学内の多様な学生支援資源の利用については扱われていない。

3) 文化の視点に留意した心理援助実践に対しては，異文化（間）カウンセリング（cross-cultural counseling），多文化（間）カウンセリング（multicultural counseling）等の言葉が用いられている。さらに多数派とは異なる文化的特徴を持つ人の利用が想定される場合に，文化的ニーズにより良く適合する調整されたサービスに対して，cultural responsive service, cultural appropriate services, culturally adapted service, multicultural competent service 等の用語が用いられる場合がある。また，こうした実践において求められる専門家の能力に対して，multicultural/cultural competence(s), cultural responsiveness, cultural sensitivity, multicultural counseling competence(s) などの用語も用いられる。米国の社会・政治状況の変化は，用語の使用や概念定義にも影響を及ぼし，Gerstainら（2009, p. 22）は，1970年代から80年代にかけては，cross-cultural counseling という用語の利用頻度が高かったが，次第に multicultural counseling や multiculturalism という用語に置き換わり，90年代以降は multicultural counseling のほうが好んで用いられていることを指摘している。

4) 多文化対応力の多次元的な概念モデルが専門領域において浸透していく一方で，概念モデルや，それに基づく専門家向けのガイドラインなどに対しては，批判も加えられている。Sue（2001）は，「多文化対応力 cultural competence の重要性に関しては合意にいたっても，多文化対応力の定義が専門家により異なっていることや，多文化対応力の多面性を取り扱うことができる概念枠組みが欠如していることが，実践においてガイドライン（たとえば American Psychological Association, 2003）を用いていく妨げとなっている」と述べている。多文化対応力の高さが援助成果に結びつくことを示す実証データの不足（Roger et al., 2007）や，多文化対応力の評価尺度が自己報告式であることの限界性（Constantine & Ladany, 2000; Sehgal et al., 2011），また，能力育成のための訓練プログラムにおいては，概念モデルが示す能力の3側面のうち知識の側面を扱ったものが多く，実際に実践の場でどのように多文化に配慮した対応を行うかという，スキルの育成が十分ではない（Cardemil & Battle, 2003）といった指摘がなされている。こうした状況に対して，Sue（2006）は，「ガイドラインはセラピストがこうした方がよい，という励まし（たとえば，セラピストはクライエントの文化的背景を重視すべきといったような）が中心であり，どのように多文化対応力を測定するのか，スキルをどのように概念化するのか，実践にどのように導入していくのか，訓練をどのように行うのか，といったことがあまり論じられていない」ことが問題であると指摘し，「多文化対応力 cultural competency を重視する運動の最重要課題は，哲学的な定義から実践や研究に根差した定義に進むことである」と述べている。

5）米国においては，1960年代から公民権運動を背景に，少数派の人権に対する社会的な議論が高まり，アファーマティブアクション（積極的差別是正）を進める法的制度に支えられて少数派出身学生の高等教育へのアクセスが増大した。これによって，白人・男性を中心としたキャンパスに少数派の人々を受け入れていくことが課題となった。当初多様性への対応はコンプライアンス等の外的に動機づけられた動きであったが，アファーマティブアクションの是非を巡る世論・政策的混乱，法的闘争等を経て，大学の多様性に対する取り組み姿勢は，より主体的なものへと変化を遂げ（Pope et al., 2014），近年では，学生集団が文化的に多様であることによる教育的，社会的，経済的な利点を強調し，多様性に価値を見出す視点が広がっている（Chang et al., 2005; Gurin & Nagda, 2006）。

6）谷口（2008）は，米国と比較した日本企業の特徴として，ダイバシティ・マネジメントの取り組みが比較的新しく，いまだマイノリティの数を増やす段階，あるいはポジティブアクションとしての取り組み段階にあり，経営成果や価値創造を狙う段階に至っている企業は少ないこと，またダイバシティの議論の対象も，女性以外に拡大するまでには至っていないことを指摘している。

7）渡戸（2008, 2009）が，地方自治体等が提供する在住外国人向けのサービスに関して行っている論考が興味深い。渡戸は，従来地方自治体における多文化共生の施策推進は，首長の政治姿勢等の影響を受け，外国人の居住者が多い自治体であっても，多文化共生の政策指針が具体的に示されず，事実上在住外国人のニーズに沿った対応がなされていない場合もあると述べる。また自治体の中には，外国人相談コーナーを廃して区民相談に吸収合併するなど，外国人住民施策を通常行政に組み込む動きもみられるが，渡戸は東京都内の自治体の例を挙げながら，これが外国人住民のニーズに沿った施策・取り組みの希薄化を生んでいることを示している。外国人を対象としたサービスの住民サービスへの統合は，多文化共生の理念がどの程度その自治体において浸透しているかによって，サービスの拡充につながる場合もあれば，事実上外国人のニーズに配慮したサービスが消滅してしまうことを意味する場合もあるといえる。

8）能智（2011）は，中でもマジョリティに属するインタビュアーがマイノリティに属する人をインタビューする場合において，研究の場の力の不均衡の問題がもたらされやすいこと，インタビューにおいては，インタビュアーが，相手の文化の「外部」であることは変えられないにせよ，「『内部』に対して敵対的な立場にいるわけではないことを示すために，インタビュイーの言葉や習慣などを尊重する姿勢」（pp. 162-163）が必要であることを指摘している。

9）GTAは，創始者であるGlaser & Strauss（1967）のアプローチが紹介されたあと

の四半世紀の間に様々な展開をしており,今日,コーディング,カテゴリーのまとめ方,カテゴリーからの理論生成など,データを実際に扱うプロセスでいくつかの異なる見解がみられる。データが「生成」する過程を重視するGlaser (1992),データの抽象度を上げ,理論を生成する手順を重視する立場のStrauss & Corbin (1998),構成主義的な立場のCharmaz (2006) などが代表的な研究者であり (Green *et al.*, 2007),またこれらとは別に様々な修正版が提案されている。

第4章

学生相談の中の留学生相談

実態調査（研究1）からみる留学生支援体制の現状

　留学生を対象とした研究には，異文化への適応状況を扱うものは多数みられるものの，どのように支援サービスを構築していくのかについては研究が十分に行われていない。また国内の留学生支援の実践研究は，留学生のみを対象としたサービスを所与のものとして議論が進められがちであった。しかしながら，留学生支援サービスの拡充は，国際化に伴う大学全体の対応課題であり，留学生のみを対象とした議論や留学生センター等の一部署の責任として議論しうる問題ではない。したがって，第4章においては，学生相談の枠組みの中に留学生支援を位置づけ課題を整理することにする。以下では，全国の大学の学生相談機関を対象として実施した質問紙調査（研究1）の結果を紹介しながら，日本の大学において留学生に対する学生支援サービスがどのように提供されているのかを示し，支援の拡充を図るうえでの問題点を検討していく。

第1節　研究1「学生相談機関を対象とした実態調査」の概要

1.1　調査の概要
(1) 調査対象

　調査は，全学生を対象とした学生支援サービスの提供を担う学生相談機関を対象に行った。大学の組織的な留学生対応体制を議論するため，留学生数が概ね250名を超えると考えられる大学[1]を対象とすることとした。横田を研究代表者とする文部科学省の委託研究においては（横田, 2007），留学生受け入れに関する全国調査に回答した4年制大学のうち，留学生在籍者がゼロの3校を除いた685校について，大学の規模（在籍全学生数）と留学生比率との間がほぼ無相関であることが示されている。また，ある程度の数の在籍者がいれば，比率に関係なく留学生に対する支援ニーズは顕在化すると考えられる。さらに第2

章で言及した国立大学の留学生センター設置条件や，指導担当教員の配置人数も留学生数の実数を基準として定められていた。これらより，本研究においても，在籍比率ではなく実数を抽出基準とした。対象となったのは，86大学（国立大学法人33大学，私立大学53大学，公立大学は基準に該当せず）であり，そのうち53大学より回答が得られた。回収率は61.6%，内訳は私立36大学（67.9%），国立17大学（32.1%）であった。

(2) 調査の手順

日本学生支援機構（2010），週刊朝日進学MOOK（2010），各大学のウェブサイト上の在籍留学生数に関する情報を参考にして抽出基準を満たす対象大学を選定した。さらに，日本学生支援機構のウェブサイト[2]と各大学のウェブサイト上の学生向け案内を参考に，学生相談の担当部署を明らかにし，協力依頼と調査票を2011年2月に郵送した。宛先には「学生相談ご担当部署」と記載し，協力依頼にも，全学の学生向けの相談室等を対象とした調査である旨を記載した。回答した大学の名称については記入を求めず，匿名回答を可能とした。得られたデータについては数値化し，統計的な分析を行った。また，自由記述の内容については，筆者以外に，留学生相談従事者2名にも内容の分類を求め，その後，筆者を含む3名で分類基準について協議して決定した。

1.2 調査の内容

(1) 留学生への相談対応体制に関する質問項目

留学生相談（井上・伊藤，1998）や，学生支援・学生相談（日本学生支援機構，2009；吉武ほか，2010）に関する全国調査を参考に，各大学の基本的な学生相談体制，留学生対応体制と対応実績の把握を目的とした項目を作成した。留学生への対応体制としては，留学生を対象とした相談室（以下，留学生相談室）の設置の有無とその機能（メンタルヘルスの問題への対応機能の有無），全学生を対象とした学生相談機関における留学生対応の方針・言語対応体制，また，留学生に向けた，学生相談機関に関する広報の有無・手段を問うた。第1章でも指摘した通り，留学生センター等の留学生対応部署の機能は大学ごとに異なっているが，メンタルヘルスの問題への対応の有無は，各大学の学生支援部署間の機能分担を大まかに捉え，留学生対応状況や相談体制の特徴を把握する切り口と

なりうる。

(2) 留学生対応実績に関する質問項目

留学生対応ケース数（過去3年平均）と相談内容を問うた。学生相談領域の相談分類においては、下山ら（1991）の示す分類項目が「他の分類に比べれば使用大学数が最も多い分類ではあるが、普及しているとは言い難い」（小泉, 2010, p. 54）状況であり、同様に留学生センター等で実施される留学生を対象とした相談内容の整理においても、分類項目の統一はなされていない。したがって本調査では、特定の分類項目を提示せず、各大学で用いられている分類項目に沿って、留学生からの相談内容として多い順に五つ記入を求めた。

第2節 研究1の結果

2.1 学生相談機関における留学生対応体制

(1) 相談対応体制

回答のあった学生相談機関の種別は、独立した学生相談室 34（64.2%）、保健管理センター等の一機能としての学生相談室等 13（24.5%）、その他の相談室形態 6（11.3%）であった。学生相談機関とは別に留学生相談室が設置されている大学が 45 大学（85.0%）あり、そのうち 13 大学（24.5%）では、留学生相談室がメンタルヘルスの問題への対応機能を有していた。

表 4-1 に示す通り、国立大学では、半数近くにメンタルヘルスの問題への対応を含む留学生相談室が設置されているが、私立大学では 13.9% に留まっている。大学種別による相談体制の違いをカイ二乗検定で検討したところ、5% 水準で有意であった（$\chi^2=6.89$　$df=2$　$p<.05$）。一方在籍者数によって、留学生相談体制に有意な違いはなかった。

(2) 言語対応体制

表 4-2 に示す通り、日本語が堪能な留学生のみが在籍している大学は 17.0% であり、すべて私立大学であった。「よくわからない」の 7 大学を除く 46 大学に関して、大学の種別ごとに比較すると有意な差がみられた（$\chi^2=4.90$　$df=1$　$p<.05$）。対して、言語対応体制は「日本語のみでの対応」が約半数（49.1%）であり、大学の種別による言語対応体制の有意な違いはみられなかった。通訳が

表 4-1 留学生に対する相談体制と在籍者数・大学の種別

		留学生に対する相談体制			合計（％）
		[総合型] 日本人学生と 共通	[分業・分離型] 別途留学生相談室あり		
			メンタルヘルスの 問題への対応含む	メンタルヘルスの問 題への対応含まない	
大学の種別	私立	6 (16.7)	5 (13.9)	25 (69.4)	36 (100.0)
	国立	2 (11.8)	8 (47.1)	7 (41.2)	17 (100.0)
在籍者数	500人未満	5 (17.2)	7 (24.1)	17 (58.6)	29 (100.0)
	500人以上	3 (12.5)	6 (25.0)	15 (62.5)	24 (100.0)
合計		8 (15.1)	13 (24.5)	32 (60.4)	53 (100.0)

表 4-2 言語対応体制と在籍学生の言語力

		大学の種別		合計（％）
		私立	国立	
言語対応体制	日本語のみ	17 (47.2)	9 (52.9)	26 (49.1)
	相談室内で外国語対応	9 (25.0)	5 (29.4)	14 (26.4)
	通訳依頼・他部署対応	10 (27.8)	3 (17.6)	13 (24.5)
在籍学生の言語力	日本語堪能	9 (25.0)	0	9 (17.0)
	日本語力の異なる学生が混在	23 (63.9)	14 (82.4)	37 (69.8)
	よくわからない	4 (11.1)	3 (17.6)	7 (13.2)
合計		36 (100)	17 (100)	53 (100)

必要な場合，「外国語対応可能な学内教員を活用し制度化」との回答が1例みられたが，それ以外は，外国人教員や留学生センターのスタッフ，同国人学生など，ケースに応じて通訳を依頼するとの回答が中心であった。

(3) 留学生に対する対応方針

無回答21大学（39.6％），「特にない」が7大学（13.2％）であった。図4-1に示す通り，方針がある大学は，「日本人学生同様」（4大学7.5％），「原則日本人学生同様・言語ニーズへは対応方針あり」（11大学20.8％），「ケースの内容に応じて他部署と連携・言語ニーズへは対応方針あり」（4大学7.5％），「ケースの内容に応じて他部署と連携」「留学生は原則すべて他部署対応（学生相談所では対

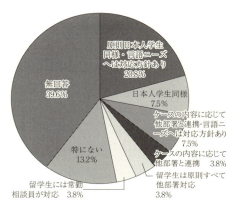
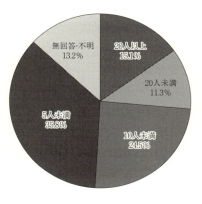

図 4-1　留学生に対する対応方針　　　　　図 4-2　利用者数（年間）

応しない）」「留学生には常勤相談員が対応」がそれぞれ 2 大学（3.8%）ずつであった。

(4) 相談室の広報

「無回答・なし」が 24 大学（45.3%），「一般学生と同様」が 10 大学（18.9%），日本語以外のパンフレットや留学生向けガイドブック等，留学生を想定した媒体でも広報を行っている大学は 19 大学（35.8%）であった。

2.2　学生相談機関における留学生対応状況

(1) 利用者数

相談室の利用者データにおいて「留学生」の分類カテゴリーがある大学は 31 大学であった。年間利用者数は，図 4-2 に示す通り無回答・不明 7 大学（13.2%），5 人未満 19 大学（35.8%），10 人未満 13 大学（24.5%），20 人未満 6 大学（11.3%），20 人以上 8 大学（15.1%）であり，無回答・不明を除く 46 大学の利用者数は平均 9.1（$SD=11.9$）であった。在籍数 500 名で，独立した t 検定により利用者平均を比較した結果，在籍者数による有意な差はみられなかった。言語対応体制や相談体制についても，利用者平均に有意な影響を及ぼしていなかった。

(2) 留学生からの相談内容

回答のあった大学において，相談機関の留学生利用者数は平均 9.1 人と限ら

表 4-3　留学生からの相談内容

相談内容	N（%）	内容詳細（N）
進路・修学	41　(30.1)	学業・履修・修学・授業・研究（18）　進路・就職・将来（13）　学生生活（5）　教員との関係（3）　転科・休退学（2）
対人関係	30　(22.1)	人間関係・友人関係（24）　家族・異性関係（4）　ハラスメントの問題（1）　セクハラ（1）
精神健康・心理	30　(22.1)	メンタルヘルス・精神衛生・心身健康・精神的問題・心理的問題（20）　不眠，うつ症状等（6）　心理性格（4）
経済問題	19　(14.0)	経済問題（7）　学費奨学金（6）　アルバイト（3）　生活費（3）
日常生活	10　(7.4)	日常生活（4）　トラブル（2）　その他（住居・情報不足・親族ビザ等）（4）
身体健康	6　(4.4)	咽頭痛・風邪・眼科症状・傷の手当て・ねんざ・身体疾患（各1）
合計	136 (100.0)	

れるため，記述された内容136項目を，順位は無関係にすべてまとめて分類した（表4-3）。分類に際しては，学生相談において分類項目を検討した研究（下山ほか，1991；池田ほか，2006）や，留学生相談に関する先行研究（井上・伊藤，1998；スカリーほか，2011）も参考にした。

相談内容は，大きく進路・修学，対人関係，精神健康・心理，経済問題，日常生活，身体健康の6領域に分類され，このうち対応数が最も多かったのが，進路・修学関係であり，およそ3割が該当した。対人関係や精神健康・心理に関するものも2割程度みられた。

第3節　学生相談機関における留学生対応の特徴と課題

研究1では，一定数以上の留学生を有する国内の大学の，学生相談機関を対象に行った調査結果から，留学生への対応状況を明らかにした。以下では，留学生相談と学生相談の体制の特徴を示し，既存の学生相談体制の中で留学生対応を行っていく際の課題を整理する。

3.1　留学生相談の実施形態——統合型と分業型，分離型

留学生に対する学生相談は，学生相談機関と留学生相談室の二つの部署が機能を分担している大学（以下「分業型」）と，学生相談機関において留学生対応

も行われている体制（以下「統合型」）がみられ，何らかの機能を有する留学生対象の対応部署が設置された大学は8割を超えていた。また，留学生対応部署が設置されている大学のうち，学生相談機関は留学生対応を行わないと回答した大学は「分離型」の特徴を持つといえるだろう。

調査対象に，留学生数の少ない大学も含む井上・伊藤（1998）との単純な比較はできないが，1996年当時の調査では，私立大学111校中7校，国立大学83校中24校にしか留学生対象の支援部署が設置されていなかったことから，その後留学生対応の学内資源が増加したことが窺える。

第3章（pp. 52-54）において紹介したUbaの3分類を用いて，得られた留学生相談体制のバリエーションを整理すると，留学生対応部署が存在しない場合や，留学生対応を学生相談機関が中心となって担う統合型のサービスは，(a)「主流派訓練・統合型」に該当すると考えられる。一方，留学生対応が分業で担われている場合は，留学生対応の部署と全学の相談機関との連携の程度や相談室等の設置条件によって，(b)「特別対応ユニット型」と(c)「特定集団限定対応型」のいずれかの特徴をより強く持つと考えられる。全学対象の学生相談機関が，留学生対応を一切行わない完全分離型の場合は，後者の(c)「特定集団限定対応型」に当てはまるだろう。

各大学に在籍する留学生の数や学生の言語力と，留学生対応体制の間には関連が示されていないことから，在籍留学生のニーズに対応したボトムアップのサービス構築がなされていない可能性が窺われる。また約7割の大学が，日本語が堪能ではない留学生が在籍しているとの認識を持つが，日本語以外の言語で学生対応が可能な学生相談機関は26％に留まっているなど，留学生が在籍大学でサービスを利用できない状態，学生支援サービスから構造的に排除されている状況が存在している。

留学生相談を担当する部署が存在する場合も，その相談機能が大学ごとに異なっていることや，部署間の連携の方針が明確にされていないことから，実際にどのように留学生支援が学内で分業されているのかを把握することが難しい。国立大学においては，専門的心理援助・メンタルヘルス対応機能を有する留学生相談室の設置割合が私大よりも多く，留学生のニーズに専門的，総合的に対応するための体制がより発展していると考えられる。国立大学には留学生セン

ターが設置され，留学生相談を分業で担う体制が長く続いてきたこと，また大学院留学生の受け入れが多く，日本語によるサービスが利用できない学生を多く抱えることなどが，留学生対応部署に言語対応が可能な心理援助の専門家を配置し，留学生対応を別途行う体制の整備が進んできた背景にはあると考えられる。ただし部署間の連携方針が定かではない点は，国立大学においても同様である。

1990年代初めに，学生相談機関と留学生対応部署の両方を対象として実施された松原・石隈（1993）の実態調査においては，留学生カウンセラー・アドバイザーと全学生対象のカウンセラー間の連携の必要性が指摘されているが，この点は依然課題として残ったままであるといえる。個別のケース次元での判断に基づいて，必要に応じて連携が図られている状況があると考えられるが，連携の必要性の判断基準が，相談内容，学生の言語力，相談機関側の言語対応力，学生の身分（日本人学生／留学生）など，大学により異なっていた。また，3割程度の大学においては，「日本人学生同様」「原則日本人学生同様・言語ニーズへは対応方針あり」との回答であり，言語ニーズ以外においては「同様に扱う」ことが方針とされており，留学生特有のニーズや留学生集団内の多様性への留意という視点が乏しい。さらに，学生相談機関は「留学生対応は原則しない」という，完全分離型の場合には，留学生／日本人学生という学生の地位的要件によってのみ振り分けがなされており，形態としては，(c)「特定集団限定対応型」ともいえるが，サービスの選択権が学生側にない点が特徴的である。たとえ留学生対象の相談資源が留学生にとって利用しやすいものであったとしても，学生が，属性要件のみを理由に特定の学生サービスの利用を制限されることは，多様性への対応という点においては問題であろう。

相談機関としての留学生対応方針として，大学全体の多様性対応・国際化推進の理念など，より上位の指針との関連が示された回答はみられなかった。留学生の受け入れ数の多い，国際化推進に積極的であると考えられる大学においても，学生の多様化への対応や学生支援の多文化化が学内で議論すべきテーマとされていないことが窺える。すでにみてきたように，国策主導で一律の留学生支援体制の整備が行われてきたこと，その結果として留学生支援の分離状態が生じていること，学内でボトムアップの議論が行われていないこと，特に組

織次元における対応の問題が検討されていないことなどが，こうした現状の背景にはあるだろう。

3.2 学生相談機関における留学生相談の課題

学生相談機関の利用状況はばらつきが大きく，在籍者数や相談体制と利用者数の間には統計的に有意な関連がみられないことから，相談体制の違いによる利用しやすさへの影響を判断することができない。ただし，利用者数が年間平均9.1人と極めて限られており，また，メンタルヘルスの問題への対応を含む包括的な留学生相談室を持つ大学は，回答大学中4分の1程度に留まっていることから，多くの大学の学生相談体制が，留学生への対応を十分に行えていない可能性が高い。

本調査で示された留学生の相談内容の中心は，勉学や進路に関連する内容であった。日本学生相談学会が3年に一度実施している，全国の学生相談機関を対象とした調査では，例年全体の20〜30％程度が「勉学・進路」の相談に分類されており（早坂ら，2013），本調査の結果と概ね重なっている。留学生は，学業に従事することを主たる目的として日本に滞在しており，相談の場で語られる悩みが，学ぶことに関連したものが多いことは自然なことと考えられる。ただしこれまでの研究においては，留学生からの相談は，経済面・宿舎面など生活関連の相談の比重が重い傾向が示されている。松原・石隈（1993），井上・伊藤（1998）の全国調査においても，留学生相談に占める経済・生活面の相談内容の割合は圧倒的に高い。また，田中（1993）は，留学生からの相談内容を，中核的な第一種相談（異文化間カウンセリング，心理相談，健康相談，話し相手，進路相談）と周辺的な第二種相談（語学，学業，問い合わせ・要望）に分類しているが，第二種の相談は，量的には留学生相談の中で多くの割合を占める。このことから，全学の学生を対象とした学生相談機関の利用に至った留学生層は，留学生全体を代表するサンプルとはいえない可能性（Yi *et al.*, 2003）があり，学生相談機関の利用状況からのみ，留学生のニーズを推測することは難しい。また水野（2003）は，東アジアの留学生にとって，学習面の相談は，専門家や先生に相談することに対して呼応性に対する心配が少ない領域であることを指摘している。国外においても，第3章で示した通り，アジア系米国人，アジア出身

の留学生と欧米系米国人を比較した研究において，アジア系のほうが，就学・キャリアの問題として悩みを認識・提示することが多い（Tracey *et al.*,1986）ことが示されている。学業や進路関係の相談の多さは，在籍者の多い東アジア出身者の傾向を反映している可能性が高く，他地域の出身学生も同様の傾向を示すのかどうかは別途検討が必要である。

3.3 留学生相談の実施形態による課題の整理

サービスの形態の適切性は，第3章で議論した通り，利用者やサービスの提供される場の特性に影響された文脈依存的なものである。日本の大学における留学生支援サービスに関しても，統合型，分業型，分離型それぞれが，その導入において利点と問題点を有していると考えられよう。本調査からは，全学生を対象とした学生相談の枠組みは，留学生のニーズに十分に対応できない可能性が高いことが示されている。一方，留学生対応を行う部署が設置され，分業体制にある場合，資源間の連携が取れているかどうかが重要となるが，調査結果からは，連携方針が明確ではない場合が多いことが示されている。また複数の相談資源がある場合，日本人／留学生といった身分によるサービス対象の限定や，語学力による振り分けが，果たして合理的で適切な基準といえるのかどうかも検討が必要である。こうした点を含め，各大学が，自校の留学生相談体制の特徴を知り，問題点を認識したうえでサービスの改善に取り組んでいくことが重要であろう。したがって以下では，それぞれの相談実施体制に関して，特徴と課題について考察を加えていく。

(1) 統合型のサービスの場合

Uba（1982）が指摘するように，(a)「主流派訓練・統合型」の利点は「文化変容の途上にあり，主流派の特徴と，文化的少数派の特徴の両方を合わせ持つ人のニーズに合致」することである。留学生の場合は，Uba（1982）が想定している移民と比較すると文化変容の影響が少ない集団ではあるが，中には日本・日本人への同化程度が高い留学生も存在する。そうした学生は，別枠で留学生向けに提供されるサービスの利用を好まない可能性が高い。

一方で第3章でも指摘した通り，(a)「主流派訓練・統合型」のデメリットは，利用者側からは，文化的な配慮がなされたサービスであることがわかりにくく，

第 4 章　学生相談の中の留学生相談

利用されない可能性があることである（Uba, 1982）。本調査でも，年間数名の利用者しかない状態が明らかとなっていることから，学生相談機関で一括して留学生相談を担う場合には，その体制が在籍留学生の援助要請の特徴に十分に対応したものであるかどうか確認が必要である。また，統合的なサービス形態の場合は，経済面・生活面の相談ニーズに対して，今現在学内でどのように対応がなされているのか（あるいは誰も対応していないのか），現状把握が求められる。さらに，今後留学生支援の拡充を図る場合には，これらの領域の相談ニーズを無視することはできないため，幅広い相談ニーズに対応できるように，既存の学生相談の枠組み自体の変容も選択肢とする必要がある。

　また，統合型のサービスは，多数派出身のサービス従事者が訓練を受け，多文化対応力を身につけることを条件として成り立つ。しかしながら，日本国内では，そうした研修・訓練の機会は乏しく，多文化への対応は各人の関心や個人的努力に依存している状況にある（大西，2010，2014）。適切な学習の機会が提供されない現状では，「主流派訓練・統合型」のサービスが留学生に適切に対応しうるかどうかは，援助者の個人的関心・努力に依存している。加えて，利用者側の自主来室が基本となる来室型のサービスの場合，利用しない層の潜在的ニーズは可視化されにくいため，数的少数派である留学生はサービスの対象として認識されにくい集団となる。統合型のサービス提供枠組みを持つ大学は，留学生対応方針に「日本人学生同様」を挙げる場合が多かったが，こうした見方は，多様性の非尊重や無視にもつながる危険性がある[3]。援助者側が意識的に文化の問題に対して注意を払わない限り，多数派を対象としたサービスは，文化的少数者にとって配慮に欠けた不適切なものになるリスクが高いことが，統合型のサービスの最大の課題であろう。

　加えて，Uba は，1994 年にまとめた書籍の中で，(a)の主流派組織内でのサービス提供について，その後の研究や米国における実践の状況を踏まえ，「主流派機関の underutilization に関する研究は，主流派の機関において通常のスタッフによって（文化的にセンシティブなサービスが）一貫して提供できるという期待を支持していない」（Uba, 1994, p. 256）と述べ，「主流派のサービスにおいて，たとえ文化的にセンシティブなサービスを提供しようと意図したとしても，この方針を選択することは，アジア系米国人にとって文化的にセンシティブなメ

ンタルヘルスのサービスの実施につながらない可能性がある」と指摘している。またその理由として，「それまで主流派の機関において提供されてきた多くのメンタルヘルスのサービスが，アジア系米国人のニーズに十分な対応を示してこなかったからだ」と述べている。Ubaの指摘は，多数派のサービスに対する信頼性は，歴史的な経緯の中で積み重ねられてきた多数派と少数派の間の関係性や，少数派集団の経験を反映するものであり，容易に変わるものではない可能性を示唆していよう。

(2) 分業型のサービスの場合

(b)の分業型は，各相談資源の機能と資源間の連携方針が明確であり，かつ学生側にわかりやすく明示されていれば，学生は自分により相応しいと感じる資源を選択することが可能となる。その場合，分業型は多様性への対応可能性が最も高いサービス形態となりえる。

一方，田中（1998b, p. 65）は，分業型のサービスの代表といえる，留学生センターを中心とした支援体制に対して，問題対処の機能が活発化する利点はあるものの，「留学生の指導はその専門機関に任せればいいという認識を，全学的にさらに強く生み出す傾向がある。つまり全学的に国際交流の体制を整えたり，全職員が留学生教育に責任を感じていくべきとか，全学生が自分達のクラスメイトとして留学生を認めていこうという方向には，むしろ弊害となる面も生じる危険性がある」と述べている。

米国の大学においても，社会的少数派を代表するような部署を別途設置し，これらの担当部署に対応を一任する体制は一般的であるが（Williams, 2013），そうした部署は「その組織において権力の周縁に位置づけられ，限られた権力・影響力の範囲で介入や代弁を試みるものの，彼らの努力は短命であり，影響も限定的である」（Pope et al., 2014, p. 4）という特徴が指摘されている。また，Pandit（2013）は，米国の高等教育機関において，留学生に対応する様々な担当部署同士が構造的に分離している状況を指摘し，学生サービス，国際教育，多文化教育等を担当する各オフィスが，「適切な形のパートナーシップ（right types of partnership and programming）」（Pandit, 2013, pp. 139-140）のもと協力して対応していく必要性に言及している。つまり，留学生に対応する複数の資源が学内にあり，その一つが留学生のみをサービスの対象とするような相談資源で

ある場合，各相談機関の役割と役割分担の明確さ，部署間の連携の方針が共有されている度合い，受け入れている留学生の特徴，など様々な要因によって，課題が異なる。ただし，部署間の連携は不足しがちであり，そのため分業体制は分離に容易に転じやすいことがわかる。

(3) **分離型のサービスの場合**

キャンパスにおいて(c)の完全分離型を十分に機能させることは，人的資源の面からもかなり難しく，留学生が利用できる学内資源の減少を招きかねない。また，留学生に対する対応を，限られた部署ですべて担ってしまうことは，前述した田中の指摘にもあるように，全学的な留学生に対する理解の低下を招きやすく，キャンパスの多文化化と逆行してしまう危険性もある。

仮に，在籍学生が特定の国出身者に限られ，日本語力が不足しており，かつ留学の形態も共通性が高い集団であると想定した場合，(c)型は，独自ニーズへの対応を効率的に実施することを可能とするサービス形態であるといえよう。在籍留学生の大半が短期のプログラム・コース単位の受け入れである場合なども，分離型は援助資源としてわかりやすく，有効性が高いといえるだろう。しかしながら，こうした場合であっても，分離型のサービスが「留学生という身分」による振り分けで運営されることは，キャンパス全体の多様性への対応力の向上という点からは望ましくないだろう。

3.4 大学としての方針の重要性

本章で行ったように，在籍留学生や既存の留学生対応体制の特徴を明らかにしていく作業は，学生のニーズとサービスの間の適合性を検討し，よりキャンパスのニーズに沿った学生サービスを実現していくうえで重要な一歩であろう。こうした作業を行っていく際には，学生層の多様化・留学生の増加に対する「大学としての基本的方針」が明確であることが重要であると考えられる。留学生支援のサービスが大学全体の国際化・学生対応の方針の中に明確に位置づけられ，その位置づけのもとに各資源間の連携が機能するのであれば，分業型は分離に陥ることなく，留学生のニーズにより特化した質の高いサービスの実現性を高めるだろう。一方，方針が明確にされず，単に一部局・担当者に留学生対応を押しつけた状態であるならば，学生層の多様化にキャンパスが対応し

ていくことは難しいだろう。

　方針を明確にすることによって，サービスをどのように整備していくのかという中長期的視点に立った議論が生まれ，どのような人材が援助専門家として求められるのか，資源間の連携をどのように行っていくのかといった具体的課題を学内で共有していくことが可能となる。

注
1) 国立大学法人の大半は，250名以上の留学生の在籍者がみられること，250名前後の在籍者がある大学は，年度による受け入れ数の変動が小さいことから250名を一つの目安とした。なお，交換留学生等の正規生以外のデータを公開していない大学もあり，実数の厳密な把握は困難なため，概ねの数で抽出している。なお，回答内容から機関が類推可能な筆者の所属大学は調査対象から除いた。
2) 日本学生支援機構「学生支援情報データベース」(http://www.jasso.go.jp/gakusei_plan/db_heisa.html) を参照した (2010年12月7日) が，当該データベースは現在は閉鎖されている。
3) 米国における少数派への対応の歴史においては，差異の捉え方や，多文化の尊重の実現において，異なるパラダイムが存在するといわれる。その一つには，人種や民族等の属性を超えた平等の実現が目指される color blindness なアプローチが挙げられる (Stevens et al., 2008)。しかしながら，多くの場合，color blind な視点は，少数派と多数派の間にある権力格差を適切に扱うことができず，特に少数派からは支持を得にくい。

第5章
学生相談従事者からみた留学生
実態調査（研究2）を踏まえた留学生対応の課題

　第4章においては，日本の大学における留学生支援体制の現状を扱った研究1を紹介し，留学生支援に関して，サービス次元の特徴と課題を整理した。相応しいサービス形態や専門家に求められる能力について，具体的な検討を進めていくためには，面接室型の対応を基本として展開してきた学生相談の領域において，援助専門家が留学生をどのように認識し対応を行っているのかを明らかにすることも必要である。

　したがって第5章においては，学生相談機関で相談業務に従事する心理援助の専門家を対象に行った質問紙調査（研究2）の結果を紹介する。ここでは，学生相談従事者が，学生相談の場で出会う留学生に対して，どのような認識を持っているのか，また実際にどのように相談対応を行っているのかを示し，それらを踏まえて，学生相談の既存の枠組みの中で，留学生対応を行っていく場合の課題を考えていきたい。

第1節　研究2「学生相談従事者による留学生対応の実態調査」の概要

1.1　調査の概要

　質問紙調査は，第4章で扱った研究1と同時に実施した。質問紙前半は，回答者の勤務大学の学生相談体制全体についての質問項目であったが，後半は，回答者である相談従事者自身を対象に，留学生対応に対する個人的見解に関する質問を行った。相談員の専門や勤務体系，臨床経験等の属性に加えて，留学生対応数や対応した学生の出身地域など，対応実態について回答を求めた。さらに，留学生の相談ケースの傾向，留学生対応の困難な点，留学生対応に対して有している戸惑い・不安の程度，留学生対応に特別な能力や資質が必要と捉える程度，留学生相談充実化のために必要と考えることについて問うた。ケー

スの傾向，困難な点，戸惑い・不安を感じる具体的内容や，必要と考える能力・資質については，自由記述で記入を求めた。得られたデータについては数値化し，統計的な処理を加えた。自由記述の内容については，内容の類似性に基づいて分類を行った。

1.2 回答者の特徴

研究1で示した通り，私立36大学（67.9%），国立17大学（32.1%）の53の回答があったが，そのうち，留学生対応に関する個人的見解に関する質問に回答したのは51名であった。51名の専門的背景は，臨床心理士の資格を有する人（33名），その他，大学カウンセラー（6名，ただし臨床心理士等の資格と重複した場合は，臨床心理士等としてカウント），医師（2名），看護師（2名），その他であった。また32名が専任の相談員，8名が教員との兼務，7名が非常勤，4名が未回答であった。相談業務への従事年数は平均12.7年（$SD = 7.3$，最小2最大29）であり，5年以下9名，6～10年12名，11～15年13名，16～20年6名，21年以上7名，未回答4名であった。

第2節 研究2の結果

2.1 学生相談従事者の留学生対応経験

51名中48名が学生相談の場で留学生に対応した経験を有していたが，未回答6名を除く42名の8割は，対応件数（年平均）が3件以下であった。またばらつきが大きいことも特徴であり，42名中9名（21.4%）が1件，1～3件が6割を占める一方で，10件を超える相談員も5名みられた（最大30ケース）。また留学生対応時に使用する言語について，未回答4名を除く44名のうち日本語による対応が50%以下であるのが5名，80%以下が4名，90%台が9名，100%が26名であり，留学生対応の半数以上は日本語による対応である。

2.2 学生相談機関を利用している留学生の特徴

担当経験のある留学生の出身国は，中国39（30.0%），韓国31（23.9%），台湾13（10.0%）の東アジア3ヶ国が6割であった。また学生が相談室利用に至った

表5-1 対応した学生の来談経路

	1位	2位	3位	4位	5位	合計
自主来談	31	7	1	2		41
留学生センター・国際センター等	5	10	9	0		24
留学生の友人経由	2	5	5	1	1	14
クラス担任・指導教員	6	5	2	1		14
学生課・教務課等	1	5	3	4		13
保健センター医師等	0	3	2	2		7
学外の医療機関	1	0	0	0	2	3
その他	1	2	0	0		3
合計	47	37	22	10	3	119

経路としては，表5-1に示す通り，自主来談の学生が最も多いが，留学生対応の部署，クラス担任・指導教員，学生課・教務課など，留学生と接点を持つ学内教職員を経由した来談も多いことがわかる。

2.3 留学生対応の独自性の認識

「留学生からの相談・相談内容の傾向」として挙げられた，42の記述データのうち，2人以上から言及のあった39の記述内容を（うち二つは重複分類）図5-1のようにまとめた。

［問題の生じる背景要因］について11名が言及し，〈同国人からの孤立〉した状態（5名）や，〈学業面の躓きをきっかけとする不適応〉（3名），〈異文化生活による高いストレス〉（3名）が，問題の背景要因であるとの認識が示された。［援助の求め方や必要とされる対応の特徴］について12名が言及し，うち4名が，相談の場で不満が表現されたり，クレーム・要求が行われたりすることが多いことを指摘〈要求・不満の表明〉，3名は問題解決のための具体的介入を即座に期待する相談が多いこと〈迅速な問題解決への期待〉を挙げた。また援助の求めやすさとして，〈気軽に相談が求められない様子〉（3名），また〈継続されない〉（2名）ことが挙げられた。

［相談される内容領域の特徴］に言及した18名のうち，日本人学生と比較してその特徴を述べた回答者が14名おり，その相談内容は〈日本人学生との共通点〉を挙げたものが2名，それ以外は留学生に特徴的に多い相談領域が挙げ

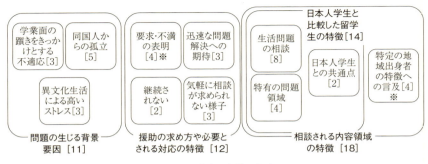

図 5-1 留学生の相談の傾向

[ ] 内は，該当データ数。このうち二つ（※）は，内容的に両方の要素を持つため重複分類。

られた。8 名は日常生活や経済面に関連した〈生活問題の相談〉が多いことを指摘，また 4 名が日本人学生にはみられない，〈特有の問題領域〉があることに言及した。4 名は，留学生集団内の相違に関して〈特定の地域出身者の特徴への言及〉を行った。研究 1 では，学生相談機関の利用に至る留学生と日本人学生とで，相談内容に全体として大きな違いはないとの結果が示された。一方，ここでは，日本人学生との異なる面が報告されており，相談対応者には，相談内容や相談の仕方にも留学生の特徴があることが認識されている。

2.4 学生相談従事者の留学生対応に対する自信

留学生対応において，学生相談従事者が自分自身の専門家としての準備性，対応可能性をどのように認識しているのかを問うた。「留学生対応時の戸惑いや不安（5 件法）」に関しては，回答者 51 名中 29 名（56.9％）が，少しある（＝4），たくさんある（＝5）と回答した（平均 3.31 $SD=1.22$）。さらに，対応に不安・戸惑いがある（4, 5 を選択）場合のその具体的内容としては，表 5-2 に示すように，双方の言語力不足に起因する意思疎通に関する不安が最も多く，その他文化差に起因するコミュニケーションの齟齬への不安や，アセスメント困難，また危機対応の難しさ等が挙げられた。

「留学生対応の特別な資質・能力（5 件法）」に関して，回答者 50 名中 35 名（70.0％）が，必要だと思う（＝4），強く思う（＝5）を選択した（平均 3.64 $SD=0.92$）。特別な資質，能力が必要と回答（4, 5 を選択）した場合の具体的な内容は，

第5章　学生相談従事者からみた留学生

表5-2　留学生対応時の戸惑い・不安（自由記述 $N=40$）

言葉の問題 [19]
・日本語で対応しているのでこちらの意図がきちんと伝わっているか
・留学生の母国語以外の言語でのカウンセリングが行われるため，カウンセラー側がクライエントの表現したいことをきちんと理解できているか

文化差への適切な対処・配慮 [11]
・日本語が上手でも十分にコミュニケーションがとれているか不安に思うことがあるし，通訳に入っていただいても同様のことを感じる
・知らないうちに（文化の違いで）相手を傷つけていないか心配

アセスメント（問題把握）のむずかしさ [5]
・留学生のバックグラウンドの理解が乏しいことなどから，その学生へのアセスメントが難しく，対応に困ることがある点
・留学生特有の不安（母国語が通じない環境，親元を遠く離れている環境など）の強さの度合いが人によってはわかりにくい

危機対応のむずかしさ [3]
・医療ケアが必要な場合の学内連携のありかた。情報共有のあり方，緊急対応，誰が病院に付き添うのか，保護者への連絡をどうするのか等

その他 [2]

　表5-3に示すように留学生の出身国や出身文化，日本との文化差の理解など，知識的側面に関連したものが多く，さらに「言語力」が続いていた。一方，文化差の尊重といった，態度の側面への言及は少なかった。

　必要であるとは「あまり思わない（＝2）」を選択した回答者が，その理由として挙げたものには，「殆どの学生が日本語を話す」「日本人だから留学生だからと区別することはあまりないから」「日本へ留学に来ているので日本のやり方でいいと思う。また留学生に限らず，一般の学生も多様な対応が求められているので，一つの個性ととらえて対応すればよいと思う」といった記述がみられた。

　「対応に際しての戸惑い・不安」と，「留学生対応の特別な資質・能力」の間には，有意に正の相関がみられた（順位相関係数＝0.45 $p<.01$）。戸惑いや不安が強い人ほど，留学生相談には通常の学生相談とは異なる対応能力が求められると認識しているといえる。ただし，変数間の順位相関係数を明らかにしたところ，相談業務経験の長さ（相談業務経験年数）と留学生に対する対応経験（留学生対応平均数），また，「相談経験」（相談業務経験年数・留学生対応平均数）と，「留学生対応に対する意識・態度」（戸惑いや不安，特別な資質・能力）のいずれの間

表 5-3　担当者に求められる資質・能力（自由記述 $N=47$）

【知識】
文化や文化差の影響に関する知識［19］：文化・宗教に関する知識，日本とその国との歴史に関する知識，文化による授業スタイルの違い
異文化適応過程に関する知識［3］：異文化で生活する時に起こりうる心理的変化やストレス，異文化適応段階理論，第二言語習得過程
留学生に関する制度的知識［2］：滞在に関する法的手続き，ビザなど留学に必要なことも知っておく必要がある

【能力・態度・経験等】
言語力（外国語の能力）［10］：言語力，語学力，外国語のスキル
文化・文化差の尊重［3］：judgmental にならず，stereotype 化しない等の態度，各自の文化への敬意等
多文化カウンセリング等の総合的な専門能力［3］：異文化カウンセリングに対する理解，multicultural competence のようなもの
海外滞在体験［2］：少なくとも海外で一定期間生活したことがあるという体験，海外経験
その他［5］：学内の他機関との連携，日本に滞在している留学生の家族のサポート，留学生対応についての研修会への参加，留学生専門のスーパーバイズ，本や雑誌で情報を得る

にも，有意な関係はみられなかった。つまり，通常の学生相談・心理臨床の経験が豊富な援助者であっても，留学生対応の経験が豊富なわけではないことから，対応においては戸惑いを感じる場合があるといえる。また，留学生に対する対応経験を積むことが，留学生対応に対する不安の軽減につながったり，専門性に対する捉え方に一定方向の変化を及ぼしたりするわけではないとみられる。

どのような経験が留学生対応への自信を高めたり，態度を変化させたりするのかが，結果からは明確ではない。回答者には，臨床経験は長いが留学生対応数は少ない人や，臨床経験は短いが留学生対応数は豊富な人が混在していることが，その理由としては考えられるだろう。

また留学生対応経験は少ないが，日本人以外に対応することへの漠然とした不安感を表明している場合と，対応経験を多くもち，身につけている専門性で対応が困難であった実体験に基づいた不安や対応能力の限界の認識を表明している場合とがありえる。つまり，留学生対応への自信・不安には，質的に異なるものが混在している可能性があるだろう。

2.5 学生相談従事者の視点からみた留学生相談の拡充の方法

留学生対応の経験やその経験の捉え方の多様性を反映し，今後，留学生相談の充実化を図るうえで必要性が高いと回答者が考える方策も一様ではなかった。

表5-4には，留学生に対する相談体制の整備において，提示した項目が必要であると思う程度について，5件法（1全く思わない〜5強くそう思う）で選択を求めた結果を示す。最も必要と評価されたのが「学内連携（学内の留学生支援部署・相談担当者との連携の強化）」（平均4.18 $SD=0.54$）であり，最も評価が低いのが「留学生対応カウンセラー（留学生への対応を専門とするカウンセラーの相談室への配置）」（平均2.91 $SD=1.07$）であった。学生の来談経路の中に，他部署を経由して来室する学生が相当数含まれていることから，そうした関連部署との連携が重視されているといえる。また，留学生対応における具体的な不安として，言語対応面に言及した回答者が多かったことが示す通り，「必要に応じて通訳者などが調達できる学内の仕組み」の必要度も高く認識されていた。これらは，個別対応の中での経験を踏まえた，相談の体制に関する意見であるといえるだろう。

これに続いて，学生相談の担い手自身が，知識やスキルを習得したり，スーパーバイズを受けたりする機会を得ることで，対応力の向上を図ることの必要性が高く認識されていた。外国語に堪能なカウンセラーの配置や，留学生対応を専門とするカウンセラーの配置，あるいは留学生対応の相談室の設置は，挙げられた項目の中では相対的に必要度が低く評価されていた。研究1では，すでに多くの大学において，何らかの機能を担う留学生対応部署が設置されているが，連携の方針は不明瞭である現状が示されていた。したがって，相談担当者が，分業型のサービスの中での学内連携の強化を重要とみなしていることは，現状の課題を反映しているといえるだろう。

さらに，必要とする能力を援助者自身が身につけ留学生対応の拡充を図ろうとする姿勢は，第4章で示した通り，統合型のサービスにおいては特に重要である。これに対して，別途留学生支援を担う人材を配置することが，留学生対応の拡充において重要であるとみなす姿勢は，分業型・分離型の留学生対応を志向するものと考えられるが，これらの拡充策についても，一定程度必要であるとみなされていた。目指す留学生支援の拡充の方向性と学生相談従事者の留

表5-4 留学生相談体制充実化への対応策

必要であると思う程度（1～5）	平均（標準偏差）
学内の留学生支援部署・相談担当者との連携の強化［学内連携］	4.18（0.54）
必要に応じて通訳者などが調達できる学内の仕組み［通訳］	4.05（0.87）
カウンセラーが留学生対応に必要なスキルや知識を習得する研修機会［研修］	3.84（0.71）
カウンセラーが留学生相談の専門家からスーパーバイズを受ける機会［スーパーバイズ］	3.62（0.78）
学内の留学生支援部署・相談担当者との連携の強化［学外連携］	3.57（0.90）
外国語に堪能なカウンセラーの相談室への配置［外国語対応カウンセラー］	3.25（1.08）
留学生への対応に特化した別の相談室の学内での設置［留学生対応相談室］	3.05（0.99）
留学生への対応を専門とするカウンセラーの相談室への配置［留学生担当カウンセラー］	2.91（1.07）

表5-5 留学生対応経験・態度意識等と留学生相談体制充実化への対応策

留学生相談体制充実化への対応策	相談経験		留学生対応に対する意識・態度	
	相談業務経験年数	留学生対応平均数	戸惑いや不安	特別な資質・能力
学内連携	-0.26	-0.2	0.06	0.12
通訳	0.12	0.03	0.31*	0.16
研修	0.19	-0.17	0.33*	0.50**
スーパーバイズ	0.06	-0.15	0.31*	0.39**
学外連携	0.27	-0.01	0.11	0.28
外国語対応カウンセラー	0.01	-0.01	0.39**	0.07
留学生対応相談室	0.21	-0.13	0.29	0.24
留学生担当カウンセラー	0.09	-0.14	0.38*	0.37*

順位相関係数 **$p<.01$ *$p<.05$

学生対応に対する経験・態度との関連性を明らかにするために，表5-5に示す通り，諸変数間の順位相関係数を検討した。

その結果，「相談経験」と「留学生相談体制充実化への対応策」の各項目間には有意な関係はみられなかったが，「留学生対応に対する意識・態度」と「留学生相談体制充実化への対応策」の間には有意な相関がみられる項目があった。「戸惑いや不安」との間に正の相関がみられたのは，「通訳」「研修」「スーパーバイズ」「外国語対応カウンセラー」「留学生担当カウンセラー」であった。「特別な資質・能力」との間に正の相関がみられたのは，「研修」「スーパーバイズ」「留学生対応のカウンセラー」の3項目であった。ここからみえて

くるのは,「留学生対応への戸惑いや不安の高い人ほど,留学生対応を充実させるためには,外国語のできるカウンセラーや,別途留学生対応に慣れたカウンセラーが必要であると考えている」ということと,「留学生対応には特有の資質・能力が必要であると考えている人ほど,研修やスーパーバイズなどの学習の機会や,すでにそうした職能を身につけている留学生専門のカウンセラーの配置を,必要であると感じている」という傾向である。

第3節　学生相談従事者の留学生対応力の向上に向けて

相談員のうち,対応に当たって不安や戸惑いを感じる人が半数以上,対応には特別な資質・能力を要すると考える人が7割に上った。米国において心理援助の専門家を対象に行った研究 (Hansen et al., 2006) によると,約半数が自分自身が多文化対応の能力を備えている (competent) とし,4割がある程度対応能力を有する (somewhat competent) と回答している。合計で9割以上が対応にある程度の自信を示しており,対照的である。

第3章において示した多文化カウンセリングの議論においては,文化的少数派の人々に対する援助において必要とされることの一つとして,多文化に対応した能力の習得が挙げられている。日本の学生支援領域において,留学生への対応力を身につけるような働きかけや,研修機会の提供はほとんどなされていない。こうした中で学生相談の担当者が,留学生に対して十分な対応をしうるか不安であると感じるのは,ある意味当然であろう。むしろ留学生対応に対して最初から「日本人学生同様」との認識を持って臨むことの問題のほうが大きい。

Arthur (2004, p. 6) は,適切な資源と訓練がなく,国内出身の学生への対応経験に基づいて留学生に対応をせざるをえない場合,たとえ好意的な意図と留学生に対する関心を持っていたとしても,援助者にとって留学生対応はフラストレーションを感じ,非生産的で,時には有害なやりとりを生みうるものであり,結果として留学生・留学生に対応した人双方にとって不満足な結果をもたらしうることを指摘している。今後,研修体制を整えていくためには,それを後押しするような組織的環境が求められ,組織的次元の多文化対応状況の如何

が，個々人の多文化対応力向上に影響する。またどのような研修が求められるか，内容について検討していくことも必要である。

　相談従事者が個々人のレベルで認識しやすい課題領域は，言語やコミュニケーション全般に関する領域であり，このことは言語的やりとりに頼る部分の多いカウンセリングという行為の性質を考えると当然ではあろう。ただし，言葉の問題以外への気づきが生じにくい可能性や，日本語力の高い学生に対しては文化差を意識した対応が必要とみなされにくい危険性に留意が必要である。たとえば，研究2では，［援助の求め方や必要とされる対応の特徴］に言及した12名のうち7名が，相談の場で不満が表現されたり，迅速な問題解決への要求が行われたりすることを指摘していた。これらは学生相談の枠組みに乗らない学生への対応困難という認識で語られていたが，これに対して，留学生相談の実践者である高松（1997a，2002）は，奨学金や宿舎などに関する留学生のクレームや訴えに耳を傾けたり，学生の訴えに応じて問題の解決を手助けしたりする中で，学生が本当に訴えたいと思っていることがみえてくるという体験を述べている。援助者側の困惑や学生への否定的感情の体験は，既存の枠組みの限界や文化差の認識につながる重要な気づきをもたらしうるが，そうした体験への言及は言語面への言及に比べると少なかった。学生相談の枠組みに乗ることができる留学生は一握りであり，そうした留学生に年間数件対応する状況で，留学生の多様なニーズや相談内容の背景を経験的に把握していくのは容易ではない。留学生との出会いの場面が，相談室内に限定されていることは，学生相談従事者の体験を限定的なものとしている可能性もある。留学生対応を担う学内の専門家との連携が不十分な場合，学生相談従事者は，より一層限られた個人的な体験の積み重ねに，留学生理解を依存する状態に陥りやすい。この場合，十分な対応ができないだけではなく，少数事例から特定の国，あるいは留学生集団に対する誤ったステレオタイプ化が生じる危険性も高い。さらに，そうした状況で対応することに対して，不安や戸惑いが高まるだろう。

　また，留学生対応に求められる特別な資質・能力としては，文化差や文化的背景に関する知識に関連したものが中心であった。援助者の多文化対応力は，態度・信念／知識／スキルの三つの側面から構成されるものとして定義されており（Sue et al., 1982, 1992），知識の側面は，文化の問題に注意を向け，学ぶこと

への動機づけを高めうる。ただし，知識を有していることと文化的に適切な介入が直接結びつかないことも，近年の研究においては指摘されている（Sue, 2006）。加えて，Arthur（2004, p. 9）は，カウンセラーが留学生に効果的に対応するためには，一般的な多文化への問題への注目だけでは十分ではないとし，文化的視点に加えて，留学生の地位的特性によって生じる独自ニーズへの対応力の習得が必要であることを強調している。

具体的にどのような知識内容が留学生理解を深めるのに役立つのか，知識的側面に留まらない留学生への対応力の向上には，どのような学びの機会が提供される必要があるのか，具体的に検討していくことが必要である。たとえば，臨床経験が豊富であるが，留学生対応に対して不安の高い層と，相談従事経験・留学生対応経験いずれも経験の浅い層，それぞれにみられる課題を明らかにしていくことは，より効果的な研修の実施につながるだろう。

また，分業型の学内支援体制が中心であることを背景に，調査結果からは，留学生支援の拡充方策としては，学内資源間の連携による対応を重視する傾向がみられた。部署が縦割りに分断されている場合，そもそも，大学がどのような方向性で留学生を受け入れようとしているのかが，学生相談の従事者の耳には届かない場合も少なくないと考えられる。留学生に対して，現状学内でどのような対応がなされているのかを担当者自身が把握したうえで，学生相談の従事者が担うべき役割の範囲を同定していく作業が必要であろう。

さらに，学生支援サービス全般に責任を持つ担当者は，どのような方向性で学生支援のサービスを構築していくのか方針を定かにし，それに沿って求められる相談従事者の人材像を絞り，相談員の採用等を行っていく必要がある。第4章でも述べた通り，各大学の学生支援の方針と在籍学生のニーズを踏まえ，目指すべき留学生支援の拡充の方向性を定め，それに応じた相談体制と人材の活用，研修体制の整備を行っていくことが望まれる。

このように「利用者である留学生」の特徴は，組織体制や専門家の職能など，いずれの次元において留学生支援の拡充を議論する際にも，まず前提として必要な情報となる。したがって次章においては，既存の学生支援の枠組みに対して，留学生側がどのような認識を持っているのか，留学生の視点から検討していくこととする。

第6章

なぜ留学生は学生支援サービスを利用しないか
質問紙調査（研究3）から障壁要因を探る

　研究1，2においては，留学生支援体制の現状を示したうえで，既存の枠組みで留学生に対応する学生相談の従事者の視点から，学生支援サービスの課題を明らかにした。また，留学生支援サービスの拡充に向けた大学としての方針が不在であることが，より望ましいサービス形態の決定や，学生相談従事者の留学生対応力についての検討を難しくしている可能性を指摘した。実際にサービスの拡充に向けた取り組みを進めるためには，既存の枠組みの課題を明らかにすることに加え，現段階では利用に至っていない学生についても理解を深める必要がある。Arthur (2004, p. 8) は，「出身国でのサービスの入手可能性によって，留学生の中にはカウンセリングの性質や，カウンセリングサービスがどのように彼らの学業的目標の達成を支えうるのかについてあまりなじみがない場合がある。留学生の見方 (perception) に基づく内的な障壁と，キャンパスに存在する外的な障壁の両方が，カウンセリングサービスへのアクセスを阻んでいる可能性がある」と述べている。第6章においては，こうした内的・外的障壁を明らかにすることを目的に行った調査（研究3）を取り上げる。留学生の学生支援サービス利用の障壁，障壁の形成に影響を及ぼす要因を検討し，留学生が既存の学生支援サービスをどのように捉えているのかを明らかにする。また，留学生集団内の多様性についても考察を行う。

第1節　研究3「留学生の学生支援サービスの障壁要因」の概要

1.1　調査の概要
　2011年7月末〜2013年9月に質問紙調査を実施した[1]。調査はオンライン上で行った。実施にあたっては「日本の大学で学んでいる留学生の学内学生支援サービスの利用状況と言語や文化による多様なニーズを知り，今後のサービ

スをより良いものにすること」が目的であること，「回答に要する時間は 10 〜 5 分程度であること」「回答は強制ではなく匿名で回答可能であること」についての説明と，オンライン上のアンケートにアクセスする URL を明記した依頼文を作成した。

　作成した依頼文は，留学生向けのメールニュース等の媒体や，留学生会等の学生団体，学内外の留学生ネットワークを通じて周知を図った。また依頼文とオンラインアンケートのウェブサイトにアクセスする QR コードを載せたチラシを作成し，留学生が自由に集まるラウンジに配置した。URL にアクセスを行って最初に表示される画面においては，研究目的・研究以外の目的でデータが利用されないこと，匿名の調査であり回答は個人が特定されない形で処理されることなどについて再度説明文を表示し，同意ボタンを押して質問へと進む流れとした。匿名性の確保のため，回答時には，送信元アドレスが非表示となるよう設定した。また，後述の通り，質問紙は日本語以外に，英語・中国語（簡体字）・韓国語にも翻訳し，回答時には学生が希望する言語をオンライン上で選択可能とした。得られたデータは，統計分析ソフトを用いて分析した。学生支援サービスの利用障壁の構造の検討のために探索的因子分析を行い，さらに属性による平均値の差異を分散分析によって明らかにした。

1.2　調査の内容

(1) 属性に関する質問項目

　出身国・地域，性別，年齢，滞在期間，学内でのステイタス（学部，修士，博士，大学院研究生，研究員，その他），信仰（キリスト教，イスラム教，仏教，その他，無信仰），在籍大学，日本語・英語力（運用能力についての 6 段階自己評価），同居家族の有無等について問うた。

(2) 学生支援サービスの認知・利用状況に関する質問項目

　学内の相談資源について，「1 知らない，2 よく知らない，3 知っている，4 知っていて利用したことがある」から選択を求めた。専門家の役割や専門家に対する認識は，学生の出身国により異なっていることや（Cheung, 2000），学生支援サービスの細かな名称を詳細に把握している学生は少ないと考えられることから，特定の相談機関や専門職名を指定せずに「日本の大学において提供

される学生支援サービスについての質問です。大学には，学生が困ったり，悩んだりしたときに利用できる相談室があったり，相談できる専門家がいることを知っていますか？」という一般的な説明を用いた。なお，英語表記では，students services, support services on campus といった用語を使用した。

(3) 学生支援サービスの利用障壁に関する質問項目

学生相談資源を利用する際の心理的な障壁と，費用や時間的負担などの実際的な障壁（Kung, 2004; Setiawan, 2006）とからなる，19項目の「留学生の学生支援サービス利用障壁項目」を作成した。項目作成にあたっては，留学生の援助資源利用に関する米国の研究（Hyun et al., 2007; Yoon & Jepsen, 2008），オーストラリアの研究（Russell et al., 2008），在日東アジア系留学生を対象とした研究（水野，2003）を参考にし，国内の大学の状況に合わせて項目を改定して用いた[2]。サービスの認知・利用に関する項目と同様に，特定の専門機関を指し示す用語は用いず，「日本で困ったり，悩んだりしたときに利用できる相談室や相談できる専門家」に関する質問とし，「利用に際して感じたり，心配に思ったりすること」に関して，提示した項目が当てはまる程度（1全く当てはまらない～4よく当てはまる）について選択を求めた。

留学生相談従事者1名に意見を求め，わかりにくい部分を修正したのち，調査実施者が日本語版・英語版を作成，中国語版・韓国語版への翻訳を母語話者に依頼した。英語版・中国語版・韓国語版をバックトランスレーション後，複数言語（英語・日本語・中国語／中国語・韓国語・日本語）を理解する留学生（各1名ずつ）によって，翻訳文の等価性の再確認を行った。

1.3 回答者の特徴

418名から回答を得た。うち学部生は23名であり大学院生が中心であった。回答した学部生は全員日本語が堪能であり，さらに東アジア，東南アジア出身者に偏っていた。大学生活の様相は，学部生と大学院生とで大きく異なっており（Poyrazli et al., 2000），馬越（1991）は，留学生にとって日本の大学は，日本社会以上に「異文化」的であるとし，とりわけ日本の大学における「異文化」摩擦が，大学院における，教授を中心とした，人間関係優先の閉鎖的小集団において生じやすいことを指摘している。研究室等に所属しない，日本語力の高

い学部生の学生支援サービス利用の障壁要因を検討することは重要な課題であるが，集団間差異の検討に必要な回答数が得られていないことから，大学院生に絞って分析を進めることにした。大学院段階では日本語力を問わない受け入れが学部よりも進んでいることや，出身国が多様であることなどから，より今日的・将来的な留学生の課題・特徴が把握できると考えたことも理由の一つである。なお博士研究員に関しては，年齢や研究中心の生活様式が，博士課程の学生と共通性が高いことから除外せずに分析対象とした。回答に不備のみられる3名，教員の身分のもの1名についても除外し，最終的に392名を分析対象とした。得られた44ヶ国と地域について，外務省，国際協力機構等の基準に沿って，東アジア，東南アジア，南アジア，欧米，中南米，中東アフリカの六つの出身地域に分類した。第3章において指摘したように，過剰な一般化に陥りがちな留学生研究の問題を踏まえ，文化的多様性を示していくことは重要である。また，誰に対して何を行うかという具体的介入策を考えていくためには，確認が容易な属性を共有する集団ごとに傾向を把握しておくことが有効であろう。たとえば，「性別」「出身地域」「言語力」は，「性格特性」等と比べると，その影響を知ることが，介入の際に役立つ属性といえるだろう。

　回答者の大まかな特徴を，学生の出身地域ごとに把握できるよう，392名の属性を表6-1にまとめた。さらに出身地域ごとの諸属性の分布のばらつきを明らかにするためにカイ二乗検定の結果も付記した。性別（$\chi^2=23.30$　$df=5$　$p<.001$），年齢層（$\chi^2=53.29$　$df=10$　$p<.001$），滞在期間（$\chi^2=18.74$　$df=5$　$p<.01$），日本語力（$\chi^2=60.16$　$df=25$　$p<.001$），学内でのステイタス（$\chi^2=31.91$　$df=15$　$p<.01$），信仰（$\chi^2=506.46$　$df=20$　$p<.001$）は出身地域ごとに偏りがみられたが，この偏りはそれぞれの集団からの来日者のおおよその特徴を反映していると考えられる。

　性別に関しては，東アジア，東南アジア，中南米は概ねバランスがとれているが，南アジア，欧米，中東アフリカは男性に偏っているため，性別と出身地域の影響を扱ううえで留意が必要な集団となっている。年齢層は，南アジアと中東アフリカは25歳未満の学生は少なく年長者が多い。一方欧米と東アジア出身者は若い層が多い。中東アフリカは9割の学生がイスラム教を信仰していると回答し，東南アジア，南アジアにもイスラム教の信仰者が含まれる。東南アジアは，イスラム教に加えて，仏教信仰者も多い。東アジアと欧米出身者は，

第6章　なぜ留学生は学生支援サービスを利用しないか

表6-1　回答者の属性（$N=392$）

	東アジア $N=161 (41.1)$	東南アジア $N=78 (19.9)$	南アジア $N=44 (11.2)$	中南米 $N=26 (6.6)$	欧米 $N=53 (13.5)$	中東アフリカ $N=30 (7.7)$	合計 $N=392$	カイ二乗検定
性別								
男	77 (47.8)	42 (53.8)	35 (79.5)	15 (57.5)	38 (71.7)	23 (76.7)	230 (58.7)	$df=5$
女	82 (50.9)	36 (46.2)	9 (20.5)	11 (42.3)	15 (28.3)	7 (23.3)	160 (40.8)	23.30***
不明	2 (1.20)	0 (0)	0 (0)	0 (0)	0 (0)	0 (0)	2 (0.5)	
年齢層								
25歳以下	58 (36.0)	17 (21.8)	4 (9.1)	6 (23.1)	25 (47.2)	1 (3.3)	111 (28.3)	$df=10$
30歳未満	78 (48.4)	39 (50.0)	21 (47.7)	9 (34.6)	19 (35.8)	12 (40.0)	178 (45.4)	53.29***
30歳以上	25 (15.5)	22 (28.2)	19 (43.2)	11 (42.3)	9 (17.0)	17 (56.7)	103 (26.2)	
滞在期間								
1年未満	94 (58.5)	45 (57.7)	17 (39.5)	9 (34.6)	36 (67.9)	10 (33.3)	211 (54.1)	$df=5$
1年以上	66 (41.3)	33 (42.3)	26 (60.5)	17 (65.4)	17 (32.1)	20 (66.7)	179 (45.9)	18.74**
日本語力								
1 挨拶程度	19 (11.8)	11 (14.1)	10 (22.7)	1 (3.8)	4 (7.5)	4 (13.30)	49 (12.5)	$df=25$
2 日常生活に最低限必要	33 (20.5)	24 (30.8)	18 (40.9)	4 (15.4)	12 (22.6)	14 (46.7)	105 (26.8)	60.16***
3 日常生活をこなせる	30 (18.6)	17 (21.8)	10 (22.7)	3 (11.5)	14 (26.4)	3 (10.0)	77 (19.6)	
4 日常会話レベル	30 (18.9)	20 (25.6)	4 (9.1)	7 (26.9)	14 (26.4)	7 (23.3)	82 (20.9)	
5 ビジネスレベル	39 (24.2)	6 (7.7)	2 (4.5)	10 (38.5)	8 (15.10)	2 (6.7)	67 (17.1)	
6 ネイティブ同様	10 (6.2)	0 (0)	0 (0)	1 (3.8)	1 (1.9)	0 (0)	12 (3.1)	
英語力								
1 挨拶程度	3 (1.9)	1 (1.3)	0 (0)	0 (0)	0 (0)	0 (0)	4 (1.0)	$df=25$
2 日常生活に最低限必要	21 (13.0)	0 (0)	0 (0)	0 (0)	1 (1.9)	0 (0)	22 (5.6)	210.28***
3 日常生活をこなせる	43 (26.7)	2 (2.6)	0 (0)	0 (0)	1 (3.3)	0 (0)	46 (11.7)	
4 日常会話レベル	41 (25.5)	6 (7.7)	1 (2.3)	0 (0)	2 (3.8)	1 (3.3)	51 (13.0)	
5 ビジネスレベル	50 (31.1)	51 (65.4)	28 (63.6)	14 (53.8)	18 (34.0)	18 (60.0)	179 (45.7)	
6 ネイティブ同様	3 (1.9)	18 (23.1)	15 (34.1)	12 (46.2)	32 (60.4)	10 (33.3)	90 (23.0)	
学内でのステイタス								
修士	65 (40.4)	37 (47.4)	18 (40.9)	5 (19.2)	25 (47.2)	6 (20.0)	156 (39.8)	$df=15$
博士	58 (36.0)	21 (26.9)	20 (45.5)	13 (50.0)	15 (28.3)	14 (46.7)	141 (36.0)	31.91**
大学院研究生	35 (21.7)	20 (25.6)	4 (9.1)	7 (26.9)	10 (18.9)	6 (20.0)	82 (20.9)	
研究員	3 (1.9)	0 (0)	2 (4.5)	1 (3.8)	3 (5.7)	4 (13.3)	13 (3.3)	
信仰								
キリスト教	9 (5.6)	15 (19.7)	2 (4.5)	13 (52.0)	17 (33.3)	1 (3.4)	57 (14.8)	$df=20$
イスラム教	2 (1.2)	18 (23.7)	17 (38.6)	0 (0)	0 (0)	27 (93.1)	64 (16.6)	506.46***
仏教	16 (9.9)	38 (50.0)	4 (9.1)	2 (8.0)	1 (2.0)	0 (0)	61 (15.8)	
その他の宗教	0 (0)	0 (0)	17 (38.6)	0 (0)	0 (0)	0 (0)	17 (4.4)	
無信仰／無回答	134 (83.2)	5 (6.6)	4 (9.1)	10 (40.0)	33 (64.7)	1 (3.4)	187 (48.4)	
サービス認知・利用								
1 知らない	9 (5.6)	3 (3.8)	1 (2.3)	2 (7.7)	4 (7.5)	3 (10.0)	22 (5.6)	$df=15$
2 よく知らない	57 (35.4)	20 (25.6)	14 (31.8)	7 (26.9)	15 (28.3)	10 (33.3)	123 (31.4)	13.26 n.s.
3 知っている	77 (47.8)	47 (60.3)	23 (52.3)	10 (38.5)	29 (54.7)	13 (43.3)	199 (50.8)	
4 知っている・利用あり	18 (11.2)	8 (10.3)	6 (13.6)	7 (26.9)	5 (9.4)	4 (13.3)	48 (12.2)	

***$p<.001$　**$p<.01$　*$p<.05$

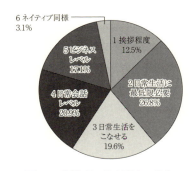
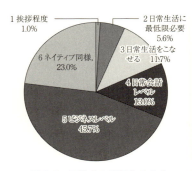

図 6-1　回答者の日本語力の分布　　　　図 6-2　回答者の英語力の分布

表 6-2　滞在期間と日本語力（出身地域別）

	東アジア N=161 (41.4%)		東南アジア N=78 (19.9%)		南アジア N=44 (11.2%)		中南米 N=26 (6.6%)		欧米 N=53 (13.5%)		中東アフリカ N=30 (7.7%)		合計 N=392	
	1年未満	1年以上	1年未満	1年以上	1年未満	1年以上	1年未満	1年以上	1年未満	1年以上	1年未満	1年以上	1年未満	1年以上
1 挨拶程度	18	1	9	2	6	4	0	1	4	0	2	2	39	10
	19.1%	1.5%	20.0%	6.1%	35.3%	14.8%	0.0%	5.9%	11.1%	0.0%	20.0%	10.0%	18.5%	5.5%
2 日常生活に 最低限必要	30	3	21	3	7	11	3	1	11	1	4	10	76	29
	31.9%	4.5%	46.7%	9.1%	41.2%	40.7%	33.3%	5.9%	30.6%	5.9%	40.0%	50.0%	36.0%	16.0%
3 日常生活を こなせる	16	14	8	9	4	6	1	2	10	4	1	2	40	37
	17.0%	20.9%	17.8%	27.3%	23.5%	22.2%	11.1%	11.8%	27.8%	23.5%	10.0%	10.0%	19.0%	20.4%
4 日常会話 レベル	11	19	6	14	0	4	2	5	8	6	2	5	29	53
	11.7%	28.4%	13.3%	42.4%	0.0%	14.8%	22.2%	29.4%	22.2%	35.3%	20.0%	25.0%	13.7%	29.3%
5 ビジネス レベル	16	23	1	5	0	2	3	7	3	5	1	1	24	43
	17.0%	34.3%	2.2%	15.2%	0.0%	7.4%	33.3%	41.2%	8.3%	29.4%	10.0%	5.0%	11.4%	23.8%
6 ネイティブ 同様	3	7	0	0	0	0	0	1	0	1	0	0	3	9
	3.2%	10.4%	0.0%	0.0%	0.0%	0.0%	0.0%	5.9%	0.0%	5.9%	0.0%	0.0%	1.4%	5.0%
	94	67	45	33	17	27	9	17	36	17	10	20	211	181

信仰している宗教がない（無宗教）と回答した学生が多い特徴がある。

　図 6-1，図 6-2 には，回答者の言語力の分布を日本語・英語に分けて示した。表 6-2 には，滞在期間 1 年前後に分け，出身地域ごとに日本語力の分布を示した。日本語を習得しない状態で来日した学生は，中東アフリカ，南アジア，東南アジア出身者に多い。東アジア出身者は，日本語力が高い学生が多い一方で，英語力の低い学生が多いことが他集団と比較した際に際立つ特徴である。また一般的には日本語力が高いイメージが持たれやすいが，日本語力挨拶程度の学生も 1 割程度含まれる。滞在期間が長いほうが，日本語力が高い学生が多いが，

第6章 なぜ留学生は学生支援サービスを利用しないか

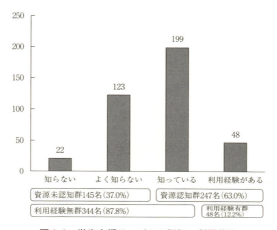

図6-3 学生支援サービスの認知・利用状況

同時に1年以上滞在していても日本語力が日常会話に最低限必要なレベルに満たない学生も少なくない。南アジア・中東アフリカ出身者には，滞在期間が1年以上であっても日本語力の低い人の割合が高くみられる。当該地域出身者は英語力が高く，理系領域専攻の学生が中心であることから，来日後も日本語の学習を行わない学生が多いと考えられる。

第2節 研究3の結果

2.1 学生支援サービスについての認知・利用状況

学内に「日本で困ったり，悩んだりしたときに利用できる相談室や相談できる専門家」（学生支援サービス）が存在することを「知らない22名（5.6％），よく知らない123名（31.4％）」と回答した学生が4割近くに上った。この集団を「資源未認知群145名（37.0％）」とした。一方「知っている」と回答した学生は199名（50.85％）であり，「利用経験がありよく知っている」と回答した学生は48名（12.2％）であった。この集団を「資源認知群247名（63.0％）」とした（図6-3）。

学生支援サービスについての認知（資源未認知群・資源認知群）の，滞在期間，年齢，性別，出身地域，日本語力等による分布の偏りをカイ二乗検定で検討した結果，いずれも有意ではなかった。一方，48名（12.2％）は学生支援サービ

スの利用経験を有していた。利用経験の有無によって「利用経験有 48 名（12.2％）」「経験無 344 名（87.8％）」の 2 群に分類し，同様にカイ二乗検定を用いて分布の偏りを確認したところ，日本語力による差のみ有意であり（$\chi^2 = 6.73$ $df = 1$ $p<.01$），日本語力高群のほうが，利用経験のある学生の割合が高かった。

　サービス利用経験者の日本語力は，サービスの非利用者よりも高いが，学生支援サービスが存在することを知っているかどうかには，「滞在期間」「日本語力」のいずれも影響を及ぼしていない。また，一般的に男性のほうが援助要請しない傾向が指摘されている（Vogel et al., 2007）が，研究 3 においては，学生相談資源の利用に関して，性別による傾向は示されなかったといえる。

2.2　学生支援サービスを利用しない理由

　多くの学生が，学生支援サービスについて知らない，利用経験がないという状況は，先行研究や，研究 1，2 の結果からもある程度推測可能なことである。では，学生自身はその理由をどのように回答しているのだろうか。サービスの利用を躊躇する懸念材料として提示した，学生支援サービスの利用障壁に関する 19 項目のうち，多くの学生によって強く同意されたのが「友達や家族に相談したほうが役立つと思う：平均 3.23（0.76）」「同じ文化出身者の人のほうが，自分の問題をよく理解できる：平均 2.87（0.80）」「ことばの問題で，相談相手は私の問題を十分に理解できない：平均 2.69（0.89）」の 3 項目であった。この傾向は，出身地域や日本語力を問わず同様にみられることから，学生支援サービスを利用しない理由として，留学生に共通した理由といえる。

　友人や家族に相談したほうが役立つという，専門家よりも身近なソーシャルサポートを重視する意見は，先行研究においても一貫して示されており，また留学生に限った特徴でもない。ただし，文化や言語を共有した知人への相談のしやすさは，異文化滞在者ならではといえるだろう。なお，こうした条件を満たすのは，かつては同文化出身の留学生仲間であったと考えられるが，通信手段が増え安価になったことによって，その状況には変化が生じているものと思われる。

　1990 年代初めに田中ら（1991）が行った調査では，国外の家族との半年の間の連絡回数は，1 回以下 5.6％，2 〜 4 回（22.2％），5 〜 9 回（27.8％），10 回以

上が44.4％，海外の友人との連絡は同じく半年間で10回以上が22.2％であった。対して近年は，スカイプやフェイスブックなどを利用して，国境を越えた人間関係を維持することが容易であり，以前は日常的な相談相手となりえなかった母国の家族や知人が，留学中を通じて最も身近なサポート資源であり続けることが可能である。

　留学前に母国で有していたつながりを，インターネット経由で緩やかに維持しながら異国での生活を開始できることは，孤独や不安の緩和に役立つと考えられる。しかしながらその一方で，既存の人間関係の保持が容易であることが，より労力を要するホスト成員との積極的な関係構築を妨げている側面も見受けられる。

2.3　学生支援サービス利用障壁の構造

　在籍する大学が提供する学生支援サービスをなぜ学生が利用しないのか，学生側の認知する様々な障壁を理解するために，因子分析を用いて利用障壁の諸領域を明らかにした。さらに，どのような学生が，どのような要因をハードルとみなしやすいのかについて検討を加えた。

　項目分析の結果，利用障壁に関する19の項目のうち，「友達や家族に相談したほうが役立つと思う」は84.2％が「3 当てはまる・4 よく当てはまる」を選択，「母国で専門家に相談したときにいやな体験をしたので利用したくない：平均1.42 (0.63)」は，93.5％が「1 全くあてはまらない・2 あてはまらない」を選択しており，回答の偏りが著しかったことから以後の分析においては用いなかった。「大学に相談すると成績や研究能力の評価に悪い影響がでるのではないか：平均1.78 (0.91)」「相談していることを，友達に知られてしまうのではないか：平均1.75 (0.84)」も上記項目ほどではないものの偏りがあり，水野の東アジア系留学生の研究（2003）においては偏りを理由に除外されている。しかしながら，先行研究においては，利用に伴う不利益に関する懸念は，資源利用を抑制する要因の一つとみなされており（Vogel *et al.*, 2007），中でも文化的少数派がサービスを利用しない傾向を説明する要因として重視されている（Sue & Sue, 1977）。また日本人大学生を対象とした調査（木村・水野，2008）においても用いられている。こうした点も踏まえ，東アジア以外の対象者も含む本調査

においては必要と考え除外しなかった。残りの17項目を用いて，学生支援サービス利用障壁の構造を検討するために探索的因子分析（主因子法・プロマックス分析）を行った。単純構造に近く，また解釈もしやすいことから，4因子を抽出することが適当と判断した。さらに因子負荷量が0.35未満であった項目（「利用する時間がない」「サービスが日本語のみで提供されているのではないか」）を除外し，再度4因子を推定した因子分析を行った。回転後の結果を表6-3に示す。

第一因子に高い因子負荷を示す項目は，相談したことが人に知られ，ネガティブな結果が生じることへの懸念に関連しており「スティグマへの心配」と命名した。「自分で問題解決のできない弱い人間だと思われるのではないか」「大学に相談すると成績や研究能力の評価に悪い影響がでるのではないか」「相談していることを友達に知られてしまうのではないか」「相談したことの秘密が適切に守られるかどうかわからない」の4項目が該当した。

利用の仕方や費用などサービスの詳細に関する項目の負荷が高い第二因子を，「サービス内容理解不足」と命名した。「どのようなサービスが利用できるのか知らない」「相談室の利用の仕方がわからない」「利用するのにかかる費用が心配」の3項目が該当した。

文化の異なる日本人専門家は，留学生の問題を理解できないのではないかという第三因子を「文化的呼応性懸念」と命名した。「日本人はたとえ専門家であっても自分の問題は理解できない」「相手は留学生のことについてよく知らないのではないか」「同じ文化出身者の人のほうが自分の問題をよく理解できる」の3項目が該当した。見知らぬ専門家に母語以外の言語で相談することへの不安感や，それが自分の役に立つとは思えないという確信のなさなど，専門家との間に援助関係を構築することに対する懸念を第四因子「援助関係形成不安」と命名した。「自分の母語以外の言葉では言いたいことが伝えられない」「ことばの問題で相談相手は私の問題を十分に理解できない」「知らない相手に個人的なことを話すのに抵抗がある」「専門家に相談する事が自分の直面している問題の解決にどの様に役立つかわからない」「もっと深刻な問題を持つ人が行くところだと思う」の5項目が該当した。

四つの因子について，α係数を用いて下位尺度の内的一貫性を検討したところ，「スティグマへの心配」は0.83，「サービス内容理解不足」は0.79，「文化

第6章　なぜ留学生は学生支援サービスを利用しないか

表6-3　学生支援サービス利用障壁
因子分析（プロマックス回転後の因子パターン　N＝392）の結果

項目内容	因子				平均 (SD)
	F1 スティグマへの心配	F2 サービス内容理解不足	F3 文化的呼応性懸念	F4 援助関係形成不安	
自分で問題解決のできない弱い人間だと思われるのではないか	0.77	-0.05	-0.04	0.08	1.94 (0.91)
大学に相談すると成績や研究能力の評価に悪い影響がでるのではないか	0.72	0.06	0.11	-0.08	1.78 (0.89)
相談していることを友達に知られてしまうのではないか	0.71	0.00	-0.02	0.01	1.77 (0.86)
相談したことの秘密が適切に守られるかどうかわからない	0.71	0.01	0.02	0.00	1.98 (0.94)
どのようなサービスが利用できるのか知らない	-0.12	0.88	-0.01	0.03	2.58 (0.88)
相談室の利用の仕方がわからない	0.10	0.72	-0.07	0.03	2.43 (0.92)
利用するのにかかる費用が心配	0.07	0.64	0.07	-0.04	2.51 (0.96)
日本人はたとえ専門家であっても自分の問題は理解できない	0.07	-0.02	0.83	-0.08	2.32 (0.86)
相手は留学生のことについてよく知らないのではないか	-0.02	0.01	0.74	-0.01	2.34 (0.85)
同じ文化出身者の人のほうが自分の問題をよく理解できる	0.01	-0.04	0.37	0.22	2.92 (0.81)
自分の母語以外の言葉では言いたいことが伝えられない	-0.05	-0.06	-0.02	0.69	2.28 (0.94)
ことばの問題で相談相手は私の問題を十分に理解できない	-0.10	0.03	0.25	0.51	2.68 (0.88)
知らない相手に個人的なことを話すのに抵抗がある	0.26	-0.05	-0.08	0.48	2.56 (0.98)
専門家に相談する事が自分の直面している問題の解決にどの様に役立つかわからない	0.00	0.11	0.11	0.41	2.56 (0.84)
もっと深刻な問題を持つ人が行くところだと思う	0.07	0.10	-0.10	0.36	2.60 (0.90)
因子間相関　F1		0.33	0.30	0.41	
F2			0.34	0.49	
F3				0.50	
α係数	0.83	0.79	0.70	0.66	

的呼応性懸念」は0.70,「援助関係形成不安」は0.66であった。4因子について，それぞれに含まれる項目の得点を合計し項目数で除し，その後の分析に用いた。

2.4　学生支援サービス利用障壁と諸属性の関連

　障壁因子の得点の出身地域ごとの平均値を算出し，さらに差を生じさせる要因について検討を行った（表6-4）。4因子のうち，平均値が最も高かったのは「援助関係形成不安」（平均2.54 SD＝0.59）であり，もっとも低かったのは「スティグマへの心配」（平均1.87　SD＝0.73）である。

　ただしそれぞれの領域が障壁とみなされる程度の強さは諸属性によって一様ではなかったことから，誰がどのような要因を最も利用のハードルと感じているのかを明らかにする必要がある。

表 6-4 学生支援サービス利用障壁各因子の平均（標準偏差）と三要因分散分析の結果

	a 出身地域						b 日本語力		c 資源認知		合計
	東アジア	東南アジア	南アジア	中南米	欧米	中東アフリカ	低群	高群	未認知	認知	
	$N=161$	$N=78$	$N=44$	$N=26$	$N=53$	$N=30$	$N=231$	$N=161$	$N=145$	$N=247$	$N=392$
	(41.1%)	(19.9%)	(11.2%)	(6.6%)	(13.5%)	(7.7%)	(58.9%)	(41.1%)	(37.0%)	(63.0%)	
F1・スティグマへの心配	1.81	1.99	1.85	1.67	1.80	2.18	1.84	1.91	1.88	1.85	1.87
	(0.72)	(0.70)	(0.58)	(0.58)	(0.87)	(0.79)	(0.68)	(0.80)	(0.73)	(0.73)	(0.73)
F2・サービス内容理解不足	2.53	2.36	2.70	2.35	2.52	2.59	2.58	2.40	2.85	2.30	2.51
	(0.80)	(0.70)	(0.75)	(0.78)	(0.78)	(0.80)	(0.76)	(0.78)	(0.68)	(0.75)	(0.77)
F3・文化的呼応性懸念	2.58	2.55	2.50	2.29	2.41	2.63	2.56	2.47	2.60	2.48	2.53
	(0.68)	(0.57)	(0.66)	(0.74)	(0.75)	(0.63)	(0.64)	(0.69)	(0.64)	(0.67)	(0.65)
F4・援助関係形成不安	2.66	2.56	2.52	2.16	2.37	2.44	2.61	2.43	2.61	2.49	2.54
	(0.58)	(0.52)	(0.56)	(0.65)	(0.66)	(0.53)	(0.55)	(0.63)	(0.51)	(0.63)	(0.59)

アミかけはそれぞれの文化集団内で最も平均値の高い領域を示す

三要因分散分析の結果（F値）						
a 出身地域 $df=5$	b 日本語力 $df=1$	c 資源認知 $df=1$	a×b $df=5$	a×c $df=5$	b×c $df=1$	a×b×c $df=5$
2.93*	2.37	1.67	2.55*	0.80	0.16	1.55
0.50	3.69	39.15***	1.45	1.25	0.71	1.72
1.08	2.76	0.27	3.43**	2.22	6.40*	3.02*
3.4**	5.94*	1.38	1.00	0.61	0.21	2.30*

***$p<.001$　**$p<.01$　*$p<.05$

　個々の属性要因と利用の障壁の関係を個別に検討しても，既存の学生支援サービスの改善点や，援助要請の促進に向けた働きかけに対する方針はみえてきにくいが，留学生という集団を一括りにせずに，集団内の多様性を明らかにしていくことも重要である。したがってまずは，各種属性要因（日本語力，性別，年齢，日本滞在の期間，信仰，学内でのステイタス）や相談資源の認知状況の影響を検討し，有意な影響のみられる要因を絞り込むことにした。

　t 検定，分散分析を用いて平均値を比較したのち，有意差がある場合は多重比較を行った。その結果，「スティグマへの心配」においてのみ，信仰の効果が有意にみられ（$F (4, 381) = 3.58$ $p<.01$），イスラム教信仰者が最も高く，無信仰（$p<.01$）との間に有意差がみられた。しかしながら，信仰と性別の二要因の分散分析の結果，交互作用に10％水準の有意傾向がみられ（$F (4, 374) = 2.22$），信仰の影響は女性においてのみ有意（$F (4, 374) = 5.02$ $p<.01$）であった。女性の中でイスラム教信仰者は，キリスト教（$p<.01$），無信仰者（$p<.01$）よりも，また

イスラム教信仰者のうち女性は男性（$p<.05$）よりも，相談することに伴う不利益に対する心配を障壁と感じていた。スティグマへの心配は，イスラム教を信仰する女性に他集団よりも強く示されている傾向といえる。

「スティグマへの心配」以外の障壁因子では，年齢，滞在期間，信仰等の属性の影響も有意にはみられなかったため，以降の分析においては，影響がみられる相談資源の認知，日本語力，出身地域の三つの要因の影響に絞った分析を行った。また，同じように障壁を認識していたとしても，相談資源の存在を知っているかどうかという前提の違いにより，サービス利用の促進のために必要な働きかけは異なると考えられる。したがって，三次の交互作用がみられたものについては，相談資源の認知状況ごとに，日本語力と出身地域の効果を検討した。

(1) 文化的呼応性懸念

「文化的呼応性懸念」（$F(5, 368) = 3.02\ p<.05$）においては三次の交互作用がみられた。資源未認知群において，日本語力と出身地域の交互作用が有意であった（$F(5, 133) = 2.34\ p<.05$）。全体的には日本語力低群で高群よりも懸念が強く示されたが，東南アジア，中南米，中東アフリカ出身者には，日本語力の主効果が有意にみられ，日本語力の低い群のほうが文化的呼応性への懸念が強い傾向がみられるのに対して，東アジア，南アジア，欧米出身者においては，日本語力による影響はみられなかった。日本語力低群においては中東アフリカ出身者が最も文化的呼応性への懸念が高く，欧米出身者が最も低かったが出身地域の効果は有意ではなかった。一方，日本語力高群では出身地域の主効果が有意であった（$F(5, 133) = 3.05\ p<.05$）。最も文化的呼応性の懸念が高かったのは，東アジア出身者，最も低かったのは中南米出身者であった。相談資源が認知されていない場合においては，日本語力が低い場合に文化的呼応性への懸念が総じて高いが，東アジア，南アジア，欧米は，こうした日本語力による影響が少ないといえる。

図6-4(a)には，資源認知群における文化的呼応性懸念の値を，日本語力と出身地域別に示した。分析の結果，日本語力と出身地域の交互作用は有意であり（$F(5, 235) = 4.89\ p<.001$），また，日本語力高群・低群いずれにおいても出身地域による主効果が有意にみられた（低群：$F(5, 235) = 2.64\ p<.05$，高群：$F(5, 235) =$

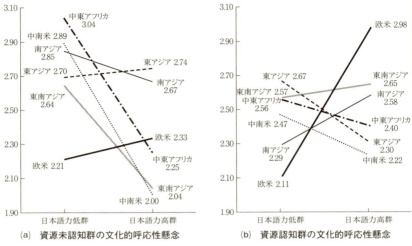

図6-4 文化的呼応性懸念の平均値（資源認知状況による出身地域×日本語力）

3.18 $p<.01$)。日本語力低群では，最も高い懸念を示したのは東アジア出身者であり，多重比較の結果欧米出身者との差異が有意であった（$p<.05$）。他方，日本語力高群で最も高い懸念を示したのは，欧米出身者であり，多重比較の結果，東アジア出身者（$p<.01$），中南米出身者（$p<.05$）よりも有意に高かった。また，東アジア（$F(1, 235)=7.69$ $p<.01$）と欧米（$F(1, 235)=15.25$ $p<.01$）出身者においては，日本語力の主効果が有意であったが，東アジアは日本語力低群が文化的呼応性への懸念がより強いのに対して，欧米出身者は日本語力高群が文化的側面への懸念がより強かった。相談資源について知っている集団においては，日本語力の程度による文化的呼応性懸念の強さは，東アジアと欧米出身者で逆のパターンを示した（図6-4(b)）。全体で最も文化的呼応性懸念が高かったのは，資源未認知群で日本語力の低い中東アフリカ出身者であったが，続いて高かったのは，資源認知群の欧米出身者であった。

(2) 援助関係形成不安

「援助関係形成不安」（$F(5, 368)=2.30$ $p<.05$）においては，三次の交互作用がみられた。図6-5(a)に示す通り，資源未認知群においては日本語力（$F(1, 133)=4.45$ $p<.05$）と出身地域（$F(5, 133)=2.65$ $p<.05$）の主効果がいずれも有意であり，

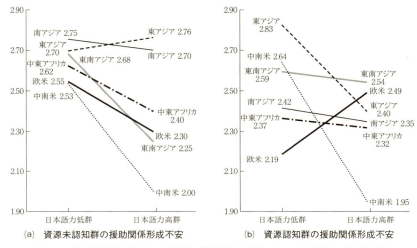

図6-5　援助関係形成不安の平均値（資源認知状況による出身地域×日本語力）

日本語力低群の不安が高かった。また，出身地域に関しては，東アジアが最も不安が強く，中南米との間に有意な差がみられた（$p<.05$）。図6-5(b)に示す通り，資源認知群では，日本語力と出身地域の交互作用が有意であった（$F (5, 235) = 2.50$ $p<.05$）。日本語力低群において出身地域による主効果が有意であり（$F (5, 235) = 3.79$ $p<.01$），東アジア出身者が最も不安が強く，欧米出身者で最も低かった。東アジアと欧米出身者の間には有意差がみられた（$p<.01$）。また，東アジア（$F (1, 235) = 11.68$ $p<.01$）と中南米（$F (1, 235) = 4.56$ $p<.05$）においてのみ，日本語力の主効果が有意であり，低群の不安がより強かった。東南アジア，南アジア，欧米，中東アフリカ出身者は，日本語力による有意な差はなかった。

(3) サービス内容理解不足

残る2因子のうち，「サービス内容理解不足」は，資源認知（$F (1, 368) = 39.15$ $p<.001$）の主効果が有意であり，相談資源について知らないことが最も影響していた。日本語力（$F (1, 368) = 3.69$ $p<.1$）は有意傾向が示されるに留まった。出身地域による差はみられなかった。

(4) スティグマへの心配

「スティグマへの心配」は，すでに述べたように信仰と性別の影響がみられ

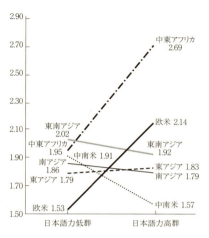

図6-6　スティグマへの不安の平均値
（出身地域×日本語力）

た。さらに図6-6の通り，出身地域と日本語力の二次の交互作用がみられた（$F(5, 380) = 3.14\ p<.01$）。日本語力の高い群においてのみ出身地域による差が有意であり，中東アフリカ出身者が最も心配が強く（$F(5, 380) = 3.74\ p<.01$），中南米出身者との間に有意差がみられた（$p<.01$）。

第3節　留学生の学生支援サービスの利用に対する障壁の理解

留学生がキャンパス内にある学生支援の資源の存在をどの程度認識し利用しているのか，またその資源の利用に対してどのような懸念を抱いているのかを明らかにしてきた。サービスの利用や利用障壁の認知に影響を及ぼす要因を明らかにし，留学生の集団内の多様なニーズを理解することによって，サービス改善の糸口を得ることが可能となると考えられる。したがって以下では，それぞれの要因の影響を検討しながら，いかにサービスを改善していくことが可能か考察を加えていく。

3.1　日本語力はどのように影響するか

日常生活をスムーズに送るためには，日本語力が必須であるが，理系領域の

博士課程を中心に，日本語力を問わない研究環境が存在している。さらに，第2章でも述べた通り，近年，英語を教授言語とするプログラムが専門分野，学年を問わず増えており，教育言語と日常生活言語が一致しない環境の中で生活する留学生は増加している。しかしながら，研究1, 2で明らかとなったように，日本の大学の学生相談機関においては，学生の言語ニーズへの対応という視点は弱く，在籍する学生と相談の担い手の間に必ずしも言語的疎通性が確保されているわけではない。したがって，日本語力の低さに伴う問題を明らかにすることは急務の課題といえるが，国内の留学生研究は，日本語力を留学生の適応や困難への対処における影響要因として重視しながらも，その影響のメカニズムを十分に説明できていない。研究によって，対象となっている留学生層の日本語力が大きく異なることが，その一つの理由といえる。たとえば，東アジア出身留学生に関する水野（2003）の一連の研究は，対象が文系の学生中心であり，日本語力が高い層が回答者に占める割合が高い。中国出身者を対象とした葛（2007）の研究においても，日本語初級者は15％程度に過ぎない。一方，田中（2000），大橋（2008）は，国立大学で学ぶ留学生を対象としており，出身地域は多様であり，かつ学生の日本語力にも幅がある。

　研究3においては，日本語力が高い学生のほうがサービスをよく利用しており，利用障壁の認知も全般的に低いことを示した。ただし，こうした日本語力の影響が，資源について知っているかどうかや，出身地域によって一様ではないことも明らかとなった。たとえば，「援助関係形成不安」に関しては，資源について知らない学生は，出身地域を問わず，日本語力が不足している人のほうがより強く不安を感じるが，資源について知っている場合は，東アジア出身者や中南米出身者のみ日本語力の影響が生じており，日本語力が低い学生の不安が高かった。一方，東南アジアや南アジア，欧米，中東アフリカ出身者は，資源について知っていれば，日本語力の程度が「援助関係形成不安」に影響を及ぼさなかった。

3.2　出身地域による特徴をどう捉えるか

　こうした日本語力の持つ影響の，出身地域による違いは，どのように理解が可能であろうか。東南アジアや南アジア，欧米，中東アフリカは，表6-1に示

す英語力の分布にも示される通り，相対的に英語力が高い学生が多い。当該地域においては，英語が母国語・公用語の場合や高等教育の教育言語が英語である場合が多いことが関連しているだろう。したがって，日本語力が低い場合でも，英語を代替言語としてサービスを利用することが可能であり，英語対応可能な援助資源の存在について知っていれば，援助提供者との意思疎通や相手との関係形成に対して不安を抱かずに済む。対して，東アジア出身者は，英語力が相対的に低く，日本語ができない場合であっても，英語が母語同様の機能を果たすほどには堪能ではないことが多い。中南米出身者に関しては，英語力自体は高い学生が多いため，日本語力が低い場合の援助関係形成への不安を日本語力・英語力の側面からのみ説明することは難しいが，スペイン語・ポルトガル語という彼らの母国語が，母国社会での通用性が高く，日常生活において英語使用頻度が低いこと，高等教育の提供言語も母国語である場合が多いこと等，当該地域の言語使用環境が影響している可能性がある。このように，出身地域ごとにみられる多様な特徴を理解する一つの糸口は，日本語力や母国での言語使用環境の違いなど，言語面である。しかしながら，言葉の問題だけでは説明が難しい差もみられる。

　たとえば，「文化的呼応性への懸念」は，出身地域ごとに相反する特徴が示された領域であったが，資源の認知や日本語力の程度による影響が複雑に生じていた。東アジア出身者は，資源について知らない層で，日本語力にかかわらず高い文化的呼応性懸念が示された。一方，資源について知っている東アジア出身者は，日本語力の高い人のほうが低い人よりも，文化的呼応性への懸念が小さかった。他方相談資源について知らない欧米出身の学生は，文化的呼応性への懸念は小さく，日本語力による差も有意ではない。ところがサービスの存在を知っている学生の場合は，日本語力の低い集団よりも，高い人のほうが文化的呼応性への懸念が高い。つまり東アジア出身者の場合，「資源について知っている」状態で，「サービスを利用する言語力に不安がない」場合は，「文化的呼応性懸念」が低いが，欧米出身の学生の場合は，文化的呼応性への懸念が，「サービスについてよく知らないこと」や，「サービスの利用に必要な日本語力の不足」を原因とするものではないと考えられる。これまでの留学生研究においては，このような日本語力の及ぼす複雑な影響を示しえておらず，結果，多

くの問題が学生の言語力不足に起因すると結論づけられたり，あるいはサービスの外国語対応を図ることで問題が解決されるかのような印象を与えるものであったといえる。

3.3 日本語力の高い層にみられる特徴の検討

ホスト言語に堪能であることが，サービスの利用に対する障壁を軽減しない場合がありうるのは，なぜであろうか。

米国の研究においては，援助者に民族や文化的背景の一致を求める傾向は，ヨーロッパ系よりアジア系により強い（Cabral & Smith, 2011）との指摘がなされており，また民族と言語の一致したサービスは，英語力の低いアジア系米国人において，最も高い効果が示されている（Sue et al., 1991）。研究3において，日本語力に不安のある東アジア出身者は，日本人の専門家によって提供されるサービスに対して不安が強く，日本語力の低さと文化的・言語的に異なる日本人専門家の提供するサービスへの懸念の高さが関連している。これは先行研究の結果と重なる特徴であるといえる。一方で欧米出身者のうち，日本語力の高い層が低い層よりも，文化的に異なる援助者に対する懸念が強いという傾向は，ホスト言語力の低さと文化的一致度の高いサービスを求める傾向とは相容れない結果である。同様の傾向は，「スティグマへの不安」に対する，イスラム教徒の女性に関してみられた。日本語力が高い学生のほうが日本人とのコミュニケーションを持つ機会は多いと考えられるが，その集団においてよりスティグマへの不安や文化的呼応性懸念が高いことを示すこれらの結果は，日本人との接触量の増加が，サービスを利用することに伴う不利益への懸念の減少につながっていないこと，また，日本語の堪能さのみでは，文化的呼応性への懸念から生じる利用障壁が減じえないことを示しているといえる。実は，こうした一見矛盾した結果は，これまでにも国内の研究において指摘されている。たとえば，岩男・萩原（1988）は，日本語力の低い留学生は，日本人とのコミュニケーションを最大の適応の障害として認識するが，日本語力が高い場合，「日本人の考え方」や「外国人に対する日本人の態度」等，文化的側面をより大きな障害として認識すること，また欧米出身者がアジア出身者よりこの傾向を強く示すことを指摘している。さらに，日本語力が高い人のほうが，日本人に対す

るイメージが否定的，かつ日本人とのコミュニケーションでトラブルを抱える割合が高いという報告（岩男・萩原，1988；加賀美，1996）もある。これらの先行研究は，ホストとの関係性一般を扱ったものであるが，相手が専門家である場合であっても，欧米出身の留学生は同様の傾向を示しているといえよう。

3.4 滞日期間の長さはなぜ影響しないか

滞在が長くなるほど，ホスト文化への文化変容が進み，ホスト社会において提供される援助資源に対する抵抗が減少するという先行研究の指摘（Atkinson & Gim, 1989）は，本書では確認できなかった。来日してから滞在期間が長いほど，日本の仕組みに馴染んでいき，大学のサービスをより活用できるだろうという一般的な想像とも，本研究の結果は食い違っている。

田中（2000, p. 165）は，滞日年数の経過は，日本語力を向上させても，ソーシャルスキルの向上とは結びつかず，適応の高さとも直接結びついていないという調査結果を示し，「単に長く日本にいるだけでは適応は規定されず，むしろ『どのような滞在の仕方をするか』により関わっているものと考えられる」と述べている。滞在期間の長さが援助資源に対する認識や態度に影響をしないという本研究の結果を説明するうえでは，この「どのような滞在の仕方をするか」という点がより意味を持つという指摘は重要であろう。滞在期間による援助資源利用に対する態度変化の少なさを説明する一つの状況は，留学生のホスト文化との接触の限定性である。英語で学ぶ学習環境にある学生は，滞在が長期化しても日本語の習得が進まないことが多く，ホスト社会との関わり方が変化しにくい。中でも大学院生は，もともと生活範囲が研究室内に限定されがちであることから，日本語力の低い学生の場合はなおさら社会的関係が広がりにくい。

滞在期間と学生支援サービスに対する態度の関連のもう一つの解釈可能性は，ホスト社会である日本に馴染んでいくことが，専門家への相談という，西欧的な価値に根差した援助形態への抵抗の減少という結果を生まない可能性である。北米で行われている研究との結果の食い違いは，ホスト言語である日本語の，英語とは異なる特徴とともに，先行研究と本研究が扱っている，異文化接触が生じる文化的文脈の違いという視点からも理解していく必要がある。また大学

院レベルの留学生は，年齢が高いため，すでに来日時点で身についていた専門的援助に対する期待や予測が変容しにくいということも考えうる。加えて，本書は横断研究であり，滞在期間による個人内の変化を捉えることができない，という研究手法の限界も踏まえる必要がある。

3.5 学生支援サービスの利用しにくさを捉える新しい視点

研究3においては，出身地域によって学生相談資源の利用に対する障壁が異なる特徴を示すことが明らかとなったが，同時に，同出身地域内であっても，日本語力の程度や，相談資源の存在についての認知状態の影響がみられ，サービス利用の抑制が生じる原因を，単一の属性要因に帰属させることは難しいことが示された。こうした問題を，項目を精査し，さらにバランスよく多様な出身地域の留学生から調査協力を得て，多数の要因の関連性を検討することで明らかにしていくアプローチもあろうが，在日留学生の出身地域による偏りを考えると難しい。

現実的制約により取りうる研究アプローチが限定されるという問題に加えて，そもそも学生支援サービスが利用されない問題を，学生側のサービス利用に関する意思決定の問題とみなすべきかどうかも議論すべき点である。サービスの利用可否は，学生個々人の判断の次元や，援助サービス側の適切性という次元を単独で取り出して捉えるだけでは説明が難しい可能性があり，各次元の影響を総合的に理解していく視点が求められる。

これに対して，Snowden & Yamada（2005, p. 147）は，「サービスが利用されたか／されていないか，という出来事単位（event oriented）」で援助要請を捉える認識では，「人々がどのようにケアを受け取るか，ということに関する複雑性を十分に説明しきれない」とし，静的な出来事単位のモデルの限界を指摘している。また，Pescosolido（1992）やPescosolidoら（1998）は，伝統的なサービス利用の研究アプローチに対して，家族や社会的ネットワーク，コミュニティの重要性を認めているものでさえも，前提にはサービス利用を個人の選択によるものとする見方が存在していると批判している。さらにPescosolidoら（1998）は，「健康上の問題を抱えた個人と，社会的・心理的・経済的・文化的・医学的，さらにシステムの要因の間の，病を抱えた人をいずれかの方向に向けて押

しやるようなダイナミックスを検討可能なモデル」(Pescosolido *et al.*, 1998, p. 277)の必要性を主張しており，そうしたモデルとして，Network-Episode Model (Pescosolido, 1992; Pescosolido *et al.*, 1998) を提案している。このモデルの特徴は，個々人の直線的な選択の結果として，サービスが利用されたり，回避されたりするとみなすのではなく，「サービス利用が生起する」「生起しない」という状況を中心に据え，その状況を生み出すダイナミズムを捉えようとするものである。このような視点の転換は，環境側の影響を強く受け，かつ自身のニーズがシステム側に反映されにくい社会的少数者に対する援助サービスのあり方を検討するうえで重要であると考えられる。また，留学生と学生支援サービスの関係性を捉え直し，既存の学生支援の枠組みに代わる，留学生が利用可能な新たなサービスの姿を同定していくのに有益であろう。

注
1) 研究3の質問紙調査項目には，来日後の困難体験と対処，相談相手への期待等に関する項目も設けたが，本書では扱わない。
2) 水野 (2003) が作成した留学生の援助不安尺度は，専門家への援助要請に対する治療不安尺度 (Kushner & Kenneth, 1989; Pipes *et al.*, 1985) を改訂したものであり，イメージへの心配，スティグマへの心配，専門家への呼応性への心配から構成されている。ただし，項目改訂の過程で，セラピストやカウンセラーという言葉が，留学生を援助する専門家・非専門家名に置き換えられた結果，「日本人である専門家の先生は，留学生のことはわからないであろう」のように，援助提供者が「日本人であること」と「専門家であること」の二つの条件を含む項目が生じている。留学生がホスト国の専門家に援助を求める行為には，援助要請する対象が「専門家」であることと，「文化的背景が異なる人」であることという側面を持つが，それぞれを分離して影響を把握できることが望ましいと考え，本調査では「日本人はたとえ専門家であっても自分の問題は理解できない」(＝日本人に相談することへの懸念)，「専門家に相談する事が自分の直面している問題の解決にどの様に役立つかわからない」(＝専門家への相談に関する懸念) というように，援助者との間の文化差の側面，援助者が専門家である側面のどちらをより重視した質問なのかが明確になるように注意した。

第 7 章
留学生支援サービスの実践事例
利用者データ分析（研究 4）によるニーズの把握と対応

　研究 1，2 においては，学生相談機関を中心とした既存の援助体制の中で，留学生への対応を行っていくことの課題や限界を検討した。さらに研究 3 においては，出身地域によって学生相談資源の利用に対する障壁が異なることが明らかとなった。しかしながら同時に，日本語力の程度や，相談資源の存在を知っているかどうかといった前提条件の相違も影響を及ぼしており，サービス利用の抑制が生じる原因を，単一の属性要因によって説明する難しさが明らかとなった。

　こうした量的な研究枠組みの限界を踏まえ，第 7 章においては，留学生支援サービスを，多次元における諸要因の相互的な関係性の中で捉えていく視点を重視する。具体的には，留学生に対応する相談室を対象とした事例研究（研究 4）を取り上げ，複数年の利用者データを用いながら留学生のニーズを立体的に把握し，ニーズに沿った支援を行っていくプロセスを紹介する。

第 1 節　実践事例の特徴

1.1　大学の特徴

　事例として取り上げたのは，都市部に位置する国立の総合大学（以下 A 大学）に設立された留学生相談室である[1]。A 大学は，留学生センターの設置や留学生専門教育教員の配置が全国の大学に先駆けて進められ，また法人化以降は，留学生センターの本部組織化が図られるなど，第 2 章で述べた，国の施策に沿った留学生支援体制の整備が行われてきた典型的な大学の一つである。学生支援の側面からは，多くの国立総合大学同様，全学の学生相談体制とは別に留学生支援サービスが整備されてきた。また近年は，国際化推進の重点大学として，急速な変化を経験しており，国内の大規模大学の多くが経験している，今日的

な課題に直面している状況にある。このような特徴から，A大学を事例として検討することを通じて，他大学においても参照可能な知見を得ることが可能であると考えられる。

1.2 留学生受け入れ状況

事例検討の対象とする時期は，2005年から2012年であり，第2章で取り上げた，第二期の後半から第三期の時期に当たる。グローバル化を背景とした国内の社会状況の変化，さらにこれらを受けた日本の留学生受け入れ理念の変容，国際化への対応の重要性の認識の増大，大学の法人化によるトップダウン的施策の現場への直接的な影響の増大などが生じた時期に概ね重なる。

A大学の在籍学生は，大学院生と学部生の割合がおよそ1:1である。留学生は全学生の約1割を占めているが，その大半が大学院レベルの在籍者であり，留学生全体の約9割を大学院生が占める。したがって，大学院在籍者に限定すると，留学生比率は約2割となる。留学生のうち約6割は東アジア出身者であるが，出身国・地域は100ヶ国を超えており，文化的に非常に多様な学生集団を構成している。約3割程度が国費留学生，留学生の男女比はおおよそ6:4である。

積極的な国際化推進施策の下，留学生受け入れの戦略化とリクルーティング活動の活発化により，留学生は近年増加・多様化している。全体的には，外国人研究生として大学生活を開始し，半年から2年のうちに試験を経て正規課程（修士・博士）に入学するという従来型の道筋をたどる学生が多いが，入学選考方法の多様化によって，アドミッションオフィス方式で直接正規課程に入学する学生も増えている。また以前より，理系の博士課程においては，日本語を必要としない研究環境が一般的にみられたが，2008年頃より，英語で学ぶコースの設置を推進する施策に後押しされ，理系領域はもとより，文系領域，修士・学部レベルにおいても，英語を教授言語とするプログラムが導入され，相当数の学生がサバイバルレベル以上の日本語の習得をしない状態で学生生活を過ごしている。学部から日本の大学で学んだ学生や日本語学校を経由して入学する学生もみられるが，学部や修士課程を母国で修了したのちに来日し，入学直後から研究室に所属して研究中心の生活を送り，サークル活動や学外でのアルバ

イト経験を持たない学生も少なくない。そのため，研究生から修士・博士課程までの5年以上という比較的長い留学期間であっても，日本社会との接点が限られ，対人的ネットワークも広がりにくい。また，交換留学プログラムの整備に伴い，半年から1年滞在する，学位取得を目指さない学生も増えつつある。留学目的や期間の多様化に伴い，文化的背景のみならず，日本語力や日本で生活するための社会文化的スキル，学生生活に対する期待などが，留学生集団内でより多様性を増しており，こうした点を念頭に置くことが，留学生支援の場でこれまで以上に求められている。

1.3 学生支援サービス全体の特徴

A大学は留学生センターの設置により，分業型の留学生支援体制を整備してきた典型的な大学の一つである。第2章でも示した通り，学生相談領域全体においては，近年援助パラダイムのシフトが志向されており，また，特に大規模大学において，従来の学生相談の活動に加え，就職相談やハラスメント相談など，個別ニーズに特化した相談機関の設置が進みつつある（斎藤，2008）。A大学の学生支援サービス全体においても，こうした特徴は顕著にみられる。法人化後，従来の学生相談機能を拡充する形で，サービスの専門分化・機能分化が進められており，学生相談資源を豊富に持つ大学の一つとなっている。また，2000年代後半，留学生支援関連部署の本部組織化とほぼ時期を同じくして，学内の学生相談部署の組織化が本部レベルで行われており，本部を中心に，各種学内資源間の連携を重視したネットワーク型の学生支援サービスの整備が行われている。第2章で指摘したように，より大きなコンテクストでみれば，社会変化の中での高等教育に求められる役割の変化と，法人化による大学の組織運営の仕方の変化の中にこうした動きは位置づけられよう。

事例として取り上げる留学生相談室は，全学生対象の学生支援資源を担う部署と，組織的に別に設置されており，予算的にも人員的にも独立して活動を行っている。学生を対象とする活動を行ううえで，学内のその他の相談資源との機能重複は当然生じるものの，留学生の独自ニーズにより特化したサービスとして位置づけられており，他の相談資源からの留学生相談室へのケースの紹介や協力依頼は少なくない。ただし，相談資源間で分業・連携の方針が明確にさ

れているわけではなく,特に事例検討の対象となった時期においては,担当者の判断に基づく個別のケース単位での連携が中心であった。こうした連携体制は,相談担当者の留学生理解に依る部分が大きくなりやすく,担当者の交代により連携が強化されたり,弱体化したりする状況がみられた。

1.4 留学生向け相談室の相談構造の特徴
(1) 全体的な特徴

留学生センターを中心とした留学生への相談・指導は,指導担当教員がシフトで相談対応を行ったり,オフィスアワーを設けて対応する体制が多くみられるが,A大学は留学生相談室を設置し,その機能を拡大させる形で全学的な留学生支援のサービス整備を行ってきた。この点は,本事例で取り上げる留学生相談室の大きな特徴である。サービスの整備においては,分業型,来室型の相談枠組みの課題を認識し,留学生の援助要請の特徴に対応した利用しやすいサービスであることが重視されてきた。たとえば来室の心理的負担を緩和するために,相談室の常時開室・予約不要という相談体制,多言語対応体制が整備されてきた。また相談室が「問題を抱えた人が行く場所」というイメージを付与されないことは,特に重視されてきた点である。

(2) 相談室の人員

相談の実務に当たるスタッフの構成は年度によって若干異なるが,平均すると留学生相談・指導を主たる業務とする実務系教員職と,外国人相談等に専門性を持つ非常勤・常勤職員を合わせて4名前後の体制がとられてきた。留学生対応は幅広い人的ネットワークや経験知,言語力が必要になる領域であるため,教職員の異動や退職により支援機能が維持できない状況が生まれやすい。複数名スタッフ体制をとることによって,相談室内で人的ネットワーク・経験知の共有化が可能であり,個別のスタッフの持つ言語力や専門的バックグラウンドにサービス内容が完全には依存せずに相談室機能を維持できる。また留学生支援の幅広い領域に通じ,高い専門性を持ち,かつ外国語力を有する人材を安定的に確保することは到底不可能であることから,異なる専門性や得意分野,言語力を持つ複数名のスタッフで支援領域を分担することは,相談対応の質保持にとって現実的な対応策でもある。

(3) 相談活動の特徴

第4章で言及した，田中（1993）の指摘するところの，第一種相談と第二種相談を分けずに，同じ相談室内で対応する体制を選択的に選んできたことが特徴の一つであり，「どのような相談でも受け付ける」という前提で相談活動を行っている。相談内容が幅広いことに加えて，対応も，傾聴を中心としたものから，問題解決を目的としたアドバイジング・ソーシャルワーク的な介入を行う相談まで様々である。また，来室を待つ受身的な対応に留まらないことを重視しており，相談対応を通じて把握される学生のニーズの多様化に対応しながら，相談室の多機能化を進めてきた。

(4) 相談室の物理的な条件

相談室は，年末年始と夏季休暇中の1週間程度を除くと，平日10:00から17:30に常時開室している。キャンパスの中心からは離れた，雑居棟の中に設置されており，物理的なアクセスの条件は決してよくない。相談室内は，情報提供の場としての機能とプライバシー保護が必要な相談への対応という機能が同時に発揮できるよう，開放的なカウンター，パーテーションで仕切られた相談スペース，教員の個人研究室を含む個室相談スペースから構成されている。また相談室横には，自由に出入りができるラウンジが設けられており，日中は留学生と日本人ボランティアが交流の場として使用している。

(5) 相談の枠組み

ウォークインでの利用が可能であり，メール・電話での相談にも応じる。一時母国に帰国している間にも対応が必要な場合があり，メールの利用は必須であるが，来室予約の連絡手段としてのみメールを利用する，相談室開室時間外には返信を控えるなど，相談内容に応じて，担当者が各自判断して行っている。メールや電話での匿名相談を希望する学生も少なからず存在するが，相談の内容によっては，可能な限り来室相談を促すようにしている。また，情報提供を行う相談においては，言語力の問題を補うために，対面で対応後に，情報や助言を再度文章化して，メールで共有することもある。

対面の対応は，5分程度の窓口での情報提供から，問題解決のための介入に数日を要するもの，数年にわたって定期的に対応するものまで様々である。「インテーク」から「面接」といった明確な援助構造は有していないが，カウ

ンター対応は,インテーク機能も持ち合わせており,相談内容によっては,その内容に詳しいスタッフが途中から相談対応に加わったり,交替して対応したりすることがある。またパーテーションで仕切ったスペースや個室での相談も可能であり,相談の内容に応じて場所を選択している。ふらりと立ち寄る学生のほうが多いが,心理的な援助を求める学生や進路相談,研究指導体制に対する不満に関する相談の希望者を中心に,事前に予約して来室する学生もみられる。就職支援に関しては,主として担当する教員が業務全体のコーディネートや学内外の関係部署との調整を行うが,個別相談を求める学生に対しては,相談内容に応じて,カウンターでの対応と担当教員による対応とに振り分ける。カウンセリングを希望して来室する学生に対しては,臨床心理学を専門とする者(2006年度以降は,筆者)がインテークから一貫して対応(言語は英語・日本語)を行っている。中国語による相談を希望する場合は,中国語を母語とする相談員と筆者のペアで対応する場合と,筆者が中国人相談員による相談を,スーパーバイズする形で対応する場合がある。また継続のカウンセリングの場合は,2回目以降は原則予約制としている。このように,相談の内容により,用いる相談枠組みが異なっていることが特徴の一つといえる。

(6) 個別相談以外の活動

個別相談以外には,日本人との交流プログラムの運営・学生活動の支援,メールマガジンの発行やウェブを用いた情報発信,新入生向けの生活オリエンテーション,キャリアサポートを担う学内部署と連携した就職支援事業等が実施されている。これらは個別相談の場での対応を補足する形で広がっていったものである。

個別相談以外の活動の中でも,日本人[2](学内学生・教職員・卒業生・一般市民)と留学生の一対一のペアによる交流プログラムは,登録・参加者数の延べ数が5000人を超える活発な活動となっている。プログラムの目的は,交流を通じた文化・社会に関する相互理解の深まりと,留学生の日本での社会的ネットワークの拡大,日本語力の向上である。相談室は,日本人・留学生両方の登録受け付け,組み合わせと顔合わせのための調整,顔合わせ後のフォローアップを担当しており,各年100〜200組の新規の組み合わせが誕生している。登録は随時,個別に受け付けており,登録時には30分ほどかけて,プログラム内容の

説明，登録票への記入，交流ニーズの聞き取りを行っている。留学生側の登録作業の過程では，学生の生活状況の把握が可能であり，プログラム登録を通じて個別相談につながる場合が少なからずみられる。また個別相談に訪れた留学生に対し，日本語の会話力の向上や友達づくりの目的で，プログラムを紹介するケースも多い。なお，交流相手となる日本人登録者側は，2割ほどが学内の学生であるが，残る8割は一般市民であり，年齢も幅広い。活発に活動を行っている層は，平日昼間の時間帯に余裕のある子育てを終えた女性と退職者（大半は男性）である。

第2節　研究4「留学生向け相談室利用者データの分析」の概要

2.1　実践事例の検討に用いるデータ

　本書の主たる目的は，個々の相談事例にどのように対応していくのか，という個別対応次元の議論を超え，サービス提供の形態や留学生支援のあり方を問い直すことにある。したがって研究4では，A大学の「留学生相談室の実践」を「事例」として扱い，留学生相談室の活動内容を検討対象とする。留学生政策の転換や学生支援体制の整備など，学内外の様々な要因の変容の中で，留学生の相談室利用や相談室の活動内容がどのように変化してきたのかを明らかにしていく。

　分析対象は，数値化された相談室の利用者データ[3]である。対応時（来室・メール・電話を含む）には，そのつどA4両面サイズの記録用紙に記入を行っており，その後記入内容をカテゴリー化し，学生の特定が可能な個人情報からは切り離した状態でデータベース化している。このデータを「利用者データ」とする。利用者データは，相談室がどのような活動を行い，それがどのように利用されているのかを映し出すものであるといえる。

　実践に関する研究は，取り組みを評価し，必要な改善を加えるうえで重要であるが，プライバシーの保護の問題などが生じやすい。加えて，留学生の場合は，在籍者数が限られる地域の出身者は特定性が高かったり，頻繁に利用する個人の影響が当該地域出身者のデータに強く反映されてしまう問題にも対処する必要がある。匿名性を高め，さらに安定した傾向をつかむために，研究4に

表7-1 相談内容の分類

進路・就職	：入進学，卒業後の進路選択，就職に関する具体的手順・情報
学位・勉学遂行	：研究・学位取得の問題，教員との研究指導に関連した問題
学内情報・手続き	：学内諸手続き，学内情報
日本語	：日本語習得上の問題，日本語学習の機会
心身健康	：精神的健康・不適応，自己のあり方・性格
人間関係	：教員・留学生・日本人学生との関係，異性との関係，学外者との関係
交流関連	：文化交流活動，日本人との交流，留学生会活動
学外トラブル	：事故・事件対応，生活上トラブル，その他トラブル
宿舎関連	：宿舎探し，保証人関係，引っ越し
経済関連	：アルバイト，経済的困難，奨学金情報，生活費学費の工面
入管手続き関係	：入国・再入国，家族呼び寄せ，在留資格関連
日常生活・手続き	：各種手続き，医療関連情報，生活関連情報，家族の生活適応・子育て関連

おいては，単年度データではなく，複数年度をまとめてデータ分析することにした。

記録用紙は，筆者が勤務する以前に用いられていたものとの互換性を保ちつつ，2007年度以降は，より細かな下位カテゴリーを設け（表7-1），内容をより詳細に把握できるように改訂を加えたものである。利用者の属性（名前や所属を明かさない匿名の相談も，本人が希望する場合は受け付ける。したがって，属性が不明のものも含む）記入欄，相談内容の概要記述欄が設けられている。さらに相談内容と対応の仕方について，対応を行った相談員が分類カテゴリーの中から選択を行う。日付順にファイリングし，相談員内での相談内容の引き継ぎや共有に用い，その後前述のように匿名データ化して保存している。

一回の相談で，複数の領域にわたる内容が相談されることは珍しくないが，なるべく主たる訴えに基づいて分類を行っている。全く関連性のない問題が語られ，訴えを一つに絞ることが難しい場合，必要に応じて，重み付けをせず複数領域の相談として内容の分類を行った。さらに2007年度1年間は，相談室において行われる対応の多様性・特徴を把握する目的で，相談対応の仕方に関する分析を加えた。井上・伊藤（1998）の示す対応種別を参考に，実際の対応内容を分類可能かどうか相談員内で確認し，最終的に「1. 事務的対応・単純情報提供（学生の希望する情報を提供），2. ガイダンス（問題解決のための助言・提案），3. 解決のための介入（関係者との連絡，交渉，連携），4. カウンセリン

グ的対応」の四つのカテゴリーを用いることとした。このうち，カウンセリング的対応は，学生自らがカウンセリングを希望した場合に加えて，学生が問題を整理し，問題解決に主体的に取り組むプロセスを支援することを目的とした関わりを含む。これらに加えて，交流プログラムへの登録データも分析の対象とする。前述の通り，個別相談に次いで対応時間を要する活動であり，個別相談との相互作用で，単なる交流機会の紹介以上の役割を果たしており，相談室機能の重要な一部を担うものとして位置づけられている。

2.2 分析の流れ
(1) 分析の視点

個別相談の利用者は，大きく分けると例年7割程度の学内関係者，3割の学外者に分けられる。本書では，留学生の利用に焦点を当てるために，学外からの利用者（入学希望者・留学生との交流等の希望者・留学生の採用を希望する企業関係者等），学内の教職員（留学生の問題に関する相談等），並びに留学生ではない学内生を除き，留学生（博士外国人研究員・配偶者等若干名も含む）からの相談のみを分析の対象とする。

データ分析の視点としては，利用パターンの把握とその多様性を明らかにすることを重視し，中でも出身地域によるパターンに注目した。その理由としてまず挙げられるのは，研究3で示した通り，相談資源の利用に対する認識に，出身地域による相違がみられることである。さらに留学のプッシュ要因，日本側の留学生受け入れ戦略（プル要因）のいずれも，出身国・地域ごとに独自の特徴がみられ，バックグラウンドを共有する学生の来日経緯は共通性が高い場合が少なくない。たとえば，来日者のほとんどが「国費外国人留学生」か，それに準ずるような日本側の奨学金受給者である国もあれば，私費留学生が中心の国もある。母国の経済的豊かさの差は言うまでもなく，母国で日本語教育を受ける機会，在留管理上の問題や卒業後の進路選択の幅も，国により異なる事情がみられる。したがって出身地域を分析単位とすることは，学生支援について考えるうえで，現実的なスタートラインであるといえる。加えて，言語を共有する学生集団を介入の単位とすることは，サービス提供の形態の検討において合理的でもある。また研究3同様に，事前把握が可能な属性要因であり，先

行研究においては援助資源利用への影響が示唆されている「性別」についても，分析の際には注目した。

(2) 分析の時期

分析は2期に分けて行った。第一期の分析は，2005〜07年度の相談室利用者データ[4]を対象として，2008年に行った。この結果は，その後の相談室活動においてサービスを改善していく際の基礎的なデータとした。2013年には，第二期分析を2008〜12年度の相談室利用者データを対象に行った。さらに2013年には，全期間（2005〜12年度）を通じての特徴と2期間の比較による相談室利用状況の変容について分析を行った。異なる時期においてデータを分析することにより，最初の段階の分析を踏まえた介入を行い，さらにそれがどのような成果を生んだかを検討していくことができる。さらに，この間に生じた実践の場や留学生受け入れの環境変容が，留学生の相談資源利用状況にどのように影響している可能性があるか，留学生と相談室とを取り囲む環境要因を含めた検討が可能となった。

第3節　留学生の相談室利用の特徴

3.1　利用者の特徴

2005〜12年度の個別相談のうち，留学生（ポスドク外国人研究員，留学生・研究員の配偶者を含む）からの相談の合計（延べ件数）は1万6711件であった。年度ごとの推移は図7-1に示す。匿名での相談が可能であることや，相談対応上必須ではない場合，属性データを細かく確認しないことから，同一人物の複数回利用を正確に把握していない。したがって利用者実数を示すことはできないが，全体的な利用状況の推移は延べ件数から推し量ることが可能である。

表7-2には，第一期・第二期の在籍留学生について，それぞれの出身地域の学生が占める割合（在籍者％）を示し，利用者数に占める割合（利用者％）とのずれをカイ二乗検定で確認した。

第一期において，利用者に占める割合が，在籍者に占める割合より高いのが，南アジア，中南米，欧米，中東アフリカ出身者であった。一方，東アジア，東南アジア出身者は，在籍者割合と照らすと利用者数に占める割合が小さかった。

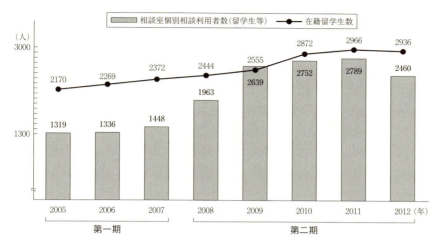

図7-1　留学生在籍者数と相談室利用者数（延べ件数）推移（2005〜12年度）

　第二期においては，南アジア，中東アフリカ出身者の，在籍者割合に対する利用者比率の割合の高さは変化しなかったが，中南米，欧米出身者は在籍者と利用者の割合のずれが消失した。東アジア出身者の利用者に占める割合は，在籍者に占める割合より第二期においても低いが，第一期と第二期を比較すると，利用者割合が増加（44.2%⇒54.2%）した。

　交流プログラム登録者は，第一期では，各地域出身者の在籍者に占める割合と，登録者中の地域別割合に大きなずれはみられなかったが，第二期においては，東アジアは，登録者割合が在籍者の割合よりも高くなり，他の地域は相対的に登録者の割合が減少した。在籍者に占める割合が圧倒的に大きい東アジアの留学生の動向にこうした結果は影響を受けやすいが，大まかな相談室利用者の内訳を知ることは可能であろう。

　利用者の性別は，2005年度，06年度には正確に記録が残されていなかったため，07年度から12年度までを対象とした。また属性について記録がないもの，メールのみを利用した相談のため性別が判明していないものなどが2割弱あるため，性別が示されているもののみ扱った。利用者が男女混合の場合，主たる利用者，学内所属者を優先して記録したが，それ以外の40件については性別の分析から除外した。結果，個別相談の利用者数の男女比は，概ね在籍者

表 7-2　相談室利用状況（出身地域別相談・プログラム登録率）(2005 ～ 12 年度)

			東アジア	東南アジア	南アジア	中南米	欧米	中東アフリカ	不明	合計
第一期 05～07 年度	在籍者	A 在籍者数(05～07 年度/3)	1357	357	112	68	249	75		2218
		a 在籍者(%)	(61.2)	(16.1)	(5.0)	(3.1)	(11.2)	(3.4)		(100)
	相談室利用者	B 利用者数(05～07 年度)	1625	433	469	200	615	337	424	4103
		b 利用者(%)B/4103	(39.6)	(10.6)	(11.4)	(4.9)	(15.0)	(8.2)	(10.3)	(100)
		b′出身地域中(%)B/3679	(44.2)	(11.8)	(12.7)	(5.4)	(16.7)	(9.2)	=	=
		利用者%：在籍者%	<***	<***	>***	>***	>***	>***		***
	交流プログラム登録者	C 登録者数(05～07 年度)	369	93	35	22	70	25		614
		c 登録者(%)C/614	(60.1)	(15.2)	(5.7)	(3.6)	(11.4)	(4.1)		(100.0)
		登録者%：在籍者%	n.s.	n.s.	n.s.	n.s.	n.s.	n.s.		
第二期 08～12 年度	在籍者	D 在籍者数(08～12 年度/5)	1695	399	140	82	338	95		2749
		d 在籍者数(%)	(61.7)	(14.5)	(5.1)	(3.0)	(12.3)	(3.4)		(100)
	相談室利用者	E 利用者数(08～12 年度)	6067	1251	1018	460	1490	915	1401	12602
		e 利用者(%)E/12602	(48.1)	(9.9)	(8.1)	(3.7)	(11.8)	(7.3)	(11.1)	(100.0)
		e′出身地域中(%)E/11201	(54.2)	(11.2)	(9.1)	(4.1)	(13.3)	(8.2)		
		利用者%：在籍者%	<***	<***	>***	n.s.	<***	>***		
	交流プログラム登録者	F 登録者数(08～12 年度)	625	97	12	24	65	27		850
		f 登録者(%)F/850	(73.5)	(11.4)	(1.4)	(2.8)	(7.6)	(3.2)		(100.0)
		登録者(%)：在籍者(%)	>**	<*	<***	n.s.	<***	n.s.		

$b' = B/4103 - 不明(424)$　　$e' = E/12602 - 不明(1401)$　　***$p<.001$　　**$p<.01$　　*$p<.05$

の例年の割合である 6：4 に重なった。また，交流プログラム登録者（2005 ～ 12 年度：性別の記録に不備のあるデータを除く）は男性 6134 名（56.3%），女性 4761 名（43.7%）であり，こちらも男女比は概ね在籍者のものと一致した。

3.2　相談内容の全体的な傾向

表 7-3 に時期，出身地域ごとにそれぞれの領域の相談の件数を示した。まず時期・出身地域にかかわらず，全体的な傾向を検討する。表 7-3 の表中，合計の欄に網かけで示す部分が，2005 ～ 12 年度のそれぞれの領域における相談件数の延べ数である。

［進路・就職］関連の相談が最も多く，4 分の 1 を占める。［学位・勉学遂行］の相談は，教員の研究指導への不満や，学業内容への興味の喪失，学位取得の見込みが立たないことへの不安に関する相談など，研究環境への不適応に関するものが中心であり，解決が容易ではないものが多い。進路関連の相談は，将来の計画に対する前向きな相談と，［学位・勉学遂行］の問題を抱えた学生の

第7章　留学生支援サービスの実践事例

将来に対する迷いや，学業継続が困難な事情に直面した学生の進路変更に関する相談，就職活動の過程で生じる不安・自信喪失等の相談とを含んでいる。

　［学内情報・手続き］は，単純な情報確認の場合も多いが，進路変更を目的とした研究室変更の手続きや，休学・退学等の手続き問い合わせも含む。この場合，対応の中で背景にある進路や勉学遂行の問題が明らかになっていくことも少なくない。進路・就職や，研究・学業，さらにその手続きに関する相談を含めると，学業・進路関係の相談が全体の3割を超える。

　続いて多いのが，日本人との交流機会，各種交流イベントに関する情報収集・問い合わせ，あるいは自らイベントを企画し，交流機会を作り出すことに関する［交流関連］の相談である。さらに，教員や研究室の同級生とのコミュニケーションの持ち方の問題，学内外での異性関係の問題，孤立や友人ができないといった対人関係の形成に関する問題など，［人間関係］の相談がみられる。［人間関係］の問題は，関係をつくったり維持したりすることに関する悩みであるのに対して，［交流関連］は，関係形成に向けた積極的な働きかけ・試みであり，どちらも留学中の対人的交流の側面に関連している。孤独感や既存の人間関係に対する不満足感に対して，学生なりの問題解決の方法として，交流活動への参加が図られることも少なくない。こうした［人間関係］［交流関連］の相談を合計すると，全体の2割を占める。学業や進路，対人交流に関する相談は，日本人学生にとっても学生相談の場における主要なテーマであるが，留学生においても同様に，この二つの領域の相談は重要であり，全相談の約半分を占めていた。

　これらの領域以外は，主に日常生活を成り立たせることに関した生活面の相談であるといえる。中でも［日常生活・手続き］（16.4％）のサポートを求めた来室が数的には多い。家族連れの学生が少なくないことから，妊娠・出産に関する手続きや病院探し，保育園・幼稚園関連の手続きも目立つ。［宿舎関連］［入管手続き関連］［経済関連］は，生活の基盤に関わる問題であるが，それぞれ3～5％，合計で15％程度を占める。生活関連の相談のうちトラブル化した後の相談は［学外トラブル］に分類されている。対応件数としては2％に留まっているが，学生が巻き込まれた学外でのトラブルの解決は，トラブルの相手方や保険会社・警察，不動産会社等との連絡の手伝いや，消費生活センター・

表 7-3（1） 出身地域・分析の時期による個別相談内容の割合の比較

出身地域	進路・就職 05〜07年度	08〜12年度	合計	χ^2 $df=1$	有意確率	学位・勉学遂行 05〜07年度	08〜12年度	合計	χ^2 $df=1$	有意確率
東アジア	439 27.0%	2344 38.6%	2783 36.2%	74.72	***	52 3.2%	123 2.0%	175 2.3%	7.94	**
東南アジア	87 20.1%	320 25.6%	407 24.2%	5.28	*	10 2.3%	12 1.0%	22 1.3%	4.55	*
南アジア	46 9.8%	171 16.8%	217 14.6%	12.59	***	8 1.7%	33 3.2%	41 2.8%	2.83	n.s.
中南米	21 10.5%	92 20.0%	113 17.1%	8.87	**	6 3.0%	44 9.6%	50 7.6%	8.58	**
欧米	74 12.0%	417 27.9%	491 23.3%	61.73	***	27 4.4%	54 3.6%	81 3.8%	0.70	n.s.
中東アフリカ	23 6.8%	136 14.8%	159 12.7%	14.31	***	40 11.9%	73 8.0%	113 9.0%	4.57	*
不明	26	230	256			5	14	19		
合計	716 17.5%	3710 29.4%	4426 26.5%	139.50	***	148 3.6%	353 2.8%	501 3.0%	6.50	*

出身地域	日本語 05〜07年度	08〜12年度	合計	χ^2 $df=1$	有意確率	学内情報・手続き 05〜07年度	08〜12年度	合計	χ^2 $df=1$	有意確率
東アジア	174 10.7%	520 8.6%	694 9.0%	7.16	**	114 7.0%	200 4.1%	314 4.9%	21.78	***
東南アジア	31 7.2%	67 5.4%	98 5.8%	1.91	n.s.	41 9.5%	53 5.0%	94 6.3%	10.13	**
南アジア	16 3.4%	22 2.2%	38 2.6%	2.02	n.s.	31 6.6%	31 3.5%	62 4.6%	6.92	**
中南米	19 9.5%	25 5.4%	44 6.7%	3.70	n.s.	18 9.0%	34 9.1%	52 9.1%	0.00	n.s.
欧米	59 9.6%	111 7.4%	170 8.1%	2.72	n.s.	64 10.4%	53 4.6%	117 6.6%	6.92	**
中東アフリカ	23 6.8%	36 3.9%	59 4.7%	4.60	*	31 9.2%	48 6.9%	79 7.6%	1.76	n.s.
不明	59	90	149			81	137	299		
合計	381 9.3%	871 6.9%	1252 7.5%	21.50	***	380 9.3%	556 5.5%	936 6.6%	120.40	***

出身地域	心身健康 05〜07年度	08〜12年度	合計	χ^2 $df=1$	有意確率	人間関係 05〜07年度	08〜12年度	合計	χ^2 $df=1$	有意確率
東アジア	20 1.2%	209 3.7%	229 3.2%	25.85	***	69 4.2%	171 3.1%	240 3.4%	5.10	*
東南アジア	3 0.7%	30 2.6%	33 2.1%	5.75	*	8 1.8%	44 3.9%	52 3.3%	4.09	*
南アジア	2 0.4%	78 8.0%	80 5.6%	34.92	***	6 1.3%	67 7.1%	73 5.2%	21.72	***
中南米	7 3.5%	82 18.4%	89 13.8%	25.76	***	10 5.0%	47 11.3%	57 9.3%	6.38	*
欧米	30 4.9%	172 12.2%	202 10.0%	34.92	***	55 8.9%	77 5.9%	132 6.8%	6.27	*
中東アフリカ	3 0.9%	37 4.2%	40 3.3%	8.50	**	11 3.3%	20 2.3%	31 2.6%	0.81	n.s.
不明	4	15	19			1	20	21		
合計	69 1.7%	623 5.3%	692 4.4%	77.50	***	160 3.9%	446 3.9%	606 3.9%	0.80	n.s.

***$p<.001$　**$p<.01$　*$p<.05$

第7章 留学生支援サービスの実践事例

表7-3（2） 出身地域・分析の時期による個別相談内容の割合の比較

出身地域	交流関連 05～07年度	08～12年度	合計	χ^2 $df=1$	有意確率	学外トラブル 05～07年度	08～12年度	合計	χ^2 $df=1$	有意確率
東アジア	202 12.4%	1129 18.6%	1331 17.3%	34.10	***	42 2.6%	98 1.6%	140 1.8%	6.44	*
東南アジア	53 12.2%	291 23.3%	344 20.4%	24.04	***	3 0.7%	44 3.5%	47 2.8%	9.57	**
南アジア	60 12.8%	354 34.8%	414 27.8%	77.23	***	23 4.9%	16 1.6%	39 2.7%	13.51	***
中南米	33 16.5%	42 9.1%	75 11.4%	7.52	***	5 2.5%	5 1.1%	10 1.5%	1.85	**
欧米	58 9.4%	252 16.9%	310 14.7%	19.31	***	13 2.1%	30 2.0%	43 2.1%	0.01	n.s.
中東アフリカ	55 16.3%	238 26.0%	293 23.4%	12.84	***	3 0.9%	34 3.8%	37 3.0%	7.05	**
不明	55	250	305			2	9	11		
合計	516 12.6%	2556 20.3%	3072 18.4%	87.20	***	91 2.2%	236 1.9%	327 2.0%	1.90	n.s.

出身地域	宿舎関連 05～07年度	08～12年度	合計	χ^2 $df=1$	有意確率	経済関連 05～07年度	08～12年度	合計	χ^2 $df=1$	有意確率
東アジア	124 7.6%	141 2.6%	265 3.7%	90.17	***	112 6.9%	132 2.4%	244 3.4%	76.20	***
東南アジア	38 8.8%	47 4.2%	85 5.4%	12.91	***	30 6.9%	65 5.8%	95 6.1%	0.73	n.s.
南アジア	36 7.7%	21 2.2%	57 4.0%	23.96	***	117 24.9%	50 5.3%	167 11.9%	115.37	***
中南米	19 9.5%	7 1.7%	26 4.2%	20.28	***	16 8.0%	8 1.9%	24 3.9%	13.22	***
欧米	67 10.9%	55 4.2%	122 6.4%	31.03	***	53 8.6%	42 3.3%	95 5.0%	25.06	***
中東アフリカ	49 14.5%	47 5.5%	96 8.1%	26.43	***	35 10.4%	24 2.9%	59 5.0%	28.40	***
不明	28	102	130			23	61	84		
合計	361 8.8%	420 3.7%	781 5.0%	184.30	***	386 9.4%	382 3.4%	768 5.0%	254.20	***

出身地域	入管手続き関連 05～07年度	08～12年度	合計	χ^2 $df=1$	有意確率	日常生活・手続き 05～07年度	08～12年度	合計	χ^2 $df=1$	有意確率
東アジア	85 5.2%	130 2.1%	215 2.8%	45.05	***	192 11.8%	870 14.3%	1062 13.8%	21.42	***
東南アジア	39 9.0%	69 5.5%	108 6.4%	6.53	*	90 20.8%	209 16.7%	299 17.8%	3.66	n.s.
南アジア	37 7.9%	44 4.3%	81 5.4%	7.93	**	87 18.6%	131 12.9%	218 14.7%	8.29	**
中南米	14 7.0%	7 1.5%	21 3.2%	13.58	***	32 16.0%	67 14.6%	99 15.0%	0.23	n.s.
欧米	49 8.0%	31 2.1%	80 3.8%	41.36	***	66 10.7%	196 13.1%	262 12.4%	2.31	n.s.
中東アフリカ	12 3.6%	14 1.5%	26 2.1%	5.01	*	52 15.4%	208 22.7%	260 20.8%	7.93	**
不明	18	49	67			122	424	546		
合計	254 6.2%	344 2.7%	598 3.6%	98.50	***	641 15.6%	2105 16.7%	2746 16.4%	1.90	n.s.

***p<.001　**p<.01　*p<.05

法律相談等の学外のサービスの利用などが必要な場合も多く，窓口での相談対応では収まらず，また短期間に集中的に対応する必要性が高いことが特徴である。学生の日本語力や制度的知識の不足から，生活に関する相談は，情報提供に留まらないソーシャルワーク的なサポートを必要とするものが多いといえる。

［日本語］の相談は，単独で7.5％を占めている。日本語を上達させたいという訴えは，背景要因が多様である。たとえば日本語力不足によって就職活動がうまくいかない，対人関係が悪化している等の訴えがあった場合に，相談内容を［日本語］と分類するのか，あるいは［進路・就職］や［人間関係］の相談と分類するのかは判断が難しい場合もある。主に日本語の学習機会についての情報提供が中心の場合に［日本語］への分類を行っている。

学業・進路や対人関係と並んで，心理的困難の訴えは，通常の学生相談における中心的な対応領域である。しかしながら心理面の困難を主訴とする相談［心身健康］の占める割合は，学習面や生活面の相談と比較すると少なく，全体の4％程度であった。ただしこの相談領域は後述の通り，増加傾向を示す領域である。

3.3 相談内容の時期による変化

表7-3には，領域ごとの割合の時期による変化を検討するため，カイ二乗検定の結果を示した。第一期と第二期で有意な差があり，かつ第二期のほうが増加していたのが（表中淡色の網かけで表示），［進路・就職］（$\chi^2=139.5$　$df=1$ $p<.001$），［心身健康］（$\chi^2=77.5$　$df=1$ $p<.001$），［交流関連］（$\chi^2=87.2$　$df=1$ $p<.001$）であった。これらの領域においては，ほぼすべての出身地域において第一期から第二期にかけての有意な増加がみられた。

第二期目で割合が有意に減少したのは（表中濃色の網かけで表示），［学位・勉学遂行］（$\chi^2=6.5$　$df=1$ $p<.05$），［学内情報・手続き］（$\chi^2=120.4$　$df=1$ $p<.001$），［日本語］（$\chi^2=21.5$　$df=1$ $p<.001$），［宿舎関連］（$\chi^2=184.3$　$df=1$ $p<.001$），［経済関連］（$\chi^2=254.2$　$df=1$ $p<.001$），［入管手続き関連］（$\chi^2=98.5$　$df=1$ $p<.001$）であった。中でも，［宿舎関連］［経済関連］［入管手続き関連］においては，ほぼすべての出身地域において有意に減少がみられた。

［人間関係］［学外トラブル］［日常生活・手続き］は，時期による変動は有

意にはみられなかった（表中囲みで表示）。全体として，［宿舎関連］や［入管手続き関連］［経済関連］［学内情報・手続き］などの生活関連の相談が減少し，［進路・就職］［心身健康］［交流関連］の相談の割合の増加が挙げられる。

3.4 出身地域による相談内容の特徴

表 7-4 に示す通り，学生の出身地域別在籍者比率と各相談領域の相談者の比率を比較すると，［就職・進路］と［日本語］［交流関連］［学外トラブル］は，在籍者の比率と相談室利用者の比率の差が小さく，相談室利用の特徴が国によってあまり変わらない相談内容領域である。

一方［学位・勉学遂行］［人間関係］［心身健康］［宿舎関連］［経済関連］は，在籍者比率と利用者比率にずれが示される領域である。そのうち［人間関係］［心身健康］など，いわゆるカウンセリング的な対応を必要とする適応に関連した領域は，中南米・欧米出身者の比率が高い。表 7-3 の通り，相談全体のうち［心身健康］の相談が占める割合は，東アジアは全相談の 3.2％，東南アジア 2.1％，南アジア 5.6％，中南米 13.8％，欧米 10.0％，中東アフリカ 3.3％であり，東アジアや東南アジア，中東アフリカの学生が心理的な問題を主訴として来室する可能性は他の地域の学生よりも低いといえる。［学位・勉学遂行］は，中南米や中東アフリカなど，同地域出身者の少ない地域の相談者比率が高く，東アジア・東南アジアの比率は低い。中南米出身者は全相談のうちの 7.6％，中東アフリカ出身者は 9.0％が，学位・勉学関係の訴えである。また中東アフリカ出身者は，生活面での相談が多いことも特徴であり，同地域出身者からの相談の 20.8％が［日常生活・手続き］関連の相談である。

なお，［学内情報・手続き］［日常生活・手続き］は，窓口での「単純情報提供」から，ソーシャルワーク的な「解決のための介入」までを含む幅広い対応が必要な領域であるが，窓口での単純な情報提供の場合は，相手の属性を確認しない場合が多いため，属性が不明のものが多い。

出身地域による利用パターンの相違は，研究 3 の結果からも示唆されたように，他者から援助を受けることに対する文化的価値，学生の言語力，さらに同国人コミュニティの充実度など，様々な要因を反映していると考えられる。

たとえば，東アジア出身者は，在籍者割合からみると相談室の利用者割合に

表7-4 個別相談内容における出身地域別割合（2005〜12年度総計）

	東アジア	東南アジア	南アジア	中南米	欧米	中東アフリカ	不明	合計
進路・就職	2783	407	217	113	491	159	256	4426
	62.9%	9.2%	4.9%	2.6%	11.1%	3.6%	5.8%	100.0%
学位・勉学遂行	175	22	41	50	81	113	19	501
	34.9%	4.4%	8.2%	10.0%	16.2%	22.6%	3.8%	100.0%
学内情報・手続き	314	94	62	52	117	79	218	936
	33.5%	10.0%	6.6%	5.6%	12.5%	8.4%	23.3%	100.0%
日本語	694	98	38	44	170	59	149	1252
	55.4%	7.8%	3.0%	3.5%	13.6%	4.7%	11.9%	100.0%
心身健康	229	33	80	89	202	40	19	692
	33.1%	4.8%	11.6%	12.9%	29.2%	5.8%	2.7%	100.0%
人間関係	240	52	73	57	132	31	21	616
	39.6%	8.6%	12.0%	9.4%	21.8%	5.1%	3.4%	100.0%
交流関連	1331	344	414	75	310	293	305	3072
	43.3%	11.2%	13.5%	2.4%	10.1%	9.5%	9.9%	100.0%
学外トラブル	140	47	39	10	43	37	11	327
	42.8%	14.4%	11.9%	3.1%	13.1%	11.3%	3.4%	100.0%
宿舎関連	265	85	57	26	122	96	130	781
	33.9%	10.9%	7.3%	3.3%	15.6%	12.3%	16.6%	100.0%
経済関連	244	95	167	24	95	59	84	768
	31.8%	12.4%	21.7%	3.1%	12.4%	7.7%	10.9%	100.0%
入管手続き関連	215	108	81	21	80	26	67	598
	36.0%	18.1%	13.5%	3.5%	13.4%	4.3%	11.2%	100.0%
日常生活・手続き	1062	299	218	99	262	260	546	2746
	38.7%	10.9%	7.9%	3.6%	9.5%	9.5%	19.9%	100.0%
合計	7692	1684	1487	660	2105	1252	1825	16705
	46.0%	10.1%	8.9%	4.0%	12.6%	7.8%	11.4%	100.0%
年間在籍者数平均※	1568	383	129	76	304	87	=	2547
	61.5%	15.0%	5.1%	3.0%	11.9%	3.4%	=	100.0%

☐ 利用者比率＞在籍者比率　　☐ 利用者比率＜在籍者比率

※2005〜12年度（8年）の在籍者を合計し，8で除したもの。小数点以下切り捨て。

占める比率は低いが，一方で交流プログラムへの参加者割合は高い。相談室利用者比率の，在籍者と比較した際の低さは，東アジア出身者が比較的豊富な同国人コミュニティに囲まれていることによって説明できよう。東アジア出身者にとって，同国出身者から得られる情報や，各種サポートは重要な機能を果たしているといえる。就職・学業関連・日本語習得・日本人との交流に関する相

談室利用者が多いことは，これらの領域が，同国人からのサポートでは代替できない領域であり，かつ他者に相談する際に抵抗感が生じにくい内容であるといった説明が可能であろう。さらに，水野（2003）は，東アジア出身の留学生の特徴として，学習領域の問題を同国人留学生に相談することは自尊心にとって脅威となりやすいことを指摘している。進路や就職に関する問題も，同様に同国人同士の競い合いの側面が強い領域であることから，こうした東アジア出身学生の特徴も，就職や修学に関わる問題を大学に相談する傾向を後押ししている可能性がある。

　第二期においては，就職・進路相談を目的とした来室者は，同地域出身の相談室利用者の4割近くを占めた。一方，人間関係や，心身健康に関わるような問題を主訴として，カウンセリングを希望して来室する学生の割合は，他地域出身者と比較すると限られている。こうした利用傾向は，先行研究において示される，東アジア出身者の特徴と概ね重なる。

　東南アジア出身者は，東アジア同様相談室の利用者割合が在籍者割合に比べて少ない。また第二期では，交流プログラム登録者も減少している。東アジア出身者と比較すると，日本語力の低い人が多く，英語による受け入れ体制の整備に伴って，日本語での会話を行うことを中心とした交流プログラムへの参加要件を満たさない層（日本語を学ぶ予定のない学生）が以前より増えていることも考えられる。また，第一期・第二期を比較すると，手続き関連の相談は減少している。これについては，基本的なインフラの整備（学内の英語による情報提供環境の改善を含む）により，生活関連の問題に学生が自己対処することが容易になってきたこと，東南アジア地域において新たに複数の留学生会が立ち上がったことによりコミュニティの形成が進んだこと，さらにSNS等の発達が仲間内の情報共有を活発化していることなどが影響していると考えられる。

　欧米・中南米出身者は，集団としてのサイズが小さいことに加えて，留学生会等の設立・維持に対してアジア圏の学生に比べると関心が薄く，出身地域を中心としたコミュニティの機能が相対的に弱い。こうした特徴を踏まえたうえで，当該地域出身者の全体的傾向を相談室利用状況の中でみていくと，カウンセリングを希望して自主来室する学生の存在が特徴の一つとして挙げられ，相談内容のうち人間関係・心身健康を主訴とする学生の割合が相対的に高い。第

二期にかけてその傾向はさらに強まっている。

　南アジアや，中東アフリカ出身者は，第一期，第二期ともに，相談室利用者の割合が，在籍者の割合よりも高くみられた。生活関連の相談が比較的多く，また中東アフリカ出身者は，学位・勉学遂行関係の割合も高い。生活面の相談の多さは，同国人コミュニティ内で得られるサポートの限界，当該地域出身者の全体的な日本語力の低さが反映されていると思われる。学位・勉学に関連した相談は，学位取得に向けた指導に対する不安・不満が含まれることが多い。文化差や教育システムの相違に起因する問題が語られることも少なくない。なお学位・勉学に関連した相談の割合は，中南米出身者にも高くみられる。

　Ward & Chang（1997）は，異文化への適応のうち，そのホスト文化のやり方に合わせていくには，文化特定のスキルの獲得が求められると指摘する。こうしたスキルの習得には，ホスト文化に詳しい同国出身者から得られる情報や助言は貴重であり，中東アフリカや中南米出身者が，研究環境への適応に課題を抱えて相談に訪れる背景には，同輩から得られる助言・情報の少なさが関連している可能性があろう。

　南アジア出身者は，第一期には，経済的問題の相談が多かったが，第二期には相対的に減少がみられる。生活の基盤に関わる相談の減少とともに，相談の内訳が，対人関係や，心身健康・適応，交流に関連するものに移行している点は，他の集団にも通ずるが，南アジア出身者に最も顕著である。

3.5　性別による相談内容の特徴

　性別により相談される内容にばらつきがあるかどうかを，カイ二乗検定を行い確認した結果（表7-5），利用者における比率の差（男：女 = 56.3：43.7）よりも，女性の利用者比率が有意に高かった項目は，［進路・就職］（$\chi^2=8.18$　$df=1$　$p<.01$），［人間関係］（$\chi^2=62.29$　$df=1$　$p<.001$）であり，男性の利用者比率のほうが高かった項目は［交流関連］（$\chi^2=28.77$　$df=1$　$p<.001$），［入管手続き関連］（$\chi^2=9.38$　$df=1$　$p<.01$）であった。その他の領域においては性別による利用者比率に有意な差はなかった。

　大学院で学ぶ留学生の場合，女性は年齢的に職業選択と結婚・出産等の発達課題とが重なりやすいことが，女性のほうが［進路・就職］の相談に至りやす

第 7 章　留学生支援サービスの実践事例

表 7-5　個別相談の内容（性別による割合の差）

	男性 $N=6134$ (56.3%)	女性 $N=4761$ (43.7%)	合計 $N=10,895$ (100.0%)	χ^2 $df=1$	有意確率
進路・就職	1146 53.0%	1018 47.0%	2164 100.0%	8.18	**
学位・勉学遂行	239 58.2%	172 41.8%	411 100.0%	0.55	n.s.
学内情報・手続き	348 55.8%	276 44.2%	624 100.0%	0.07	n.s.
日本語	475 55.4%	383 44.6%	858 100.0%	0.29	n.s.
心身健康	383 59.6%	260 40.4%	643 100.0%	2.63	n.s.
人間関係	189 38.3%	305 61.7%	494 100.0%	62.29	***
交流関連	1396 62.5%	839 37.5%	2235 100.0%	28.77	***
学外トラブル	122 50.6%	119 49.4%	241 100.0%	3.09	n.s.
宿舎関連	290 60.0%	193 40.0%	483 100.0%	2.63	n.s.
経済関連	256 57.7%	188 42.3%	444 100.0%	0.32	n.s.
入管手続き関連	238 64.3%	132 35.7%	370 100.0%	9.38	**
日常生活・手続き	1052 54.6%	876 45.4%	1928 100.0%	2.01	n.s.

性別が判明しているデータ，07～12年度対象　***$p<.001$　**$p<.01$　*$p<.05$

い理由の一つとして考えられる。日本で就職するかどうかという問題においても，パートナーを得ることや，結婚相手・結婚年齢等に関して母国家族の期待との間で葛藤が生じやすい。［人間関係］においては，女性の場合は親しい知人，恋人等との関係性や，研究室の中でのトラブルなどの相談がよくみられる。こうした個人的な悩みを他者に開示することに対して，女性のほうが心理的抵抗を感じにくい可能性もある。［交流関連］の相談が男性に多いことは，関係形成が研究室等で進まない場合に，孤立や孤独という相談としてではなく，交流プログラムや学生活動などを通じて交流機会を得たり，あるいは交流の場を

つくったりすることで解決を図ろうとする男子学生が多いことなどが関連している可能性がある。［入管手続き関連］の相談が男性に多いのは，男性が先に来日し，母国から配偶者・子どもを呼び寄せるケースが多いことなどが関連していると思われる。

　相談される領域にはこうした性差が示されており，課題となりやすい領域や，相談しやすい内容には性別による特徴が影響する可能性はある。ただし，全体的傾向としては，在籍者の男女比を概ね反映した相談室利用がなされている。研究3においても，学生相談資源の認知や利用において男女差はみられなかったことから，大学内の相談資源の利用においては，全般的には性別による差はさほど大きくないと考えられる。

3.6　相談対応の特徴

　2007年度の相談対応の内訳は，1．事務的対応・単純情報提供（39.4％），2．ガイダンス（39.4％），3．解決のための介入（13.7％），4．カウンセリング的対応（7.2％），その他・不明（0.4％）であった。情報取得目的，問題解決のための情報や手段についての助言を求める相談が多く，問題解決型の対応が中心である。これらは概ね先行研究において指摘されてきた日本の留学生相談の特徴と重なる。

　ただし特定の相談対応方法のみで対応可能な相談内容領域はなく，いずれの相談内容であっても，表7-6に示すように，様々な対応方法を使い分ける必要がある。そのうち，カウンセリング的対応は，心身健康に関する問題を中心に行われているが，学位・勉学遂行，人間関係領域における問題への対応時にも用いられている。また心身健康や人間関係の領域においても，解決のための介入や，ガイダンス的な関わりが行われる場合がある[5]。こうした対応方法の選択は，問題内容の査定と同時に，留学生側の抵抗感も考慮に入れながら行われるものである。たとえば，枠を設定して継続的なカウンセリングを行うことが最適であると相談員側が考えても，学生がそれを希望しない場合は選択肢となりえない。学生の特徴に合わせて，多様なアプローチを選択することが可能であることは，A大学の留学生相談の大きな特徴・強みである。

表7-6　相談対応方法：2007年度1年間の対応件数（%）

相談内容	相談対応方法					
	事務・単純情報提供	ガイダンス	解決のための介入	カウンセリング的対応	その他・不明	合計
進路・就職	58 (22.6)	155 (60.3)	21 (8.2)	22 (8.6)	1 (0.4)	257
学位・勉学遂行	16 (17.0)	36 (38.3)	17 (18.1)	23 (24.5)	2 (2.1)	94
学内情報・手続き	73 (49.0)	45 (30.2)	28 (18.8)	3 (2.0)	0 —	149
日本語	52 (44.1)	55 (46.6)	10 (8.5)	1 (0.8)	0 —	118
心身健康	13 (27.7)	6 (12.8)	5 (10.6)	23 (48.9)	0 —	47
人間関係	9 (14.1)	30 (46.9)	5 (7.8)	19 (29.7)	1 (1.6)	64
交流関連	105 (64.0)	41 (25.0)	17 (10.4)	0 —	1 (0.6)	164
学外トラブル	1 (10.0)	3 (30.0)	6 (60.0)	0 —	0 —	10
宿舎関連	41 (36.0)	49 (43.0)	23 (20.2)	1 (0.9)	0 —	114
経済関連	49 (44.1)	50 (45.0)	11 (9.9)	1 (0.9)	0 —	111
入管手続き関連	20 (24.1)	42 (50.6)	10 (12.0)	11 (13.3)	0 —	83
日常生活・手続き	133 (56.1)	58 (24.5)	45 (19.0)	0 —	1 (0.4)	237
合計	570 (39.4)	570 (39.4)	198 (13.7)	104 (7.2)	6 (0.4)	1448

第4節　留学生のニーズに対応した実践活動の展開

　留学生相談室の利用の全体的な特徴と，それぞれの出身地域ごとの大まかな特徴とを示してきた。また第一期と第二期の比較により，相談される内容が全般的に変化していることが明らかとなった。以下では，変化の背景をより詳細にみていくために，まずは第一期分析によって明らかとなった留学生の相談室利用の特徴について考察を加え，さらにそれが2008年以降の留学生相談室の実践にどのように活かされていったかを示す。

4.1　第一期分析より明らかになったこと

　第一期の分析結果からは，学生は進路や学業に関連した問題や，日常生活で生じた問題に関して，解決につながる助言や具体的な手助けを求めて来室することが多いことが明らかとなり，予約が不要でいつでも相談できる体制は，こうした学生のニーズに合致していると考えられた。また，東アジアや東南アジア出身者は，生活関連の相談割合が在籍者の割合に比べて低かったことから，

同地域出身者が多い場合は，仲間内での情報共有によって，生活面の基本的な情報取得が可能であると考えられた。このことは援助の際に，学生が有するソーシャルサポートネットワークの充実度，機能を踏まえたアプローチが重要であることを示唆している。

　進路・就職に関する相談を行うことや，交流プログラムに参加することは，いずれの地域の学生にとってもニーズが高く，そうした目的での来室に対しては，学生はさほど抵抗を感じないと考えられた。対して，心身健康に関する悩みを主訴とする来室は限られており，相談室の機能が十分に理解されていない可能性とともに，学生側にそうした問題で来室することへの心理的抵抗感が存在することが考えられた。

　また交流プログラムは，出身地域により利用されやすさに差がなかったことから，「日本人との交流による日本語力の上達・日本社会の理解促進」というプログラム本来の機能に加えて，登録のための来室が相談室のアクセシビリティを向上させるという，プログラムの持つ付加的な機能が明らかとなった。

　個別相談と交流プログラムという，異なる機能を持つ援助サービスを同じ場所で実施すること，つまり相談室が個別相談以外の機能を持っていることが，来室型のサービスと学生をつなぐうえで有効であると考えられた。分析からみえてきたこうした留学生相談室の特徴は，日々の実践の中で相談員として留学生と関わる中で漠然と実感されることではあるが，数年分のデータをまとめて分析し，その傾向を把握することは，日常的な援助の場での経験知を確認するとともに，確信をもってそれを踏まえた新たな取り組みを行うことを可能にする。第一期から得られた知見をもとに，第二期においては，留学生との接点を増やすこと，接点の持ち方は留学生の出身地域により異なる可能性があることをより意識した日常的な学生との関わりを心がけ，さらに接点を増やすための新たな働きかけを行っていった。

4.2　第一期分析を踏まえた取り組み
(1) 学生集団と相談室とを結びつける接点を増やす

　学生集団を介した相談機関とのつながりが可能となるように，学生集団と相談室の接点を増やすような取り組みを行った。すでに活動していた留学生会に

加えて，新たな団体の設立支援を行い，日常的にも活動を後方から支援した。また，留学生会とのやりとりの過程で，学生会活動を継続するうえで生じる学内制度・諸手続きの留学生にとってのわかりにくさ，学生活動が学生の出身国コミュニティで担う役割や，大学と学生団体の関係性に関する国による期待の相違などについて相談室側の理解が深まっていった。留学生会活動が活発化し，同国・同地域出身の学生間のネットワークが強化されることは，特に来日したばかりの留学生の新生活への適応に大きな役割を果たしていた。ただし，SNSやメーリングリスト等を通じて仲間内の情報共有を活発に行い互助的なサポート機能を強く持つ学生会もあれば，そうした機能の弱い学生会もあった。また，組織運営の仕方も留学生会ごとに大きく異なっており，当該地域出身の在籍者の大半がメンバーとして積極的に関与し，役割分担が明確なフォーマルな学生会を形成するケースもあれば，学生個々が留学生会との距離を選択する国・地域もみられた。出身国の政情や来日者層の特徴にも，留学生会の性質は影響を受けていた。こうした各団体の持つ特徴を尊重しながら，相談室と留学生会との関係を構築し，当該国・地域の学生たちと間接的なつながりを形成していった。

(2) 学生個人と相談室を結びつける接点を増やす

学生が保有するインフォーマルなネットワークの質量は同一ではないが，最低限必要な情報や支援は，すべての学生にとって入手可能な状態が理想である。大学の提供する相談資源の役割の一つは，そうした最低限必要な情報・支援の保障であろう。また，留学生会等の出身国コミュニティの資源に依存しない，学生個人と相談室との直接的な接点があることが望ましく，そのための方策として，情報周知の手段の多角化に取り組んだ。

学生との接点を，入学後なるべく速やかに形成するために，2008年秋より，新入留学生対象の入学時生活オリエンテーションを開始した。さらに相談室リーフレットの作成配布（2008年～），留学生向けに配布されるハンドブックに掲載される，相談室の案内文章の見直し，ポスターの学内掲示，相談室のウェブサイトの多言語化等を進めた。また英語に加え，中国語を併記することで，多言語対応体制の周知を図った。さらに留学生向けのメールマガジン（日英併記版）をオンラインから常時登録可能とし，発行を定期化（隔週）した。相談室

が知らせたいことだけを一方的に周知するのではなく，リサイクル品情報やアルバイト情報など，学生側の関心の高い情報を掲載することで，メールマガジンの情報としての価値を高め，学生が受信後に内容に目を通すことが習慣化するよう工夫している。

　また，第一期においては，留学生相談室の案内を行う際には，「よろず相談・なんでも相談」的な特徴を強調していたが，この方法が，相談室の持つカウンセリング対応の機能をみえにくくしている一因であると考えられた。したがって，第二期においては，専門的なカウンセリングサービスについても，相談室に関する案内に含めた。

　さらに，第一期において多くの学生に共通したニーズがあると考えられたものについては，個別対応に加えて，集団を対象とした事業を企画・実施した。たとえば，家族同伴者に対して，タイミングよく家族への生活支援が行えるように，家族向けのオリエンテーションの実施や，家族向け支援の案内ポスター・チラシの作成・配布を開始した。さらに英語を教授言語とする専攻・コース等が2008年頃から本格導入され始めたのに対応し，日本語を学ぶ機会のない学生でも参加可能な言語交換プログラムやホームビジットプログラムなど，交流関連のプログラムの拡充を行った。加えて，年々卒業後の日本での就職に関連した相談が増加していく傾向を受け，就職活動支援機能の強化を図った。就職支援ニーズの高まりの背景には，第2章で述べたように高度人材としての留学生獲得に対する産業界の関心の高まり，それに連動した積極的な国の施策と企業の留学生採用の本格化，日本での卒業後の就職に関する留学生側の期待の増加がある。就職に関する相談対応は，すでに2004年以降個別相談の中で行われてきたが，こうした社会的動向を受け，11年以降は就職支援を主に担当する教員のコーディネートのもとで，日本での就職活動全般に関する留学生向けのセミナーや会社説明会を，学内外の資源と連携しながら実施している。

　第二期以降，留学生の就職活動支援機能を強化してきた背景には，このような留学生側のニーズ，社会全体の動きへの対応という側面を持つが，同時に，就職・進路関連の相談は，学生が来室に抵抗を感じにくい領域であることも関連している。つまり，就職支援を通じた学生との接点づくりである。第一期においては，主に交流プログラムや生活相談が担っていた，相談しにくい個人的

な問題への「橋渡し」の役割を，第二期以降は，就職支援の領域も担っているといえる。さらに，第一期には，東アジア圏の学生の相談室利用率の低さがみられたことから，第二期においては，中国語による対応体制の整備を行った。まず，2008年には，新入生オリエンテーションに中国語による通訳者を配置し，09年度からは，中国語母語話者による相談対応を開始した。また，中国出身の相談員を中心に，2010年より，中国語による茶話会を月1, 2回実施し，来室に抵抗感のある学生が相談室に足を向け，相談員の人となりを知る機会を提供している。

第5節 利用されるサービスの構築と今後の課題

5.1 留学生をめぐる状況の変化への対応

第4節で示した通り，第一期において深まった留学生理解を踏まえ，第二期には留学生相談室の活動に新たな取り組みを導入した。第一期から第二期にかけて生じた利用状況の変化は，こうした取り組みを反映しているが，同時に，A大学の留学生受け入れ環境や，留学生支援の実践を取り巻く状況の変化の中で，留学生のニーズや留学生向け相談室の学内での位置づけが変化したことの影響も大きいと考えられる。相互に影響し合う要因・次元間の関係の中で，特定の要因と留学生の相談室利用状況の間に直線的な因果関係を求めることは難しい。ただし，相談室利用者データと，この間生じた留学生を取り巻く状況の変化との両方を検討し，変化の生じている状況を全体的に記述することで，その現象理解を深めることは可能であろう。

第一期においては，生活課題の解決や日本語の問題など，田中（1993）の分類に沿えば周辺的な「第二種相談」が中心であった。一方，「第一種相談」に含まれる心身健康面の相談の割合は，第一期においては少なかったが，第二期においては上昇した。そのうち，東アジア・東南アジア圏の出身者の心身健康面の相談は，第二期においても相談全体の2, 3%に過ぎないが，欧米圏・中南米出身の学生の場合は，心身健康面の問題を主訴として来室する学生の増加が顕著であった。

こうした相談内容の全体的な変化の背景として考えられるのは，以下のよう

な要因である。まず、心身健康に関する相談の増加については、一期の分析後に行った相談室からの働きかけの効果が考えられ、「よろず相談」的なメッセージに加えて、「カウンセリング対応」が可能であることを明記したリーフレットの配布や、オリエンテーションでのサービス案内が利用を促進した可能性がある。また、2008年より、学生相談機関の学内ネットワークが整備され、援助専門家間の連携が促進されており、他機関からの紹介により来室する学生の増加につながっていると考えられる。相談機関内の連携強化は、学生が学内のいずれかの相談機関にアクセスすることで、その後適切なサポートにつながる可能性を高めている。また保健センターの精神科受診傾向に関して、近年の報告書の中では留学生受診者の増加が指摘されており、その背景要因の一つとして、精神科受診に対する抵抗感の低下が挙げられている（東京大学保健・健康推進本部, 2011）。こうした学生側の意識変容も、来室者の増加の背景要因と考えられる。

　さらに、大学のウェブサイト上の情報の英語化が進みつつあることによって、学内の学生支援資源に関する情報が得やすくなっていることも、精神科を初め、学生が相談機関にアクセスすることを容易にしていると考えられる。カウンセリング目的の利用者の増加は、すでに述べたように、欧米・中南米出身者においてより顕著な傾向であったが、当該地域においては、その他の地域よりもカウンセリングサービスが社会的に浸透しており、情報周知の効果が、その他の地域よりも生じやすい可能性がある。ただし、研究3では、欧米出身者と中南米出身者とでは、サービス利用に対する文化的懸念の強さが異なっていることが示されており、その相違の生まれる理由については、利用者データからは説明が難しい。

　個別相談と並ぶ、相談室の重要な活動であった、日本語での交流プログラム登録状況は、第二期においては、東アジア出身者の割合が高くなり、その他の地域出身者の登録割合は相対的に減少するという変化がみられる。この背景には、日本語の習得を必要としないプログラムの設置によって、研究面と学内生活において、日本語を使用しなくても生活できる環境がA大学内に拡大していることが考えられる。一方で、卒業後に日本での就職を目指し、日本に長期間留まることを計画する学生も増えており、こうした層は、敬語や、自然な日

常日本語の習得，日本社会についてより深く学ぶことへの動機づけが高い。つまり，日本語や日本社会について学ぶことに対する，学生側の動機づけが二極化していると考えられる。東アジア出身者の登録割合の高さは，この集団において日本での就職希望者数が多いことが一つの理由であろう。

　このように交流プログラムへの参加登録が，学生が来室するきっかけを生むという，第一期にプログラムの有していたつなぎの機能は，留学生集団全体に対しては限定的な役割しか果たせなくなっている。単一のプログラムでは学生の多様なニーズに応じきれない状況を受け，第二期には，ホームビジットのような単発の交流イベントや言語交換，茶話会など日本語の学習状況に依存しないプログラムを開始した。また，留学生会の支援をより積極的に打ち出すなど，学生と相談室をつなぐ新たな接点づくりを行った。第二期には，「交流関連」の相談のための来室者が増加していることから，交流支援を呼び水とした相談室との接点作りは，効果を生んでいるといえるだろう。

　さらに，第一期から二期にかけては，留学生を高度人材とみなし，日本での就職活動を支援する産学連携の取り組みが活発化した時期である。こうした社会的動向と，それによって生じる学生のニーズに呼応する形で，相談室の持つ就職支援の機能も全面的に強化されており，第二期においては，東アジア出身者を含む学生全体において「就職」をキーワードとした来室者が増えた。

　経済的問題や宿舎，在留に関する手続きなど，日本での生活の基盤に関わる問題に関する相談は，第二期において割合が減少した。この変化は概ねすべての出身地域の学生に共通してみられた。これについては次のような背景が影響していると考えられる。まず，SNSの拡大，スマートフォンなどの普及により日中も常時インターネットにアクセスし，情報を取得したり，他者とコンタクトを取ったりすることが可能となったことが挙げられる。来日前に，インターネット経由で日本に関する様々な生活レベルの情報を得ている場合も少なくない。加えて，留学生会の存在は，同国人ネットワークに来日初期段階，あるいは来日前に加わることを容易にしており，先輩から後輩への留学経験の共有化が進んでいる。さらに，この間，留学生受け入れの拡大施策が示され，来日前の学生に対する英語での情報発信が国策として強化されたこと，その中で多数の日本留学紹介多言語ウェブサイトが立ち上がったことも，情報の得やすさを

向上させた可能性がある。

　大学外でも，都市部においては留学生（外国人）をターゲットとするアパート・ゲストハウス，それらを仲介する会社，多言語によるサービスが増加しており，対外国人・留学生に対する社会的インフラが目にみえて整備されてきている。こうした外国語で取得可能な情報量の増加と，情報を得るための手段の拡大は，情報不足に起因する問題の発生の減少や早期の問題解決を可能にしていると考えられる。加えて，各キャンパス，部局・研究科単位での留学生対応体制の整備や，在留手続きに関する専門家によるキャンパス内でのサービスの提供など，国際化推進の取り組みの中で，基本的なニーズへの対応体制の整備が進んだことの成果もあるだろう。

　相談全体の中での情報提供の占める割合が低下していることについては，在住外国人向けのサービスとして長い歴史を持つ「英語いのちの電話」の活動報告においても同様の指摘がみられる（TELL, 2013）[6]。社会全体の外国人受け入れ体制が未整備で，インターネット環境も整っておらず，情報取得が困難であった時代には，在住外国人・留学生は，日常生活や各種手続きにおいて情報不足によるトラブルを抱えやすく，自己対処も困難であったと考えられる。外国人相談・留学生相談の機能の中でも，情報提供機能が現在よりも重要性を持つ時代であったといえるだろう。今後，インターネット上の多言語情報の拡充や，基本的なサービスの全学的整備が進むことにより，学生の日常生活の場からは離れた留学生相談室において，情報取得レベルの相談対応や第二種的相談への対応は件数としては減少していくものと考えられる。

　このように，外国人が生活するうえでのインフラが整うことや，インターネット経由で得られる情報が増加することは，異国での生活の困難を大きく緩和させるものであり，留学生にとっても望ましい状態であるが，これまで他者に相談することの抵抗が少ない相談内容が，相談資源と学生をつなぐ機能を有していた点には留意が必要である。他者の手を借りる必要性が日常的に減少することは，学生が解決できない問題を抱え込み，さらに周囲がそれに気づかないという状況を生む危険性を高める。

　経済的問題の比重は，留学生の学生相談室利用の全国的傾向を調査した井上・伊藤（1998）では高かったが，本調査においては相対的には低い。本調査

と同じく国立大学法人を対象とした田中（1993）の研究でも同様の傾向であり，国立大学における大学院生，国費外国人留学生の在籍割合の高さなどが，影響している可能性がある。

研究4においては，第二期で経済的問題の相談にはさらに減少がみられた。奨学金情報のウェブサイト上での検索環境の整備によって，「問い合わせ」的相談が減少している可能性，渡日前に入学と奨学金の受給が決まるプログラムの導入など，制度的な改善の影響なども考えられる。さらに，私費留学生の割合が高い東アジアの経済発展の影響も無視できないだろう。学生の出身国と日本との経済的格差は急速に狭まっており，経済的問題が，少なくとも多くの学生にとって，「唯一最大の悩み」ではなくなっている可能性がある。

5.2 多機能サービスの有効性

研究1，2で示したように，学生相談の既存の枠組みの中では，留学生の多様なニーズへの対応は進んでおらず，また，研究3で示したように，留学生にとって，既存の学生支援サービスは利用の障壁が大きく，援助要請は抑制されがちであることが示された。本章では，こうした既存の学生支援の枠組みの限界を踏まえ，留学生の生活や，留学生相談の場に影響を及ぼす諸要因について念頭に置きながら，学生のニーズに対応した利用しやすいサービスを新たに構築していく流れを，留学生を対象とした分業型の学内資源である留学生相談室の実践事例の検討を通じて説明した。

利用者データからは，生活相談や情報取得，就職支援や交流プログラムへの参加など，留学生集団内の差異が少なく利用しやすい領域と，個人的な悩みごとの相談など，出身地域による差が大きく利用に抵抗が生じる場合がある領域との存在が示された。これに対して，サービスを多機能化すること，よろず相談的な看板を掲げつつ提供可能なサービスメニューを明確に示すこと，情報周知の方法と時期を多様化させることなどは，学生にとってサービスを利用しやすくするうえで有効な方法であると考えられた。また，利用抵抗の少ない相談領域が，相談室と学生との橋渡し機能を持つことも明らかとなり，サービスの内容を検討する際には，個々の取り組みの単独の機能に加えて，その導入により副次的に生じる効果やサービスメニュー間の相互作用によって生じる効果に

ついてもあらかじめ念頭に置き，学生にとって相談室全体がどのような場としてイメージされうるかを考えながら，総合的にサービスを展開していくことが必要であるといえる。

インターネット等による情報取得手段の拡大や留学生受け入れの学内インフラの整備，留学生の日本語力の二極化など，留学生を取り囲む状況や留学生集団の特徴は変容し続けており，それらが留学生のサービス利用に影響を及ぼすことも，研究4においては示してきた。留学生を対象とした相談室の利用者データの分析を通じて，サービスが留学生のニーズに合致しているかどうかを評価していくだけではなく，利用状況の変化を通じて，新たに生じている学生のニーズの把握を行っていくことも，留学生向けのサービスが担う重要な役割であるといえる。

また，新たなニーズを持つ学生層の出現や環境側の変化に応じながら，サービス利用を動機づける方法を検討していく継続的な取り組みが実践においては求められており，伝統的な心理援助・学生相談の援助枠組みにとらわれない柔軟な援助構造が，これを可能にしていた。少数派である留学生のニーズを随時把握し，かつそれに配慮しながら，サービス内容やサービス提供の形を柔軟に変えていくことは，統合型のサービスの中では容易ではないだろう。こうした点は分業型のサービスの大きな利点であるといえる。

その一方で，すでに述べたように，分業型の留学生支援体制の問題点は，留学生支援機能が学内で局在化し，他部署における留学生対応が進まない，単なる分離サービスに陥りやすいことにある。したがって，大学内で留学生に対する支援がどのように展開されているのかを見極めながら，既存のサービスでは担えない部分が補完・補充されるような取り組みを心がけることも必要である。そのためには相談資源間の連携はもとより，社会状況や国際化推進の施策動向，学生層のニーズの変化を適宜把握することが必要であり，また，変化に柔軟に対応できるサービスであることも求められる。

サービス提供者側の実践の場による経験と利用者データによって得られる結果を用いることによって，全体の状況を包括的に把握しながら，サービスの改善に取り組んでいくことが可能となる。さらに，様々な働きかけの効果を検討していくうえでは，学生側の体験を踏まえた議論が不可欠である。中でも，留

学生が相談しにくいと思うような問題に関して，大学のサービスを利用するためには，どのような働きかけが効果を発揮するのか（あるいはしないのか），つながりをつくっていく働きかけがどのように功を奏するのか，そのメカニズムを説明可能なモデルが必要である。したがって次章では，再び留学生側に視点を戻し，留学生のキャンパスにおける体験の中で，大学に相談する，という行為がいかに生じるのかをみていく。

注
1) 藤川（2008）は，事例研究の事例という概念が，個別事例から臨床心理サービスの組織というより幅広い対象にも適用されていること，また，単一の事例であっても，先進的な実践の試みを研究することには十分な意義があること，ただし，その際，事例の独自性や特殊性を記述するなど，一般化可能性についての考察を行うことが必要であることなどを指摘している。
2) プログラムの性質上求められるのは，日本での生活経験の長い，日本語を母語・母語並みとする人であり，日本国籍者であることは当然必須要件ではないが，便宜上，本書中では日本人と称する。
3) 相談室利用者データは，年度ごとに利用状況の分析を行い，その概要を学内向けの部局広報紙に掲載していたものである。その後，部局の改組に伴い部局紙発刊は停止されたが，年度ごとの分析，学内の関係相談機関内での共有は継続して行っている。
4) 同上。
5) 相談対応方法に関する記録の整理は 2007 年度のみを対象としているが，2008 年度以降，相談室利用状況は変化しており，カウンセリング目的の自主来室や，学内相談機関から紹介を受けて来室する学生の数は増えている。カウンセリング的対応を必要とするケースも，こうした中で 2007 年度段階よりも現在は増加している。
6) 報告書（TELL, 2013）によると，1970 年代前半には心理相談と情報提供がほぼ同割合であったのに対して，2012 年度には，全体の 8 割近くを心理相談が占めており，その理由として，インターネットの普及が挙げられている。

第8章

留学生と学生支援サービスをつなぐ視点
質的研究（研究5）によりサービス利用のモデルを生成する

　第6章においては，留学生のサービス利用を，学生個々の意思決定に基づく選択の結果として捉えるだけではなく，複数の要因間のダイナミックスの中で生じるものとみなす視点が必要とされる可能性を指摘した。第7章では，まずサービス側の視点から，留学生を取り巻く状況やキャンパス全体の変化も踏まえながら，留学生のサービス利用状況の説明を試みた。留学生相談室の実践事例を検討し，来室型のサービスを有効に機能させるためには，留学生と接点をつくるためのサービス側からの働きかけが重要であること，また分業型のサービスは留学生のニーズの変化やキャンパス環境の変化に柔軟に対応しやすいことを示した。

　第8章では，留学生を対象としたインタビュー調査を取り上げ（研究5），留学生の学生支援サービス利用に関する内的体験を，周囲との関係性も含めて把握していく。

　以下ではまず研究の概要を示したうえで，留学生の語りの中から，留学生と学生支援サービスの接点がどのように生まれるのか，何が留学生の学生支援サービスへのアクセスを促すのかを説明するモデルを生成していく。

第1節　研究5「留学生の学生支援サービス利用に関する質的研究」の概要

1.1　留学生の内的体験へのアプローチ

　既存の枠組みを押し付けずに留学生の体験を聞き取るために，GTAの考え方を用いたデータ収集，データ分析を行った。GTAは，第3章でも述べた通り，その語りが生起する文脈ごと，語り手の体験を捉えるのに適した研究方法であり，研究5の目的と合致する。普遍的な現象を導き出す過程で，そのバリエーションへの注目を行う方法であり，多様性が想定される集団の経験を把握

するのにも適している (Morrow et al., 2001)。

　さらに、構造化度合いの低い質問を用いることにより、相手の反応に合わせて質問を展開させ、リサーチクエスチョンを精緻化していくことが可能となる。また対面でのやりとりを通じて、言語的・文化的差異のある相手に、質問の意図が正しく理解されているかどうかを確認することができる (Turcic, 2008)。

　一方、第3章で指摘したように、研究者と調査協力者の間の文化差・言語差への配慮や、研究の場の力の不均衡の問題（能智, 2011）への留意が必要であり、調査実施においては、目的やデータの扱い、調査協力が学生に不利益をもたらすことはないことを文書と口頭で説明し、実施方法等に関する質問に丁寧に対応した。加えて、対面調査のデメリットを補完するために、研究3の質問紙調査に記載された自由記述データも分析対象とした。質問紙法における自由記述は、得られた回答についてインタビュアーが踏み込んだ質問をし、回答内容について理解を深めることはできないという制約があるものの、対面を伴わないことによって、社会的に望ましい反応が抑制され、守秘に対する不安も生じにくい (Levois et al., 1981; Miller, 1978)。また言語的制約を補うために、自由記述は中国語・韓国語による記入も可能とした。

1.2　GTAの特徴と用いられる用語の定義

　GTAは今日では様々な発展を遂げているが、ここではそれぞれの概念を次のような意味で用いる。まず、Strauss & Corbin (1998) と Corbin & Strauss (2008) によると[1]、概念 (concept) は、「データに含まれるアイディアを表す言葉であり、解釈、分析の結果生じる生産物」、カテゴリーは「分析者が、下位レベルの概念を、プロパティを共有していることに基づいてグループ化した上位レベルの概念」、プロパティは「概念を定義し、説明するような特徴」、ディメンションは「カテゴリーに概念の特徴を示したり幅を与えたりするプロパティ内のバリエーション」と定義される。さらにGTAで生成される「理論」、あるいは「仮説」とは、「複数の概念（カテゴリー）を体系的に関係づけた枠組み」（戈木クレイグヒル, 2006, p. 11）である。

　また、GTAの特徴の一つとして、事前の分析の結果を踏まえて続く対象者の選択基準を決めていく理論的サンプリングが用いられ、データの収集と分析

第8章 留学生と学生支援サービスをつなぐ視点

が同時並行的に進むことが挙げられる。ただし，木下（2003, p. 119）は，「データ収集と分析の同時並行は，面接型調査のデータ収集法とはそもそも合致しにくい」ことから，面接型調査の場合は，「現実的諸条件を考慮し，基準を設定して最初の段階における"集団として"の面接対象者を決める」ほうが適していると述べている。ここでは，面接対象者を増やしても，新たな現象が得られなくなる理論的飽和に至ることが，データ収集を終了する際の目安となる。

　なお，カテゴリーの自然な生成過程を重視するGTAにおいては，文化差や多様性の存在をどのように扱うか研究者間でも意見が分かれているが，データ収集や分析の過程において，文化的少数派の存在に対する意識的な配慮を行わなければ，多様性は見過ごされてしまう危険性が高い（DeVault, 1995; Green et al., 2007; Morrow et al., 2001）と考えられている。研究5もこの立場に立ち，多様性や文化的特徴にあらかじめ注目をし，なるべく多様な属性の学生が網羅されるよう協力依頼の基準設定において心がけた。

1.3　インタビューへの協力依頼の手順

　研究3の質問紙調査の結果を参考に協力依頼を行う基準を定め，その後は各段階の分析の結果を踏まえながら，不足した情報を提供しうると考えられるような基準に沿って，次の対象者への協力依頼を行った。

　最初の段階では，学生支援サービス（大学内で学生が利用できる相談機関や相談できる専門家）の継続利用経験者に調査依頼を行った（ステップ1）。次にある程度相談のニーズを持っていると思われるが，学内サービスの利用経験のない人[2]を対象とした（ステップ2）。ステップ3では，前述の通り，対面によるインタビュー調査のデメリットを補完するために，質問紙調査の匿名の自由記述欄に記載された記述データのうち，相談資源の利用に対する要望や意見に関して述べられた部分を分析対象に加えた。続いて，学生支援サービスの利用経験者のうち，継続的な利用ではなく，単発の利用経験者に調査依頼を行った（ステップ4）。最後の段階においては，サービスの利用経験がなく，学内のサービスの存在を「知らない」と回答した，来日1年未満の学生を対象とした（ステップ5）。

　質問紙調査時にインタビューへの協力に同意を示していた学生に対しては，

表 8-1　インフォーマントの属性

分析ステップ		info#	出身地域	インタビュー時の滞日年数	性別	年齢層(歳)	学年	専門領域	同居家族	学生サービスの利用※	インタビュー言語
カテゴリーの抽出・仮説生成	ステップ1	1	東アジア	1年半	女性	25〜29	修士	文系	なし	○	日本語
		2	中近東	3年未満	男性	25〜29	修士	文系	なし	○	英語
		3	南米	5年未満	女性	25〜29	博士	理系	なし	○	英語
	ステップ2	4	東アジア	2年未満	男性	25〜29	博士	理系	なし	×	日本語
		5	東アジア	3年未満	女性	25〜29	博士	理系	なし	×	日本語
		6	東アジア	4年未満	女性	25〜29	博士	理系	なし	×	日本語
		7	南米	3年未満	男性	25〜29	博士	理系	なし	×	英語
		8	東南アジア	6年未満	女性	25〜29	博士	理系	あり	×	英語
カテゴリーの確認・仮説の精緻化	ステップ3	質問紙の自由記述データ (N=56)		回答者の出身地域（利用経験者数／全体）							
				東アジア (1/5)	東南アジア (2/11)	南アジア (3/12)	中南米 (3/7)	欧米 (0/14)	中東アフリカ (1/7)		
	ステップ4	9	東南アジア	4年未満	女性	35〜39	博士	理系	なし	△	英語
		10	東南アジア	2年未満	男性	40〜	博士	理系	あり	△	英語
		11	東南アジア	6年未満	男性	25〜29	博士	理系	なし	△	英語
		12	東アジア	11ヶ月	男性	20〜25	修士	文系	なし	△	日本語
		13	南アジア	5年未満	男性	30〜35	博士	理系	なし	△	英語
	ステップ5	14	欧米	11ヶ月	女性	25〜29	研究生	理系	なし	×	英語
		15	欧米	11ヶ月	女性	25〜29	博士	理系	なし	×	英語
		16	南アジア	6ヶ月	男性	20〜25	研究生	理系	なし	×	日本語
		17	東アジア	11ヶ月	男性	20〜25	修士	理系	なし	×	英語
		18	東南アジア	11ヶ月	男性	20〜25	修士	理系	なし	×	英語

※○継続来談　△単発相談　×利用なし

メールを通じて協力依頼を行った。同様の依頼内容を記載したポスターを掲示し，それをみて協力を申し出てきた学生も対象とした。

インタビューの日程調整の結果，複数のインタビューを1日のうちに行ったものや，インタビュー日の延期によって，日程が前後してしまったものがあったが，可能な限り段階ごとにインタビューの逐語化，コーディングを行い，ラベルづけ，カテゴリー化の作業を行った。

最終的に協力依頼に応じた学生は，表8-1の18名の大学院留学生である。出身地域別にみると東アジア5名，東南アジア5名，南アジア3名，中南米2名，欧米2名，中近東1名，性別は男性10名，女性8名，年齢層は25歳未満4名，30歳未満11名，30歳以上3名である。ステップ3で加えた，質問紙調査の自由記述データには，56名の記入があり，相談資源の利用経験者が10名含まれた。出身地域の内訳は，東アジア（5名），東南アジア（11名），南アジア（12名），中南米（7名），欧米（14名），中東アフリカ（7名）であった。欧

米出身者は、第7章で検討した、留学生相談室の利用において、個人的な相談を行う割合の高い集団であることが示されていたが、利用経験のある人で調査協力意図を示した人、依頼に応じた人はいなかった。また質問紙の自由記載欄にコメントを記載した欧米出身者は14名と多かったが、この中に利用経験者は含まれていなかった。

1.4　インタビュー調査の実施の手順

ステップ1, 2, 4は2012年度、ステップ5は2013年度にインタビュー調査を行った。研究目的、調査内容の公表の仕方、匿名性の保持、データの処理の仕方などについて文章を提示、さらに口頭での説明を行い、同意書に承諾のサインを得た。各インタビューに要した時間は1～2時間程度であり、1名につき1回、本人の希望によって英語か日本語で行った。すべてのインタビューは、研究実施者の研究室で実施した。

インタビューは、前述の通り構造化の程度が緩やかな半構造化面接を用いた。項目は表8-2に示す通りである。全員に共通する事項と、学内の相談室等の利用経験に応じた項目とを事前に準備し、さらに必要に応じて新たな質問項目を加えた。

1.5　分析の手順

(1) データの逐語化・ラベルづけ

インタビュー終了ごとに録音データを逐語化し、分析を開始した。まずデータを意味のまとまりごとに区切り、データの意味するところを把握、適切に内容を反映するラベル名をつけた。母語ではない言語でのインタビューであることを踏まえ、それほど細部にはこだわらず、意味内容に注目して区分を行った。

(2) ラベルからカテゴリーへ

類似や関連のみられるラベルをまとめ、より抽象度の高い概念である「カテゴリー」を暫定的に生成していった。また、別のデータの分析を並行して行い、ラベルやカテゴリーをデータ間で比較させることで、すでに生成したカテゴリーが新たに抽出されたラベルを包括可能か確認し、カテゴリー分類の基準の見直しやカテゴリー名の修正を行った。さらに、それぞれのカテゴリーのプロパ

表 8-2 半構造化面接の質問事項

共通の質問項目
1. 来日後に誰かに相談したいと思った経験
   その時どうしたか
   なぜその人に相談したか／しなかったか
2. 学内のサービスを利用することについて
   どのような印象を持っているか
   何故そのように思うか
3. 相談相手が自分とは異なる文化・言語の相手である場合一般的にどのように思うか
4. 留学生（あなた）が解決できない問題を抱えたときに，大学（日本人の相談員）に相談する場合どのような問題が生じるか（自分自身は困っていないといった場合は，一般的な話として回答を促す）
5. 相談室などを利用する際に気になること，心配なことがあるか
6. 国ではどのようにしているか

利用した経験がある場合
7. 相談したいことができてから，来室するまでに要した時間（時間を要した場合，その理由）
8. 相談室等についてどのように知ったか／誰かに紹介されたか
9. 最終的な選択理由
10. 利用前の心配・気になったこと
11. 最初の印象
12. カウンセリングに対する期待
13. 相談をしてみた後の感じ（成果・効果をどのように認識しているのか，どのような点に満足／不満足であるのか）
14. 相談員との関係の捉え方

途中追加されたリサーチクエスチョン（■）と，そのことを知るための追加の質問の例（◇）
■自己解決が難しい他者の助けを必要とする問題とはどのような問題か（質的な差異はあるのか？）
◇自分で最後まで解決しようと思う問題と，友達や大学の先生，カウンセラーなどに相談したほうがよいと思う問題とは，どのように違いますか？
■専門家による援助と日常的な人間関係の中でもたらされる支援をどのように認識しているのか（代替可能？　質的に異なる？）
◇もし友達や親が（身近に）いたとすれば，問題になりませんか？　母国であれば，身近な人が助けてくれますか？
■援助の限界はどう認識されるのか。友人や親族が有効と見なされないのはどんな時？
◇相談しても仕方がないと思うのはどんな時ですか？
◇友達や親に相談しなかったのはなぜですか？
■言語がどのように影響しているか
◇もし日本語に自信があれば，あるいはその人が，●●語が話せれば，そのことは問題になりませんか？

==分析対象とした質問紙の自由記述の設問==
「その他，あなたが相談室を利用したり，専門家に相談したりすることに対して感じている心配や意見がありましたら，自由にお書きください」
「大学が留学生に提供している学生支援のサービスについて，改善点や意見がある方は，ご自由にお書きください」

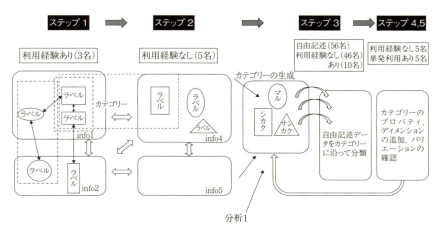

図 8-1 カテゴリー生成過程のイメージ

ティ，ディメンションに注目し，カテゴリーの特徴やカテゴリー間の関連性が説明できない部分を明らかにし，次のインタビュー時の質問やサンプリングに生かした。

　ラベルづけの段階では関連が明確ではなかったラベル同士も，カテゴリー間，データ間の比較分析のプロセスの中で，特定の現象に対する反応のバリエーションの違いであることが明らかになる場合があった。さらに比較分析においては，カテゴリー関連図を作成して，インフォーマント間で比較したり，マトリックスを用いてプロパティごとにバリエーションを確認したりした。

　この過程をステップ1,2で繰り返し，相談資源の見極めに関する暫定的なカテゴリーを確定させた。さらにステップ3では質問紙に記載された自由記述データ56名分を投入，自由記述データを，暫定カテゴリーで分類できるかどうか確認した。ステップ4,5では，新たなカテゴリーは生成されなかったが，プロパティやディメンションが加わり，カテゴリーの持つ特徴やカテゴリー間の関連性がより明確となった。カテゴリー生成の流れを，図8-1に示す。

1.6　分析の視点の絞り込み

　逐語化したデータを読み込み，ラベルづけの作業を行いながら，分析の視点を絞っていった。まず分析1では，各学生が相応しい相談相手を見極める際の

認識の枠組みに注目した。分析2では，学生の相談資源の認知枠組みの形成に影響を及ぼし，多様性を生じさせている要因について注目した。分析3では，相談資源の利用経験者の視点から，学生相談資源へのアクセス，さらにアクセス後の相談資源との結びつきまで，学生支援サービス利用の全行程を含めた視点から分析を行った。最後に，これら三つの分析において得られたモデルを統合し，異文化の中で援助資源を見極め，問題を相手に開示するに至るプロセスを説明する仮説モデルを生成した。

以下では，分析の段階に沿って，抽出したカテゴリーの説明を行っていく。文章中で用いるカテゴリーは，概念の抽象度に応じてカテゴリーグループ（以下カテゴリーG），上位カテゴリー，カテゴリー，下位カテゴリー，さらにプロパティとディメンションとした。また，それぞれ，カテゴリーG【　】，上位カテゴリー［　］，カテゴリー《　》，下位カテゴリー〈　〉，プロパティ<u>下線</u>，ディメンション" "の記号を用いて示す。インタビューデータを抜き出し，例示する際には，その発話の最後に，どのインタビュー協力者の発話かわかるようID番号（info#）を記載した。また，自由記述データからの抜粋の場合は，その旨と記述者の出身地域を記載した。

第2節　分析1：相談資源の相応しさを見極める枠組みの検討

2.1　分析1の流れ

分析1では，個々の学生が相談に求める基本的な要素は何か，相談資源のどのような特徴によって，その基本的な要件が満たされると判断が下されるのかを検討し，最終的に【相応しさの見極めの枠組み】を説明する仮説モデル（後掲図8-2）を生成した。以下で，まず抽出されたカテゴリーについてその性質を検討し，カテゴリー間の関係性を整理したうえで，モデル生成へと進む。

2.2　抽出されたカテゴリーの説明

(1) 何が相談の基本要件となるか

相談をするうえで相手に求められる重要な条件として，〈役に立つ〉〈共感的理解〉〈人に知られないこと〉〈誠実な対応〉〈決めつけられない〉〈当てにでき

表8-3 ［相談の基本要件］の下位カテゴリーの性質の検討

下位カテゴリー	主要なプロパティ			
	検討の次元	問題解決への具体的貢献の期待	効果への確信	不安・安心感
役に立つ	相談の成果	高い	低い⇔高い	=
共感的理解	相談の成果	低い	低い⇔高い	=
人に知られないこと	相談の付加的影響	=	低い⇔高い	不安・懸念
誠実な対応	相談の付加的影響	=	低い⇔高い	不安・懸念
決めつけられない	相談の付加的影響	=	低い⇔高い	不安・懸念
当てにできる	相談の付加的影響	=	低い⇔高い	安心感

る〉の六つが抽出された。これらのカテゴリーの特徴について，プロパティ・ディメンションを用いながら比較検討し（表8-3），カテゴリーの性質を決定するプロパティを明らかにした。

その結果，検討の次元を用いることで，六つの下位カテゴリーは，相談によって得られる結果（"相談の成果"）に注目した《相談の有効性》と，相談を行うことに伴う影響（"相談の付加的影響"）に注目した《相談への安心感》という，より上位の二つのカテゴリーへと統合可能であった。

《相談の有効性》は，相談することが何らかの効果を示す，役立つものであることが予見可能であることが重視されており，一方の《相談への安心感》では，相談することに伴って不愉快な体験や不利益が生じないことが重視されている。〈役に立つ〉と，〈共感的理解〉は，相談が期待通りの効果を示すことにより強く関連しているため，《相談の有効性》の下位カテゴリーとした。〈人に知られないこと〉〈誠実な対応〉〈決めつけられない〉〈当てにできる〉は，いずれも安心して相談できることに関連しているため，《相談への安心感》に属する下位カテゴリーとした。相談するうえで重要なこの二つの要件に関連した上位カテゴリーを，［相談の基本要件］とした。それぞれについて概念の定義とその属性について，表8-4に示す。

(2) 相応しさを担保するのは何か

どのような特徴を持つ人・あるいはサービスであれば，［相談の基本要件］を満たしていると判断されるのか，各人が相談相手の相応しさを見極める際に注目する特徴を［相応しさを担保する特徴］のカテゴリーにまとめた。各カテゴリーの定義とカテゴリーの属性については表8-5に示す通りである。

表8-4 ［相談の基本要件］の各カテゴリー一覧

カテゴリー	下位カテゴリー	プロパティ："ディメンション"	データ例（ラベル名）
《相談の有効性》 相談することが、直面している問題状況の解決や困難の緩和に役立つこと	〈役に立つ〉 相談することが有益な結果をもたらすという期待。問題解決にどのように寄与するか、またそうした助言や情報、具体的手助けが得られる可能性への確信	検討の次元："相談の成果" 介入成果の特徴："助言""問題解決力""精神症状の安定" 有効性への確信："低い""高い" 具体的問題解決への期待："高い" 問題領域の特定性："なし""個人的なこと""学術関連""文化領域""現実的な問題"	・いいアドバイスをくれるかもしれないし（役立つアドバイス） ・そこにいったら気が楽になるのではないかと（話して気が楽になる） ・話を聞いてくれるだけで役立たない（話を聞いてくれるだけ） ・意見を持っている、解決策を見いだせる（解決策の提示）
	〈共感的理解〉 相手が自分の状態・気持ちに対して耳を傾けてくれること、そして自分の伝えたいことを理解し、気持ちを受け止めてくれること	検討の次元："相談の成果" 介入成果の特徴："感情の共有""内容の理解" 効果への確信："低い""高い" 具体的問題解決への期待："低い" 問題の特定性："低い"	・私は、彼らが理解できるとは思えません（理解してもらえると思えない） ・心から気持ちをわかることができる人（心からわかる） ・やはりちょっと、自分の困っているところをわかってくれる人（わかってくれる） ・困っていることを説明したら、そのつらさを感じてくれる人（感じてくれる）
《相談への安心感》 必要な時にいつでも利用することが出来、また相談することによって、不利益が生じないことへの確信	〈人に知られないこと〉 相談した内容が周囲の人に知られたり、相談している場面を見られたりしないこと	検討の次元："相談の付加的影響" 守秘への懸念："懸念高い""懸念低い" 相手が秘密を守ることへの確信："低い""高い" 懸念の内容："来室を知られる""他の人に聞こえる""内容を広められる"	・この人は私の話を秘密にしてくれなくてほかの人に話してしまう危険があるなと心配に思います（他の人に話してしまう） ・でも通常は、援助を得ようとしていることを人には知られないようにします（人に知られないようにする）
	〈誠実な対応〉 権威的、管理的、事務的ではなく、自分の訴えに対して真摯に対応がなされること	検討の次元："相談の付加的影響" 対応時の態度："丁寧""一生懸命""力を尽くす""権威的""管理的""事務的" 対応への不安："不安""不信"	・事務的な対応ではない（事務的な対応） ・私の抱える問題に対して真剣に扱ってくれて、小さい問題であっても笑わない人（真剣な対応）
	〈決めつけられない〉 相談内容や相談したことによって、何か偏った	検討の次元："相談の付加的影響" 決めつけの様式："文化的偏見""問題を抱えていることへのスティグマ""同文化規範の押しつけ" 影響："自分の評判""成績・能	・こうしたサービスを使うことは良いことで、そこに行くことで何かジャッジされることはないということを学生に十分に保証してはどうかと思います（ジャッジされ

第8章　留学生と学生支援サービスをつなぐ視点

	決めつけをされたり，自分に対する評価が影響を受けたりしないこと	力″"文化的立ち位置″ 対応への不安：″懸念″"不安″"安心″	ない） ・彼らは，簡単にX国人を判断する人たちではないと思います（文化的決めつけ）
	〈当てにできる〉利用の手続きや利用の条件が複雑ではなく，必要な時にニーズに応じた柔軟で寛容な対応が期待できること	検討の次元：″相談の付加的影響″ アベイラビリティ："高い″"低い″ 対応の即時性："高い″"低い″ 対応の柔軟性："高い″"低い″ "寛容″"非寛容″"官僚的″ 対応への不安："安心″"不安″	・そこにいけばヘルプが得られる（いつでも対応してもらえる） ・他にもいろいろ仕事があるので，邪魔しなくてすむ時間はいつか，というのが難しい（いつも忙しそう）

表8-5　［相応しさを担保する特徴］に関するカテゴリー一覧

カテゴリー	下位カテゴリー	プロパティ：″ディメンション″	データ例（ラベル名）
《能力・態度》 相談相手の有する専門的スキルや中立的な態度・留学生対応への経験の豊富さなど	〈専門家であること〉 相手が，自分の抱えている問題の解決に役立つ知識や情報，介入のスキルなどを有していると思われる専門家であること	特定の知識・能力：″なし″"あり″ 自分と違う知識・能力：″あり″ 日常の共有度：″低い″ 客観性：″高い″ 確認の方法：″情報″ 事前確認の可能性：″中程度→高い″ 要因の所在：″相手方″ 期待される能力・スキル：″援助のスキル″"客観的視点″"日本人としての視点の提供″ 経験の量：″自分より豊富″ 具体性：″低い→高い″ イメージ：″悪い″"よい″	・専門家としてのツールを持っている人（専門的なツール） ・もしプロフェッショナルであれば，守秘で（専門的援助であれば大丈夫）
	〈肩書・看板〉 留学生に対する理解の程度などを類推できる，職位や，部署名，所属団体など	付随するイメージ：″肯定的″"否定的″ 類推される能力：″言語対応力″"留学生対応の慣れ″"偏見のなさ″"問題解決の力″"パワー″ 確認の方法：″情報″ 事前確認の可能性：″高い″ 要因の所在：″相手方″	・でも僕の場合は，できれば留学生の〜といったほうがいいです（留学生に関連していることの明示） ・たとえば××プログラムに参加している方は，だいたい外国人に中立的なイメージをもっている方ではないかと思います（国際交流活動への参加経歴）
	〈異なる文化への姿勢〉 文化的差異に対して中立的・オ	立ち位置：″中立・客観的″"偏り″ 差異への慣れ：″慣れている″"不慣れ″ 差異に対するオープンさ：″小さ	・言葉の問題より，慣れているのが問題（留学生に慣れている） ・日本人は，私を理解できるほどには十分にオープンではない（差

157

		ープンであり，対応に慣れていること	い→大きい" 差異に対する関心:"低い→高い" 確認の方法:"類推""接触" 事前確認の可能性:"低い" 要因の所在:"相手方"	異へのオープンさ）
《相手との関係》 相談相手と自分との間の関係の質量	〈類似性・共通性〉 自分と相手との間に文化，言語，性別，専門分野，あるいは日本での生活体験や留学生としての地位など類似性・共通性があること	一致の領域:"文化""国・地域""性別""留学生""専門領域""生活経験""人生経験""言語" 客観性:"低い" 共通性・一致度:"高い" 確認の方法:"属性からの類推" 事前確認の可能性:"低い→高い" 要因の所在:"両者"	・根っこを共有している人（根っこの共有） ・もし海外の生活の経験がなければ，理解できるとは思えません（海外経験の共有）
	〈相手との親しさ〉 付き合いの長さや，相性の良さ，関係が表面的ではないことなど，相手との関係が良好で深いこと	関係性の限定性:"プライベートの非共有""プライベートの共有" 関係性の双方向性:"一方向的→双方向的" 付き合いの長さ:"短い→長い" 情緒的距離:"近い""疎遠""表面的" 客観性:"低い" 関係が深まる可能性:"高い""低い" 日常の共有度:"高い""低い" 確認の方法:"直接接触" 事前確認の可能性:"低い" 要因の所在:"両者"	・私の知っているコミュニティに関わっている人（事前の接点のある人） ・付き合いの長い友達（付き合いの長い人） ・とても親しい人，たとえば恋人や家族など（家族や恋人）
《円滑なコミュニケーション》 相手との間でスムーズな意思疎通が成立することに対する確信		相手の言語力への期待:"高い""諦め""低い" 誤解なく伝える自信・慣れ:"低い""高い" 言語的疎通性の重視度:"小さい→大きい" 相手とのコミュニケーションの持ち方の差異に関する認識:"小さい→大きい" 確認の方法:"情報""直接接触""類推" 事前確認の可能性:"高い" 要因の所在:"両者""相手方""自分"	・日本語で説明してもわかってはもらえるかもしれないけど，日本語で感情を説明するのはとても難しいです（日本語での表現の難しさ） ・英語が上手な人。お互いが理解できる限り，大丈夫です（相手の英語力）

まず，ラベルを類似性に沿って統合していき，〈専門家であること〉〈肩書・看板〉〈異なる文化への姿勢〉〈類似性・共通性〉〈相手との親しさ〉〈円滑なコミュニケーション〉の六つのカテゴリーを生成した。この六つをプロパティ・ディメンションのレベルで比較したところ，各要因が相談相手側の特徴と利用者側の特徴のどちらに起因するものであるのか（要因の所在）によって，要因の所在が"相談相手側"にあり，相手の能力や態度を問うたものと，利用者と相談相手の"双方"に由来するものとに分類された。前者の特徴を持つもの（〈専門家であること〉〈肩書・看板〉〈異なる文化への姿勢〉）を，より抽象度の高い《能力・態度》のカテゴリーの下位カテゴリーに位置づけた。さらに，後者の関係性に関連した〈類似性・共通性〉〈相手との親しさ〉を，《相手との関係》のカテゴリーの下位カテゴリーとしてまとめた。残りの《円滑なコミュニケーション》は，相手のコミュニケーション力や英語力等を問うている場合は，《態度・能力》であるが，双方の言語力の程度による意思疎通可能性や，留学生側の言語に対する自信を意味している場合もあり，《相手との関係》の要素も含む。したがって，両方の要素を持つ独自の独立したカテゴリーとして扱った。

2.3 カテゴリー間の関連性の検討による相応しい相手の見極め

［相談の基本要件］と［相応しさを担保する特徴］の二つのカテゴリー間の関連を検討し，どのように，特定の特徴を有する人が，相談相手として相応しいと判断されるのかを説明する。またインタビューデータから，該当するカテゴリー部分を含むデータを抜き出して例示する。

(1) 役に立つこと

同国人であることなど，〈類似性・共通性〉において共通性・一致度が"高い"こと（例1），対人的な関わりを持ってお互いに"よく知っている"間柄であること（例2），同じ研究室の留学生の先輩であることなどの，《相手との親しさ》の側面が，相談することが《役に立つ》かどうかを決定すると捉えられていた。相手との付き合いが"長い"ことや，相手との共通性・一致度が"高い"ことによって，助言や介入が的を射た有効なものになると考えられており，共通点や接点がなく，よく知らない相手（専門家を含む）は，適切な助言が得

られる相談相手とはみなされていなかった。

　一方〈類似性・共通性〉の"高い"相手は,「たぶん考え方は自分と似ていて, ああその人はいやだねと認め合って, 悪い人だね, で解決にはならない。——infol」というように, 問題解決に役立たないが, 専門家は, 自分が持っていない「ツール」を有しており,〈役に立つ〉関わりが期待できるとみなされる場合もあった (例3)。

　　例1　日本人の助言は, その人が日本で得た経験に基づいたものになりますので, それは日本人には役立つ助言かもしれませんが, N人のコンテクストにはあわないものです。——info13〈役に立つ〉←〈類似性・共通性〉

　　例2　私のことを知っている人が, 私の考え方や経験を理解したうえで, 何か助言をしてくれるほうが良いと思います。——info16〈役に立つ〉←〈相手との親しさ〉

　　例3　友達は私に助言することはできますが, 気持ち的にすごく巻き込まれてもいるし, 専門家が持っているようなツールも持っていません。——info2〈役に立つ〉←〈専門家であること〉

(2) 共感的に理解されること

〈類似性・共通性〉〈専門家であること〉《円滑なコミュニケーション》が, 共感的理解を可能にすると捉えられていた。《円滑なコミュニケーション》を言語の疎通性の問題と捉え, 言語の習得が〈共感的理解〉を促進すると考えている学生 (例4) もいれば, 文化的差異を〈共感的理解〉の障壁と捉え, 同文化出身者であることや, 来日後の経験に共通性があることなど〈類似性・共通性〉の"高さ"を, 共感的理解の重要な要素とみなす学生もいた (例5)。

　　例4　基本的にはコミュニケーションの問題がなければ, 文化のバリアがあったとしても, バリアは小さいものになると思います。(言語力があれば)私がどのように考えているのかを, 日本の人にきちんと説明することができるので。今は, 私はちゃんと説明したつもりでも, 日本人にはそれがはっきり伝わっていない場合があります。——info14〈共感的理解〉←《円滑なコミュニケーション》

　　例5　他の国からの留学生の友達に相談します。文化差はあっても, 日本での経験が共通しています。日本人に相談することはあり得ません。私は,

彼らが理解できるとは思えません。もし海外での生活経験がなければ、（自分の悩みを）理解できるとは思えません。——info14〈共感的理解〉←〈類似性・共通性〉

また、"国"や"文化"を、〈類似性・共通性〉を担保する要因と捉え、同国人留学生を主要な相談相手とみなす学生が存在する一方で、来日後に知り合った関係の浅い同国出身者を、同国人コミュニティ内での秘密漏えいの危険性を高める相手として敬遠する学生もいた。これについては、次項において改めて述べる。

〈共感的理解〉は、類似性や共通性ではなく、相手が〈専門家であること〉により担保されると考える学生もいた。その場合、〈共感的理解〉は、専門家の職能の一部と考えられており、専門家であれば（特定の知識・能力："あり"）、身近な人にもわかってもらえなかったことを理解してもらえるだろうとの期待がなされていた（例6）。

例6　何か大きな問題があったわけではなくても、ただ相談室に行って（専門家と）話をすることが出来れば、ほっとできるのではないかと思います。もしカウンセリングサービスが、本当に秘密を守ってくれる場所であるならば、大きな問題がなくても、（相談に行って）問題を（カウンセラーに）共有してもらえるとよいと思います。友達に話をしてもわかってもらえない場合もあるので。——info8〈共感的理解〉←〈専門家であること〉

(3) 人に知られないこと

例7は、守秘義務を守ることを専門家の職能の一部とみなしており、「指導教員に話が伝わってしまうことはありえない」と述べており、相手が〈専門家であること〉が、〈人に知られないこと〉の確信の基盤である。一方、例8では、相手のことをよく知っていること、つまり〈親しい相手〉であることが、秘密の漏えいへの疑念を払しょくすると感じられている。

例7　専門家に相談したことが指導教員に伝わってしまうのではないか、というようなことは心配していません。そんなことは21世紀には起きえないと思うので。——info2〈人に知られないこと〉←〈専門家であること〉

例8　まず私が、その人のことを信用できなければいけません。その人は、

単に大学の関係者で，私の事をゴシップとして流してしまうような人ではなくて，私の知っているコミュニティに関わっている人でなければなりません。——自由記述　欧米〈人に知られないこと〉←〈相手との親しさ〉

例9　日本で友達を作る場合，同国人の友達に話すと，この人のことはまだあまり知らないから，「この人は私の話を秘密にしてくれなくて，他の人に話してしまう危険があるな」と心配に思います。——info18〈人に知られないこと〉←〈相手との親しさ〉

「親しさ」が信頼の基盤である場合，親しさの程度が問題となり，同国人であっても，あまりよく知らない相手（付き合いの長さ："短い"）である場合は，危険がある（秘密の漏えいの危険性："高い"）とみなされていた（例9）。同国人であることやコミュニティを共有していることなど，日常の共有度の"高さ"は，役立つ助言や情報を担保するが，〈人に知られない〉ということに関しては，こうした日常の共有性が，秘密の漏えいへのより強い懸念をもたらしているといえる。

(4) 誠実な対応

すでに知っている相手は，実際に困ったときにどのような対応をしてくれるのかがイメージしやすいため，〈相手との親しさ〉は〈誠実な対応〉がなされることへの確信につながっていた（例10）。

例10　口先だけで「大丈夫だよ」というような人には問題を共有しません。私は誰に相談すべきかわかっていますから。友達に相談するならば，真剣に扱ってくれる人と，色々と話し合い何かの結論に達します。大学のサービスは使ったことはありません。——info14〈誠実な対応〉←〈相手との親しさ〉

(5) 決めつけられない

〈専門家であること〉や相手の〈肩書・看板〉〈異なる文化への姿勢〉〈相手との親しさ〉は，自分の状態に対して偏った決めつけを行われたり，日本的価値の押しつけをされたりすることに対する不安を減らすとみなされていた。たとえば例11は，専門家であれば，差異を尊重した寛容な態度を有しており，偏った見方や決めつけに対する心配は不要であると捉えている。

一方，例12のように，"留学生向け""留学生担当""国際交流団体"といっ

た〈肩書・看板〉から，相手の<u>異文化への対応</u>の"慣れ"や<u>差異に対して</u>"オープン"な態度（〈異なる文化への姿勢〉）を推測している場合もあった。

例11　プロフェッショナルアドバイス（専門家による援助）であれば，あまり心配しません。私は専門家であれば，「心が広くて，ジャッジメンタルではない。助けることを仕事にしている人なわけだから（いろいろ心配しなくても大丈夫）」と思いますし，そう期待します。ですから，相手の宗教とか文化的背景は気になりません。――info7〈決めつけられない〉←〈専門家であること〉

例12　イメージとして，そっち（留学生担当の人）のほうが，心が広いイメージ。偏見と思うけど。とりあえず行きやすいと思いますね。言葉の問題だけではなくて，慣れているほうが安心，P国の学生は日本語ができる人が多いし，比較的（日本人と）雰囲気も似ている。それでも（留学生に）慣れている人のほうが安心。――info5〈決めつけられない〉←〈異なる文化に対する姿勢〉←〈肩書・看板〉

自分のことを知らない相手の場合は，不利な決めつけをされる危険性が高く，相手との親しさの程度が重要であると捉えている学生もみられた（例13）。特に指導教員に対しては，「そうすると先生は私が問題を抱えていることを知って，何か偏った見方をされるかもしれない。大丈夫？　って――info8」というように，問題を抱えている状態を知られ，誤解されたり，否定的な評価を加えたりされることへの懸念が高かった。

例13　先生には研究室内での問題は話すべきではないと思っています。自分に対して，先生が誤解をするのを心配しています。先生が自分に対して否定的な意見を持つことは避けたいのです。――info9〈決めつけられない〉←〈相手との親しさ〉

(6) 当てにできる

研究領域の近い留学生仲間や，研究室のメンバーなど日常的に接点の多い相手〈相手との親しさ〉は，「いつでも自分のニーズに応じて手助けしてくれる」〈当てにできる〉という期待が向けられやすい（例14）。〈肩書・看板〉から，留学生対応が利用可能であることがわかるサービスも，〈当てにできる〉とみなされやすかった（例15）。

例14　研究室の秘書がいつも「大丈夫？」って聞いてくれる。それで，「(アパートが) 水漏れ (で困っている)」と相談すると，大家さんに電話して助けてくれる。(研究室で) 私たちはいつも一緒です。机を並べて土日もずっと一緒にいます。時間を長く一緒に過ごすので，小さい家族みたいになります。──info8〈当てにできる〉 ← 〈相手との親しさ〉

例15　少なくとも留学生は，そこ (留学生向けのサービス) では留学生関連の問題を話してもよい場所なのだと確証が持てますし，誰かは英語が話せるとわかります。「留学生向け」と表示してくれた方が簡単です。そこに行けば助けが得られると，確信が持てます。──info4〈当てにできる〉 ← 《円滑なコミュニケーション》 ← 〈肩書・看板〉

　日本語力が低い学生は，利用可能な資源が言語的に限られており，必要とするときにすぐに手助けが得られない場合がある。「留学生向け」という看板があり，常時対応が期待できることが，サービスへの信頼性・確信を高めると考えられる。複雑でわかりにくいサービスは，留学生に対する配慮に欠けた，必要なときに頼りにならない，当てにならないサービスであるとみなされていた。

2.4　相応しさの見極めの枠組みについて説明するモデル

　前項までに得られた複数のカテゴリーについて，相互の関連性を検討し関連図を作成した。また [相談の基本要件] の次元と，[相応しさを担保する特徴] の下位カテゴリー・プロパティとの関連により，【相応しさの見極めの枠組み】を説明できるよう，マトリックスを用いて整理を行った (表8-6)。これらの関連性をみやすく図式化したものが図8-2のモデル図1【相応しさの見極めの枠組み】である。このモデルは，相談相手の必要要件を見極める，個人内の認知的枠組みを説明している。

　有効性や安心感という相談の基本要件を，"相手方" (相手の能力や態度)，"両方" (自分と相手の両方)，"自分" (自分の能力) のいずれに求めるのか (要因の所在) によって，どのような人が相応しい相談相手とみなされやすいか説明可能である。

　さらに，見極めの要因の所在を，自分と相手のいずれに置くのかによって，自分と相手の "両方" におき，生活経験や文化的バックグラウンド等の両者の

第8章　留学生と学生支援サービスをつなぐ視点

表8-6　［相応しさを担保する特徴］の下位カテゴリーの性質の整理

主要な プロパティ	下位カテゴリー					
	専門家であること	肩書・看板	異なる文化への姿勢	類似性・共通性	相手との親しさ	円滑なコミュニケーション
要因の所在	相手方	相手方	相手方	両方	両方	相手側／自分／両方
事前確認の可能性	低い→高い	高い	低い	低い→高い	低い	高い

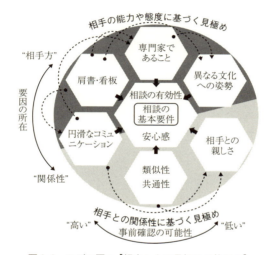

図8-2　モデル図1【相応しさの見極めの枠組み】

〈類似性・共通性〉や，付き合いの長さ〈相手との親しさ〉等を重視する《関係性》重視の見極めを行うタイプと，〈専門家であること〉〈異なる文化への姿勢〉〈肩書・看板〉などの，相手の《態度や能力》に関連する要件を重視するタイプとに分けられた。

　《円滑なコミュニケーション》は，相手側の言語力（主に英語力）の側面に注目し，相手の能力（要因の所在："相手"）の問題として捉えられる場合と，自分自身の日本語力，表現する能力として捉えられる場合とがみられた（要因の所在："自分"）。これに加えて，コミュニケーション様式の差異など，文化的側面に注目がなされている場合は，要因の所在は"両方"といえる。円滑なコミュ

165

ニケーションは通常双方向的なものであることを踏まえると，学生側，相手側のいずれかのみに帰属する要因と考えるべきではないだろう。したがって《円滑なコミュニケーション》は，図中では，相手側の態度・能力と，関係性の両方にまたがる要素として位置づけた。

さらに，これらの見極めの基準が可視的で，事前に確認可能であるか否か（事前確認の可能性）は，来日後の生活において，実際にその人が相談相手となりやすいかどうかに影響を及ぼしていた。たとえば，〈肩書・看板〉や対応言語に関する〈円滑なコミュニケーション〉は事前確認が"可能"である。一方〈相手との親しさ〉や〈異なる文化への姿勢〉は，〈肩書・看板〉〈専門家であること〉や〈類似性・共通性〉などから間接的に類推することはできるが，確実な見極めには直接接触が必要であり，事前確認の可能性が"低い"。〈専門家であること〉は，「専門家」に関して有している情報量が学生により異なっていることから，事前確認の可能性が低い場合もあれば，高い場合もあった。相手との共通のバックグラウンドを有することは，人によってその捉え方が異なっていたため，事前確認の可能性は中程度とした。

このように，【相応しさの見極めの枠組み】は多面的な構造を有しており，この枠組みを用いることにより，学生の見極めの多様な様式が説明可能である。

第3節　分析2：見極めの枠組みの多様性はどのように生まれるか

3.1　分析2の流れ

分析1においては，学生が相談相手をどのように見極めているのかを説明するモデルを生成し，そのバリエーションを示した。分析2においては，見極めの行為に多様性を生じさせる要因について検討することとした。再度データを読み直し，各カテゴリーのプロパティ・ディメンションを確認し，異なる見極めの様式が用いられているデータ間を比較することで，差異を生み出す要因を抽出，新たにラベルづけを行った。手続的には，分析1と同じ手順を踏み，ラベルをカテゴリーへとまとめていった。

まず，見極めの認知枠組みに影響を及ぼしている要因として，援助を求めたり受け取ったりすることに対して各人の有する［援助授受の個人的規範］と，

来日後の日本社会における体験を踏まえて形成される［ホストシステムとの折り合い］の二つの要因が挙げられた。さらに，学生支援サービスへのアクセスを促すような，学生と学生の環境との間の相互作用的側面として，学生からの能動的な環境への働きかけである［見極めのための働きかけ］と，学生支援サービスへのアクセスの必要性が高まる状況をさす［きっかけとなる状況］の二つの要因が挙げられた。これらの要因間の影響の下，学生が学生支援サービスにアクセスしていく流れには，主要な三つの流れが考えられた。

以下では，各カテゴリーの説明を行い，さらにカテゴリー間の関連性を示しながら，どのような状況下でどのような学生が，学生支援サービスにアクセスを行っていくのかを説明する仮説モデル（モデル図2：後掲図8-6）を提示する。

3.2 援助のやりとりに関する個人の規範

まず［援助授受の個人的規範］を説明するために，関連するカテゴリーの抽出プロセスとカテゴリーの性質についての説明を行う。そのうえで，抽出されたカテゴリーを用いて，インタビュー協力者を［援助授受の個人的規範］の特徴ごとに4分類し，その特徴を説明する。

母国社会で一般的な援助授受の形態や援助資源の利用に関して述べられた部分をまとめて〈母国で馴染みのある援助資源〉のカテゴリーとした。母国の教育機関の持つ心理援助的機能に関する言及は〈教育の場の学生支援機能〉として別のカテゴリーとした。この二つのカテゴリーは，《援助資源に関する基本的認識》としてより抽象度の高いカテゴリーに統合した。

専門家によって提供される援助一般に関して，インタビュー協力者の見方が示された部分をまとめて《専門的援助の機能の理解》として独立したカテゴリーとした。

また専門家・非専門家に限らず，他者に頼ることに対する個人の態度に関連した〈助けを求めることへの抵抗〉と，〈相手の負担への懸念〉の二つのカテゴリーを生成した。さらにこの二つを合わせて《手助けを得ることへの態度》とした。これらすべてのカテゴリー・下位カテゴリーをまとめる上位カテゴリーとして［援助授受の個人的規範］を設けた。

カテゴリーの一覧は，表8-7に示す通りである。さらにカテゴリー間の関わ

表 8-7 ［援助授受の個人的規範］カテゴリー一覧

カテゴリー	下位カテゴリー	プロパティ："ディメンション"	データ例（ラベル名）
《援助資源に関する基本的認識》 困難を解決する際に用いる社会的資源についての基本的な母国での前提	〈母国で馴染みのある援助資源〉 母国で一般的な援助資源，専門的援助サービスの社会的浸透度	馴染みのある相談相手："友人・知人・家族" "専門家と友人の使い分け" 母国での基本的援助："相互扶助" "互恵性" 援助サービスとの接触経験："なし" "利用経験あり" "見聞あり" サービスとしての援助資源の浸透度："低い" "高い" 専門的援助の発展度／限定性："低い" "特定の目的のみに存在" "一般な資源ではない" 専門的援助の社会的受容度："低い・スティグマ" "合理的手段"	・でも通常は問題があるときは友人に相談（普通は友達に相談） ・自分の国ではカウンセリングを利用することは普通で，合理的なこと（合理的な手段）
	〈教育の場の学生支援機能〉 母国において，教育の場が担う学生支援の機能や，援助を提供する教職員との関係性	大学の学生支援機能の充実度："低い" "高い" サービスの充実度への影響要因："予算の潤沢さ" "専門的サービス自体の未発達度" 認知・利用経験："あり" "なし" 母国大学のサービスへの印象："よい" "悪い" 教職員との距離感："近い" "遠い" 主たる相談領域："学業進路領域" "健康・医療領域"	・心理士はいたかもしれませんが，使ったことがないのでわかりません。もしあったとしても，誰も知らないと思います（サービスの認知度の低さ） ・でもそれはもっと「何か問題は？」とか「卒業後は」みたいな問題が多い（キャリアガイダンス的機能）
《専門的援助の機能の理解》 専門的援助に関する各人の理解の程度と専門的援助の必要性・有効性に対する考え方		専門的援助と日常の援助の線引き："あり" "なし" "明瞭" "不明瞭" 専門的援助の代替可能性："あり" "なし" "日常的支援の万能性" 専門的援助の必要性："肯定" "否定" "合理的選択" "葛藤" 専門的援助の文化的普遍性："あり" "なし・文化依存的"	・心理の専門家なんて必要ではなかったのです。友達が世話をしてくれるので（日常的援助の万能性） ・日本のカウンセリングシステムは，日本の文化価値に根ざしていると強く感じています（日本的カウンセリングへの不信頼） ・でも，カウンセリングとか，さっき話したような問題は解決できるかなと疑っています。それが何の役にたつかなと疑っている（有効性への疑い）

《手助けを得ることへの態度》自分の問題の解決に対して，他者に助けを求めることに関する認識や，手助けを受ける際の感情	〈助けを求めることへの抵抗〉自分の問題や悩みの解決のために他者に助けを求めることへの抵抗感や負債感	自己解決志向性："弱い""強い" 過去に手助けを必要とした経験："あり""なし" 自己開示の困難さ："低い""高い" 手助けを得ることへの抵抗感："強い""オープン" 負債感・抵抗感："弱い""強い" 援助授受のバランス："重視"	・困ったことがあったら，自分で閉じないで，自己開示（自己開示へのオープンな態度） ・個人的な問題は，無視するか（やり過ごす），自分で解決するかします（自己解決） ・日本では，言葉のバリアの問題で何でもサポートの団体や他の人に頼らなければならない，というのは本当にフラストレーションがたまります（頼ることへの不快感）
	〈相手の負担への懸念〉自分の問題の解決に他者の手を借りることによって，他者にかける迷惑に対する心配	懸念の強さ："強い" 懸念に影響する要因："相手との関係性の双方向性""専門家であるかどうか""相手との親しさ" 援助授受のバランス："重視"	・誰かに話しかけると，その人の迷惑になるかもしれないから黙っておこうと考えている（相手の迷惑になるかもしれない） ・それから家族は，私から離れているので，心配しすぎるので話しません（心配かけたくない）

りを，カテゴリー同士，下位カテゴリー・プロパティレベルでのつながりとして検討，インタビュー協力者間の比較を行って整理し，図8-3に示すようなカテゴリー関連図を作成した。

(1) 援助資源に関する基本的認識

〈母国で馴染みのある援助資源〉は，専門家によるサービスが，日本同様に母国に存在するか（発展度），一般的に知られているか（社会的浸透度），利用することが社会的に受け入れられるか（社会的受容度）といった要素で説明された。

母国において，例16のように専門的援助サービスが社会に浸透しており，「私の国では，カウンセリングを受けることは，普通のことですし，合理的な意味のあることだと捉えられます［自由記述　欧米］」というように有効な選択肢とみなされている場合もあった。また，例17のように，専門的サービスが第一選択肢ではない場合であっても，周囲の人の働きかけがサービス利用を促進する場合もあった。

例16　たぶん，本当に国によっていろいろと違っていて，とくにⅠ国からの学生は，専門的な支援を得ることを問題であると感じません。Ⅰ国で

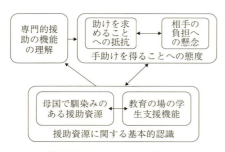

図8-3 ［援助授受の個人的規範］（カテゴリー間の関連性）

は，専門的な支援を得ることは普通です。ほかの国では，変なみられ方をしたりすることは知っているし，それらの国の学生をカウンセリングの場につれてくることは難しいだろうなと思いますが。——info2

例17　専門的なサービスもありますが，これらには，問題がすごく大きいときだけ行きます。最初は，まず友人や家族と話をします。＜大きいっていうのは？＞友達や家族と話をしたら，家族や友人が「あなた，それは大変だよ，専門家のアドバイスを得たほうがよいよ」となって，それから専門家を探します。でもそれ（専門的サービス）は最初のチョイスではありません。もし親しい人が助けることができなければ，専門家を探します。——info7

　一方，専門的サービスが社会資源として存在せず（専門的援助の発展度："低い"），顔見知りの中での助け合いが一般的な援助授受のスタイルである場合（母国での基本的援助："相互扶助""互恵性"）は，個人的なことの相談において，「サービスを利用する」というアイディア自体が浮かびにくい。この場合，「心理の専門家なんて必要ではありませんでした。（困ったときには）友達が世話をしてくれますから。家族がいるなら，家族が面倒をみてくれる——info4」というように，専門的サービスの利用や，親しい人を経由した専門的サービス利用は生じにくい。

　専門的援助資源全体の社会状況に加えて，〈教育の場の学生支援機能〉も様々であり，学生が，援助資源として大学をみなすかどうか，という前提に影響していた。日本の大学では，教職員と学生との関係には学生支援的な関わりも含まれ，また，一般的に教育の場は，学生がカウンセリングなどの専門的援助資源に触れる主要な場でもある。一方，留学生の母国においては社会一般における専門的援助の浸透度とは別に，大学がそうした機能を持つかどうかという面においても多様であった。機能が整っていない場合の理由には，予算不足の場合もあれば，高等教育の場に，学生の心理発達を支える機能が期待されて

いない場合もあった。例18のように教職員との関係性は距離があるものとみなされていたり（<u>教職員との距離感</u>："遠い"），大学は学生に対して権威的・管理的であると認識されたりしている場合，あるいは大学の役割は教育・研究の場の提供であり，個人的な問題の解決は高等教育の担う機能に含まれないとみなされており，個人的な問題を語る場と認識されていない場合もあった（<u>大学の学生支援機能の充実度</u>："低い"）。

例18　受験戦争で大学に入っても勉強ばかり，心の問題を注意してくれる先生は一人もいない。自殺も多い。それが社会問題になって，心理学の先生を置くようにしているけれども，ものすごい大勢の学生がいる大学にたった一人だけとか。表向きを整えているだけ。L国では，あまり本当の悩みを先生にはあかさない。個人的な話をするには信頼関係がいるけれども，先生は忙しく大変なことはわかっているので最初から話さない。
——info2

さらに，カウンセリングサービスが，医療などの特別な領域においてのみ社会的に認知されており，学業に関連したストレス等は，大学がサポートを提供する対象とはみなされていない場合もあった（例19）。

例19　M国にはカウンセリングサービスは，HIVとか，重篤な健康問題のある人向けのサービスのみが存在しています。とくにHIV患者向けにはたくさんの機関があります。なぜならばHIV患者は，社会的なスティグマにさらされていますから，自分の問題を家族や友人に相談することができずストレスがとても多いです。ですからカウンセリングセンターに行きます。ですが，学業等に関連したストレスを相談する場としては，カウンセリング組織はありません。——info10

(2) **手助けを得ることへの態度**

問題の解決において，他者に助けを求めることに対して，心理的抵抗を感じたり，相手の負担を懸念したりする学生もいれば，他者の意見や手助けを求めることに積極的な態度を示す学生もいた。また，手助けを得ることに対する態度が，自分自身の性格やプライドに関連している場合と，手助けを求めることで相手に与える迷惑への懸念に影響されている場合とがあった。後者の場合，自分の問題の解決のために他の人に時間をとらせることを申し訳なく思い，相

手に対して負担になるかもしれないという思いが，手助けを得ることに対して回避的な態度につながっていた。いずれも《手助けを得ることへの態度》であるが，前者を〈助けを求めることへの抵抗〉，後者を〈相手の負担への懸念〉とした。自分の問題や悩みの解決に他者の手助けを求めることに対して，"オープン"な態度を示す学生は（例20），自己解決のこだわりや，他者に援助を求めることへの抵抗感が"弱い"が，自己解決志向の"強い"学生は，人に手助けを得ることに馴染みのなさを感じていた（例21）。

> 例20 私の性格として，困ったことがあったら，自分で閉じないで，自己開示。誰かと交流する。なので，とりあえず（相談に）行ってみようと。——info1

> 例21 そうした状況で，自分自身であれば，基本的にはまず自分で解決しようと思います。ほとんどのことは家族に相談せずに，自分で解決します。よいか悪いかわかりませんが，自分のことには自分で責任を持ちます。——info18

また，〈助けを求めることへの抵抗〉〈相手の負担への懸念〉のいずれも，<u>援助授受のバランス</u>が相手との間に維持されていることが"重視"される場合とされない場合とがあり，"重視"されている場合に，<u>負債感・抵抗感や懸念の強さ</u>が示された。つまり，手助けを得るのには相手が「すごく親しい相手」である必要があり，そうでなければ手助けを得ることに伴う負債感・抵抗感，相手の迷惑への懸念が強く，できる限り「黙っておく」，あるいは「もう一度質問しない」という相談の回避が生じていた。

> 例22 私の性格，習慣 habit のせいかもしれませんが，私は話しかけるのがあまり得意ではないので。だれかに話しかけると，その人の迷惑になるかもしれないから黙っておこうと考えている。——info9

> 例23 もしものすごく親しくて，お友達同士なら大丈夫です。でもそうでなければ，それほど親しくない人には，もう一度質問したくありません。迷惑をかけたり，邪魔したり，時間をとってしまうのではないか，と心配なのです。——info10

〈助けを求めることへの抵抗〉や，〈相手の負担に対する懸念〉の強さは，学生本人にとっては，来日前から一貫した認識・行動のパターンであり，「性格」

第8章　留学生と学生支援サービスをつなぐ視点

「習慣」とみなされていた（例22，例23）。

(3) 専門的援助の機能の理解

専門的サービスは，"専門家ならではの機能"を持ち，両者の間には<u>線引き</u>が"あり"，日常的援助では専門的援助を必要とする人のニーズは満たせないと認識されている場合もあれば（例24），日常的援助と専門的援助の機能は"代替可能"であり，日常的援助に恵まれている限り，専門的援助は不要（"日常的援助の万能性"）であるとみなされている場合もある。またカウンセリングなどのサービスに関して，「ただ話を聞いてくれるだけで役立たない」というように，その必要性を"否定"している場合もあった。

> **例24** 私は，何か専門的なヘルプが必要だったのです。私は，ボーイフレンドもいますし，家族もいます。でも，私は，とても不安を感じていて，研究に集中できない，という気持ちで，頻繁にミスをおかしていたので，少しおかしいと感じました。／たぶんストレスに違いないと考えました。彼氏や家族と話すのは，彼らは専門家ではないので，十分ではありませんでした。── info3

専門的援助の機能に対する理解は，来日前に形成されていた〈母国で馴染みのある援助資源〉の理解の枠組みがそのまま提示される場合もあったが，「余りサービスは発展していません。一般的な意味では。ただ私は病院で働いていたので，そこにはカウンセリングもありました。ですから（よく）知っています。私は自分の職場でそうした知識を得ていますが，一般的ではありません。── info13」というように，母国一般と比較すると豊富な知識を持つ場合や，来日後の経験によって日本で手に入る専門的援助に対する理解枠組みが生まれている場合もあった。母国に同等の資源がある場合は，日本のサービスとの比較が行われた結果，日本で手に入るサービスがより高く評価されたり，低く評価されたりしていた。

ステップ3で追加した自由記述データからは，専門的援助の機能を文化的に普遍なものとみなすかどうか（<u>専門的援助の文化的普遍性</u>），というプロパティが抽出されたが，例25のように，<u>専門的援助と日常的援助の線引き</u>はされているが，日本で提供されるサービスは日本式にアレンジされており，日本人以外には有効ではないという認識を示すものもいた（<u>専門的援助の文化的普遍性</u>："否

173

定")。

> 例25 私は，日本のカウンセリングシステムは，日本の文化的価値に根ざしていると強く感じています。なぜならば，このカウンセリングを利用したことがある人から，"ロジカルではなくて，感情的な，変な人 abnormal として扱われた" と聞いたからです。――自由記述　中南米

(4) 援助授受の個人的規範のタイプ分け

インタビュー協力者の示す特徴を，各カテゴリーのプロパティ・ディメンションを用いて整理し，異なる特徴を示す援助授受の個人的規範の4タイプに分類した (表8-8)。それぞれのインタビュー協力者がどのタイプに該当するかを，併せて表中に示した。【タイプA】には，info9, 13, 15, 18 が該当した。【タイプB】には info4, 6, 10, 11，【タイプC】には info1, 8, 16, 17，【タイプD】には info2, 3, 5, 7, 12, 14 が該当した。以下，それぞれのタイプについて説明を加える。

タイプA　自己解決志向

母国では身内や友人知人の中で助け合うことが普通であり，その中でも，援助を提供する役割を主に担ってきたことによって，他人に<u>相談した経験</u>が "少なく"，被援助者の役割を取ることへの "不慣れさ" や相談することによるプライドの傷つきへの不安，<u>自己開示の困難</u>の "大きさ" から，来日後も〈助けを求めることへの抵抗〉が示された (例26)。<u>自己解決志向</u>が "強く"，可能な限り自分で対処することが優先され，「勉強に関係ないからその問題は無視することに決めた」といったように，問題の解決が放棄されたり，認知的に対処されたりしていた。

> 例26 私は，あまりよいことではないかもしれないけど，自分に対して高いプライドを持っているので，他の人に話すと，「そんなことで気にしているの，いつも相談にのってくれていたのに，あなたもこんなことで悩むなんて弱いのね！」と (思われそうで嫌)。私はいつも周囲の人の問題の相談にのってあげて解決しているので。なので，自分の時は誰に話したらいいか……。――info18

タイプB　日常的援助の優位性／相互扶助的

母国では，親しい知人や親族・家族などとの日常的な関係性の中で，助けた

第8章 留学生と学生支援サービスをつなぐ視点

表8-8 援助授受の個人的規範の4タイプ

カテゴリー	タイプ分けに影響するプロパティ	タイプA 自己解決志向	タイプB 日常的援助の優位性／相互扶助的	タイプC 専門的援助機能に対する両価的態度	タイプD 専門的援助の妥当な理解と使い分け
		info9, 13, 15, 18	info4, 6, 10, 11	info1, 8, 16, 17	info2, 3, 5, 7, 12, 14
助けを求めることへの抵抗	自己解決志向性	非常に強い	弱い⇔強い	弱い⇔中程度	弱い⇔中程度
	助けを必要とした経験	少ない	少ない⇔多い	少ない⇔多い	少ない⇔多い
	自己開示の困難さ	大	小⇔大	小⇔大	小⇔大
相手の負担への懸念	懸念の強さ	大	小⇔大	専門的援助に関しては小さい	専門的援助に関しては小さい
	懸念に影響する要因		相手との関係性（双方向性・親しさ）	日常的援助に関しては，相手との関係性	日常的援助に関しては，相手との関係性
専門的援助の機能の理解	専門的援助と日常的援助の線引き	なし・あり・不明瞭・明瞭	なし	あり	明瞭
	専門的援助の必要性	否定／肯定	否定	葛藤	肯定
	専門的援助の代替可能性	あり	あり／日常的援助の万能性	あり	なし
	援助の文化的普遍性	＝	＝	あり	あり／なし 日本＞母国 母国＜日本
母国で馴染みのある援助資源	専門的援助の発展度	低い⇔高い	低い	低い	高い
	サービスとしての社会的浸透度	低い⇔高い	低い	中程度	高い
	専門的援助の社会的受容度	低い⇔高い	低い・スティグマ	中程度	高い
教育の場の学生支援機能	教職員との距離感	近い⇔遠い	近い⇔遠い	近い⇔遠い	近い⇔遠い
	学生支援機能の充実度	低い	低い	低い	低い⇔高い
見極めの枠組みの特徴 （重視される側面）		自己解決志向が強く相談相手の見極めのプロセスが生じにくい	相手との関係性に基づく見極め	相手の能力や態度に基づく見極め	

り助けられたりする相互扶助が中心であり，専門的サービスとして心理援助は整備されておらず（母国での基本的援助："相互扶助的"，専門的援助の発展度："低い"），社会的に浸透していない（専門的援助の社会的認知度："低い"）ため，《専門的援助の機能の理解》は進んでおらず，専門的援助と日常的援助との線引きは"ない"。一方で，日常的援助資源の機能は"万能"であり，面識のある関係性の中で日常的に提供されるサポートのほうが，見知らぬ他者である専門家より役立つと感じられており，専門的援助は不必要（専門的援助の必要性："低い"）であるとみなされていた（例27）。

　　例27　もし私の友達や，自分自身が，抑うつ的になって，心理的なヘルプが必要だとしても，私はお医者さんのところにいくとは思いません。多分友達のところにいって，話をすると思います。それが留学生の集まる状況では，もっとも効果的なヘルプであると思います。—— info4

タイプC　専門的援助機能に対する両価的態度

専門的援助について，知識としては見聞きしたことがあるが，それがどのように役立つのかを具体的に思い浮かべ，有効であると心から納得することが難しく感じられるため（例28），自分にとって効果をもたらすものであるという確信が持てない。しかしながら，まったく無意味で役に立たないとも考えておらず，専門的な心理援助の知的体系が存在することを認識している。母国で専門的援助は存在するが，一般的ではなく（サービスとしての社会的浸透度："中程度"），得られる情報は少なかったり偏ったりしていることから，専門的援助機能の理解は，限られた情報からの解釈に基づいていたり，〈母国で馴染みのある援助資源〉との比較や，母国で流布している専門的援助に対する偏った理解に影響を受けたりしていた。

　　例28　たとえば，最初もしこのインタビューがそのまま直接（本当の面接）で，私が（面接の場に）来て，「私の問題はこれです，これです」とは言いたくない。そんな感じです。なぜ他人が私のことを考えてくれるのか，なぜその何が（その人が言っていることが）正しいといえるのか，それは前にいる人（専門家の人）はおそらく全部，何がよいかわかっているかもしれないんですけど，自分の疑問が残ります。だから，もうちょっと長く知り合ってから，もしそのアドバイスをもらったら受け止められるかもしれな

い。——info16

　例29のように信仰との対比によって，専門的サービスは，より具体的で，問題解決につながるような解決策の提示を行うものと理解されている場合や，例30の「心を全部見透かしてしまう」のように，専門的援助に対する誤った認識がみられる場合もあった。

　　例29　私の意見では，宗教は，心のため，心の平穏のため，時間がかかる。カウンセリングは，何かサジェスチョンを受け取って，何か役立つアドバイスを得られるのではないか，と。時折人間は忍耐がないので，もっと，ロジカルな答えを欲します。——info8

　　例30　心理士に会うのはこれが初めてです。私はこれまで会ったことがないので，怖い感じがします。なぜならば，彼らは私の心を全部見透かしてしまう，わかってしまうと思うからです。わからないですけど，そういうイメージです。——info17

　また，「具体的に役立つ助言を提供してもらう」のように，問題状況に対してどのように対処すべきか専門家が回答を有しており，専門家はそれを教えてくれると捉えられている場合もあった（info1）。

タイプD　専門的援助の妥当な理解と使い分け

　日常的援助と専門的援助は，質的に異なる機能を有しており（<u>専門的援助と日常的援助の線引き</u>："明瞭"），両者は代替可能ではないが，一方が他方を否定するものでもなく，専門的援助がどのような場合に有効であるかということも理解されている（例31）。

　　例31　専門的支援は専門的支援で，友達は専門家ではありません。同時に，専門家はあなたの友達ではありません。私は友達が小さいころからいましたので，こうした友達が日本でも必要ですが，理想的には両方，専門的支援と友達，があるのがよいと思っています。——info2

　専門家が問題を一方的に解決してくれるような超越的な存在ではないことや，専門的援助が効果を発揮する可能性が高い問題状況が理解されており，母国社会でも，同様の状況で専門的援助を利用することが"合理的選択肢"の一つとみなされている（<u>サービスとしての社会的浸透度</u>："高い"）。

　　例32　正直に言うと（母国では学生支援のサービスは）良いイメージではな

かったんです。そうですね，（日本の）B大と比べると，（母国の）大学のキャリアサポート室とかも，スタッフの態度とかが，プロフェッショナリティとか足りないんじゃないかと思います。〈プロフェッショナル？〉主に態度です。ちょっと感情的なイメージをもっているんです，私は。確かに日々改善はしてきたんじゃないかと思うんですけど，なんか，そうですね，（母国の大学のサービスでは，スタッフが）学生と同じ地位ではなく，より高い地位に座っている考え方というイメージが。——info12

例33　日本人は，カウンセリングをあまりよく思っておらず，社会的なスティグマがあると感じています。私自身は，カウンセリングにスティグマをまったく感じません。私の国では，カウンセリングを受けることは，普通のことですし，合理的な意味のあることだと捉えられますので，そうではない日本で手に入るサービスが，私の国のサービスと同様に優れたものであるとは感じられませんから，日本のサービスは信用できません。
　　——自由記述　欧米

　自分自身や知り合いが，サービスを利用した経験を有している場合も多く，専門的サービスに何が期待できるのか，事前にある程度明確であった。したがって，「親しい友人や恋人，専門家のどちらもが必要」であり，だが「専門家でなければできないことがある」という理解が示された。一方，援助の専門性が文化普遍的なものとみなされない（援助の文化的普遍性："否定"）ケースがみられ，その場合，学生は母国のサービスは信頼していたが，日本のサービスは，文化的差異のある日本人向けのものであるという意識や，あるいは母国のサービスとの比較に基づき，より信頼性が高い（例32）とみなされる場合もあれば，同等の質のサービスではない（例33）と評価される場合も生じていた。

3.3　ホストシステムとの折り合いによる影響

　見極めの過程に影響を及ぼすもう一つの要因は，来日後の日本社会の中での，日本人との付き合いや，日本文化・日本社会との関係の持ち方であった。ホスト成員との人間関係の質や量である《ホスト成員との対人的結びつき》，日本社会や，日本の大学などの組織体制や規範，制度に対する評価である《日本のやり方の受け止め方》，また外国人であることに起因する日本社会での体験で

第8章 留学生と学生支援サービスをつなぐ視点

ある《外国人としての体験》がカテゴリーとして抽出され，これらをまとめて[ホストシステムとの折り合い]とした（図8-4）。表8-9には，ホストシステムとの折り合いに関連したカテゴリー一覧を示す。また以下では，それぞれについて説明したのちに，ホストシステムとの折り合いが，どのように相談相手の見極めに影響を及ぼしているのかについて示す。

(1) ホスト成員との対人的結びつき

ホストコミュニティにおける人間関係は，対人関係の量（接触量）や質，中でもホスト側からの働きかけの如何によって，結びつきの深さが異なり，結びつきに対する評価が異なっていた（対人関係への評価）。多くの学生は，例34のように，結びつきの範囲が研究室に"限定的"であり，また日本人側からの働きかけが"少なく"，双方向的な関係ではなく（関係の双方向性："一方向"），それについて"諦め"の感情が示された。

> 例34　でも個人的な体験から，研究室の同僚には（プライベートなことは）言うべきではないと思っています。研究室の人と関係はいいけど，そこまでには至っていません。違う意味でいいです。研究とか仕事か，飲み会を持つにはいいですが，研究室を離れたら，もうつながりがありません。
> ——info7

(2) 日本のやり方の受け止め方

学内外の生活において，学生が「日本的」と捉える，様々なシステム，ルールなどが挙げられ，批評の対象とされていた。中でも特に重要であるのが，学生が長い時間を過ごす大学，またホストとの関係性の中心となっている「研究室内」でのルール・規範の理解と受け止め方である。どのようなシステムのもと日本の大学が機能しているのか，研究室内の暗黙のルールや対人的コミュニケーションにおいては何が求められているのか（日本のやり方の正しい情報量），その意味を理解することができ（日本的やり方の理解の程度），それに対してどのように受け止め振る舞うのか（日本のやり方に対する評価）について言及がなされた。また大学のサービスについても，日本的やり方という視点からサービス／システムの適切さが評価され，相談相手の選択プロセスに影響を及ぼしていた。母国のサービスやシステムとの比較がなされ，その結果，差異に対して否定的な評価がなされる場合と，差異は認知されているが，それが肯定的に評価

179

図8-4 ［ホストシステムとの折り合い］

表8-9 ［ホストシステムとの折り合い］カテゴリー一覧

カテゴリー	プロパティ："ディメンション"	データ例（ラベル）
《ホスト成員との対人的結びつき》 来日後に日本人との間に形成された対人的結びつきの質，それについての満足度	接触量："十分""不十分""多い""少ない" 結びつきの範囲："せまい""限定的" 結びつきの深さ："深まらない""深い""道具的" 関係の双方向性："双方向的""不均衡""一方向" ホスト側の異文化への関心："低い" ホスト側からの働きかけ："積極的ではない""少ない" 対人関係への評価："諦め""満足"	・それから，何といっても，日本人は，私の個人的問題になんて関心があるようには見えません（日本人の関心の薄さ） ・ここでも良い友達はいますが，彼らはいつも忙しそうに見えます（忙しそうに見える）
《日本のやり方の受け止め方》 日本的な社会システムや制度，ルール，また日本人のコミュニケーションの特徴についての理解の程度や，それに対する評価	体験の直接性："実体験""伝聞""類推" 日本のやり方の正しい情報量："少ない""多い""偏り" 日本的やり方の理解の程度："低い""高い" 日本的やり方に対する評価："好意的""否定的" サービス／システムの適切さ："適切""不適切" 特徴の一般化の範囲："広い・狭い""特定集団""日本人全体" 日本的やり方への対応："合わせる""否定する""よく知る"	・日本社会にある厳格な規範は，本当に他者の生活のことを考えているとは思えません（日本的規範の柔軟性のなさ） ・大学はただ，私たちの要求のすべてを拒絶するだけです（要求への大学の固い姿勢） ・すでに出来上がったシステムはかえることはできませんから，そこに自分を適合させる必要があります（システムに自分を合わせていく）
《外国人としての体験》 日本において外国人であることによって生じていると認知されている，困難な体験	体験の捉え方："否定的""肯定的" 一般化の範囲："限定的""広い" 体験の直接性："実体験""伝聞""類推" 体験の場："学内""学外"	・短期滞在者として扱ってほしくない（短期滞在者として扱われる） ・日本は，とても同質性が高くて，外国人は，常に外国人で時々あまりよい気分ではありません（部外者として扱われる） ・そのような体験は多分ないのではないかと思います。生活の中でときどきありますが，X大学の中ではあまりそういう体験がないと思います（学内では外国人扱いされない）

されている場合の両方のケースがみられた。"留学生向け"というサービス提供の仕組みに対しては、日本人学生と留学生の「違い」を強調するものであり、「日本は、とても同質性が高くて、外国人は常に外国人で、時々あまりよい気分ではありません。何年住んでも外国人です。サービスが分かれていることは、違い、を認識させます」と"適切ではない"と評価される場合もあれば、"適切である"と評価される場合もあった。また、"直接的な体験"に基づいた評価の場合もあれば、"間接的情報"を通じて日本的やり方が理解されている場合もあり(体験の直接性)、さらに、その特徴の一般化の範囲も"広く"「日本社会」「日本文化」「日本人全体」である場合もあれば、「研究室」「大学内」など限定的な場合もあった。

例35　日本の階層的な組織構造は自分の母国とすごく異なるものであり、社会的な構造がどう機能しているのかを理解するのがとても時間がかかり、難しいことなのです。──自由記述　南アジア

例36　私はシステムがよく理解できませんでした。まるで日本のシステムは、質問をしないということは、その人はすべてわかっていると見なしているように感じます。──自由記述　中東アフリカ

日本的なシステムに対して批判的に捉え、あるいは馴染まなさを体験し(例35, 36)、システムの変容の必要性を主張する学生もいれば、例37, 38のように、「日本のやり方」に、自分自身を合わせる方略をとる学生もいる。

例37　日本の生活では、仕事の生活と、プライベートの生活と完全に切り離されています。(母国の)Y国は、境はありますが、両方の世界のコミュニケーションがあります。それが日本の伝統だと思うので、それにフィットするために従っています〈(日本の分離に慣れるようにしている)〉。時々ミックスしようとしますが、結果があまりよくないです。たとえば研究室の人を(プライベートの)パーティに呼んでも、すごく居心地が悪そうなのです。違う環境から知り合っているので、この環境に呼ぶと、すごく居心地が悪そうなので、二度と呼びません。── info7

例38　たしかに言語のバリアはあり、いろいろと工夫をする必要がありますが、一旦ここのシステムについて理解できれば、そのシステムに従えばよいのです。英語でも日本語でも、それはあまり関係ありません。〈シ

ステムを知るのにはどのぐらい時間がかかりますか？〉それは，どの程度その人がシステムに晒されるか，エクスポージャーの量によります。エクスポージャーの量が多ければ，その文化について理解するのは早いです。
　——info13

(3) 外国人としての体験

「外国人」であること，ホスト社会の多数派と文化的特徴を共有しないことに帰属される困難な体験は，イベント的に生じる不愉快な体験の場合もあれば，研究室での日本人学生との相容れなさなど，日常的な関係性の中で体験されたものもあった（体験の場："学内""学外"）。

否定的体験は，例39にみられるように，日本対自文化，日本人対外国人など，体験が大きく一般化され，日本人や日本社会，文化全体に対して否定的・肯定的イメージが付与される場合もあれば，特定の領域に特化した，特別な経験として語られる場合もあった（体験の捉え方／一般化の範囲）。例38の学生が「システムへのエクスポージャーの量」と述べたように，社会生活の幅が狭く，大学内・研究室内に閉じている場合，こうした一般化が生じやすく，大学コミュニティが安全な場とみなされるかどうかに影響していた。また自分自身の体験ではなく，留学生仲間等の体験の伝聞であっても，同様の影響力を持つ場合もあった（体験の直接性）。

　例39　指導教員は自分のことを神様だと思っていて，どんなミスも咎められることがなく，「あなたにお金を使うぐらいなら，今後も日本に残り国のためになる日本人学生に使った方がお金が無駄にならない」といって，プリンターの利用や本の貸し出し，学会への出席を制限するようなことをします。そして私は異議申し立てをすることもできないのです。——自由記述　中東アフリカ

(4) 専門的援助の機能の理解とホストとの折り合い

ホスト成員との"十分な"接触量，個人的な領域も含めた"深い"結びつきは，実態に即した日本的やり方の理解度を高める。十分な知識，理解のうえに，日本的やり方に対して"否定"あるいは"肯定"的評価が加えられる場合もあったが，対人的結びつきが"浅い"状態や，"直接的"体験ではない，あるいは"限られた"体験のみしか有してない場合には，日本的なやり方に関する理

解度は"低く"，"表面的"であり，日本的やり方が全否定されたり，"日本人全体"に過剰に一般化されたりする場合があった。

　　例40　留学生の事務室の人のネガティブな態度は，彼らと話したくない，あそこに行きたくない，という気分にさせますし，それ以外のサービスを使うことに関しても，あまり comfortable に感じさせません。──自由記述　欧米

　日本人の親しい友人がいないことが，直接日本的システムへの批判につながるわけではないが，関係が限定的であり，深さ，広がりがない場合には，例40のように不愉快な体験は過剰な一般化につながりやすいと考えられた。特に，日本人との間で生じた不愉快な体験が，外国人であることに帰属された場合である《外国人としての体験》では，その否定的な体験がホストとの関係性全体に一般化されやすかった。「日本は，留学生，特に白人ではない学生にとっては最悪な場所です。──自由記述　南アジア」といったような，日常的全般的な差別体験や不愉快な態度，また例39のように「外国人」であることによって，日本人学生とは異なる対応をされた経験は，日本的システム全体の否定につながっていた。

　［ホストシステムとの折り合い］の状態が，サービスの【相応しさの見極め】にどのように影響を及ぼすのかは，《専門的援助の機能の理解》の状況にも依存していた。図8-5は，それぞれ専門的援助と日常的援助の間の線引きが"あり"な場合と，"なし・不明瞭"な場合に分け，ホストシステムとの折り合いがよい／悪いケースで，学生支援サービスの相応しさの見極めがどのように影響を受けるかを示したものである。また，学生支援サービスの中で，「留学生対象」という看板を持つ場合についても検討した。

　専門的援助と日常的援助の間の線引きが，"なし・不明瞭"である場合，日本人専門家との関係性は，日本人との対人関係の連続線上にあり，学生支援の専門的サービスも，日本の大学のシステムに埋め込まれたものとみなされる（図8-5の左）。この場合，来日後の体験の中で《ホスト成員との対人的結びつき》が"深い"場合や，日本的なやり方の理解度が"高い"，あるいは"肯定的"に受け止められている場合（《日本のやり方の受け止め方》）は，信頼するホストシステムの一部である，日本の大学や日本人専門家の提供するサービスは，

相談資源として相応しいとみなされる。逆に《ホスト成員との対人的結びつき》が進んでいない場合や日本的なやり方の理解度が"低い"，受け止め方が"否定的"である場合は，日本的システムの一部であるとみなされる大学が提供するサービス，あるいは日本人により提供されるサービスは信頼を得にくい。

　その場合，例41にみられるように，日常的に接する日本人に対する不信感と同様に，学生相談・留学生相談機関に対しても，守秘性や適切な対応に対して不信が高く，結果的に大学，あるいは日本人に相談するという行為は抑制されていた。

　　例41　信頼できる日本人を見つけるのは本当に難しい。日本人は笑いかけてくるけれども，何も肝心なことはしてくれないし，私の状態に関して，ほかの人に話を伝えてしまう。——自由記述　中東アフリカ

　一方，専門的援助と日常的援助の線引きが"明瞭"で，専門家との援助関係は日常的な日本人との対人関係から独立したものとみなされている場合，サービスを提供する機関は，日本社会や日本の大学など，ホストシステムから独立したシステムとみなされる。したがって，《ホスト成員との対人的結びつき》や《日本のやり方の受け止め方》によって，サービスの相応しさの見極めが影響されにくい（図8-5右側）。

　さらに，留学生相談室のように対象が「留学生」であることが明示されたサービスは，主流派の「日本的」システムからはずれた存在とみなされ，「日本の官僚主義に付き合う必要がないので便利」「留学生○○という名前の場所では，誰かは問題に対応できるはずと期待します」というように，《日本のやり方》とは違う対応が期待される場合があった。システムに対する不満や批判が，異文化への配慮のなさや言語対応力の不足等に関連している場合は，メインストリームのサービスとは切り離されたサービスであることで，ホストシステムの中の「例外」として期待を受け，利用が促進される可能性がある。同様に，例42に示すように，海外での生活体験を持つ日本人に対しても，「普通の日本人とは違う存在」という期待が寄せられることがあった。

　　例42　より多くの日本人が海外に出ているので，変化はしつつあると思います。その人たちは，他のやり方もある，ということを理解できるかもしれません。でも今現在，私が一緒に勉強している人たちは，それを理解

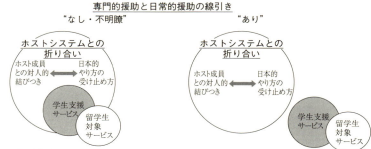

図 8-5 専門的援助と日常的援助の線引きとホストシステムとの折り合い

することはできません。私の教授は（海外経験があるので）理解してくれます。学生と比較すると，いろいろな場所に行ったことがあって，いろいろな経験があるので。——info14

ホスト成員と親しい関係を結びにくいという問題に加えて，母国で相互扶助的な援助授受の規範に沿って生活している人ほど，助けてくれることを一方的に求める関係に馴染みがなく，他者に頼ることが難しかったり（<u>手助けを得ることへの抵抗感</u>："強い"），助けを求めることに負担感を感じたりしていた（<u>負債感・抵抗感</u>："強い"）。

特に日本人との間の関係は，「助けてもらう」関係が形成されやすく（<u>援助授受のバランス</u>："不均衡"），求めれば手助けを得られることがわかっている相手であっても，援助を求めることが抑制される場合がみられた（例43）。また，援助の受け手に留まることへの抵抗感は，友人関係や研究室の日本人関係だけではなく，学生支援を主たる業務とする人に対しても，同様に体験されていた。

例43　日本人学生との関係性は，何か，助けてもらう，という感じです。双方向的ではない。何か問題があれば，彼らに「助けて」といいますが，それは一方向の関係なのです。／何か問題があった時に，そのことを，自分のほうから日本人に相談にいくことはできると思いますが，でも，日本人に個人的な問題を話すことは考えられません。——info4

3.4 学生支援サービスの利用に向けた流れ

ここまで見てきた通り，相談資源の適切さの見極めには援助授受の個人的規範やホストシステムとの折り合いなどが影響を及ぼす。さらに，見極めを行うためには，留学生側からの積極的な働きかけもなされており，これによって学生支援サービスの利用に向けた流れが進んでいた。また，《きっかけとなる状況》の存在が，相談資源へのアクセスを促進していた。以下では，これらのカテゴリーについての説明を加えたのちに，学生支援サービスの利用の検討が進んでいく状況を示す。

(1) 見極めのための留学生側からの働きかけ

相談相手としての相応しさを見極めるために，学生側から生じる能動的な働きかけを，《見極めのための働きかけ》として表8-10にまとめた。

相談資源としての相応しさを見極めるために，より多くの情報を収集すること（"情報収集"）や，友達に評判を聞くといった方法（"評判を確かめる"）「相手と友達になる」（"関係を深める"）など様々な働きかけが行われていた。

専門的相談資源に対する馴染みの"深い"学生は，「必要ならばこれら（学生支援サービス）が使えると知っているので。／（それがあるということが）頭にはいっている。——info15」というように，オリエンテーション等で得た相談資源に関する情報が記憶に留まっていた。そのうえで，必要が生じた際には「まず学外のサービスを探し始めて，それから，『大学になにかサービスがあったぞ』と思い出してインターネットを探し始めました。入学したときに何かサービスインフォメーションをもらったのを思い出して，ネットで探しました。——info3」というように，詳細な情報を得るための行動が速やかに生起していた。

> 例44　すでに利用したことのある友人が，そこでよい経験をした，ということがわかっていたら，悩まずに決めます。〈評判？〉そうですね。留学生の中での評判。それから（カウンセラーが），ガイダンスにきて話をしてくれるようなことも，アプローチしやすくしているとは思います。——info2
>
> 例45　何か留学生と一緒にできるような活動をして，そこで学生サービスの専門家とやりとりできるような形になっていれば，その専門家に対す

表 8-10 《見極めのための働きかけ》の定義

カテゴリー	プロパティ："ディメンション"	データ例（ラベル名）
《見極めのための働きかけ》必要な情報の収集を行ったり，相手との関わりの深化に努めたりして，相談資源としての相応しさを見極める利用者側の積極的な働きかけ	働きかけの具体的方法："関係を深める" "情報収集" "様子見" "評判を確かめる" "反応を見る" "母国資源との比較" 働きかけの積極性："弱い" "強い" 直接体験の重要度："低い" "高い" 働きかけに要する時間："短い" "長い"	・インターネットで情報を探し始めました（情報検索） ・私はまず，カウンセリングの担当の人と友達になると思います（友達になる） ・最初は大事なことは話しません（大事なことは話さない）

る信頼感や確信が得られるのではないでしょうか。——自由記述　東南アジア

例 46　私は X プログラム（に参加する目的）でここに来て以来，毎週こちらに来ていますから，こちらを一番信頼していますから，他のところの情報もいただきましたが，（他のところには）行くと考えたことがありませんでしたので。——info11

一方，仲間内の評判を確認することや（例44），相手と知り合いになること（例45）によって，見極めを行おうとする学生もいたが，この方法はウェブサイトやハンドブックなどに掲載されている情報を得るのに比べると，確実な方法とはいえない。例46のように，専門家との接点のある場に日常的に出入りをすることが可能な機会があれば，自然な形で相手と関わり，人となりを確認することができる。

(2) 利用のきっかけとなる状況

相応しさの見極めのプロセスにおいて，相談をするかどうか，誰に相談するかといったことの決定に影響を及ぼす，《きっかけとなる状況》が生じた場合，問題への対処に向けた行動が喚起される。これらの《きっかけとなる状況》について，表8-11にその特徴をまとめた。

自分では対応できないような問題があり（問題の深刻度），その問題が身近な親しい人に相談しても解決しないと判断されるときに（日常資源の限界認知），速やかに専門的援助資源の利用が選択される場合もある。一方"意志力による克服" "無視する" "やり過ごす"といった認知的対処で乗り切ろうとする学生もいる。《きっかけとなる状況》において，用いている方略の限界が認識さ

表 8-11 《きっかけとなる状況》の定義

カテゴリー	プロパティ:"ディメンション"	データ例(ラベル名)
《きっかけとなる状況》相談するかどうか，誰に相談するかに影響を及ぼすような，状況についての認識であり，助けを得るプロセスにおける転換点となるような状況	問題の解決可能性:"解決可能""意志力による克服""気にしない""無視する""やり過ごす" 日常資源の限界認知:"限界""身近な人が役立たない""専門家の必要性" 自己対処の結果:"失敗""限界" 援助授受のバランス状態:"不均衡・崩れ""負担をかけられない" 通常用いる方略の有効性:"自己対処不能""意志の力での克服が困難""有効ではない" 評価の結果の影響:"枠組みの修正""サービスへのアクセスの促進・抑制" 相応しい援助資源のアベイラビリティ:"なし""あり" 問題の深刻度:"専門家の関与の必要性""看過できない影響"	・国では人間関係のことは自分の常識で判断していたけど，X国人の人間関係の常識と基準が違うから(自己対処の限界) ・私たちはそのストレスを，運命を信じることによって，これらのストレスに対処可能です(意志力による克服) ・私は，誰か，私を助けることができる人を探す必要があると認識しました。なぜなら，私はストレスフルに感じていました(専門家の必要性の認知)

れることが，馴染みのない相談資源や対処方法に目を向ける契機となっていた。

　　例47　正直言って，私たちは，S相談室のこと，そこでどのように助けてもらえるか知りませんでした。ここに相談をしに来たことがなかったので。それまでも問題がありましたが，私の問題は，強い意志で自分で克服可能でした。今回は，自分で解決することができませんでした。——info9

　　例48　国では人間関係のことは，自分の常識で判断していたけど，X国人の人間関係の常識と基準が違うから，元の国の判断基準ではダメ。——info1

　たとえば，例47では，自分の意志の力での克服が困難であり，問題が継続・悪化するという，自分のいつものやり方ではうまくいかない体験(自己対処の結果:"失敗")が，例48では，母国では可能であったことが日本ではできない(通常用いる方略の有効性"自己対処不能")という認識が，消極的ではあるがそれ以外の問題解決方法を模索するきっかけとなっている。

　また，通常は親しい家族や友人に相談する場合も，来日後の生活においては，家族が必ずしも有効な相談資源とならない(例49)，ホスト成員との関係形成が進まない(例50)，といった状況，あるいは自分が一方的に助けられる側と

なっていることの認識（援助授受のバランス状態："不均衡・崩れ"）によって，通常とは異なるやり方を探さざるをえない状況が生まれていた。

例49　その理由の一つは，私の意見では，彼ら（家族）のアドバイスや反応は，余り良くないからです。たとえば，何か相談したときに大学に関することかなにか。そうすると彼らは「これしてみたら」「あれしてみたら」と。「そんなのもうやったよ」と。色々やってみたけど今こんなことで困っているって聞いて欲しいだけなのに色々助言されてしまうので余り話さないです。私たちは，（今住んでいる）ネットワークが全く違うということは認めないといけません。彼らは私の現状をそれほど理解できないのです。
——info18

例50　日本に来た時，誰も話しかけてくれなくて，研究室に一人，というのはさびしいことですよ。／私は日本では，余りよい社会的生活を持っているわけではありません。／最も大きな問題，犠牲は，社会的関係の側面といえます。／だいたいいつも一人。友好的に，フランクにと努めましたがうまくいきませんでした。ですからそれはもういいです。そこに関してはもう努力するつもりはありません。——info4

日常的には専門的援助の利用は選択肢にあがりにくい学生であっても，このような状況がある場合，大学の提供するサービスの利用が検討されうる。

3.5　学生支援サービスへのアクセスを生む主要な三つの状況

留学生が，自分や友達・家族では解決できない問題に遭遇したときに，学生支援サービスが選択肢となり，実際に利用されるかどうかは，留学生の周囲の日本人との関係性や日本的システムの理解度により左右されていた。表8-12には，［援助授受の個人的規範］の4タイプと，［ホストシステムとの折り合い］の関連を示し，さらにどのような状況下で，既存の認識枠組みに変容が促され，学生支援サービスの利用可能性が生じるのかを説明した。

以下では，カテゴリー間の関連性を示しながら，相談相手の見極めが行われ，学生支援サービスへのアクセスが生起したり，抑制されたりする三つの主要な状況を説明する。またそのうち，最終的に学生支援サービスへのアクセスが生起する流れを，モデル1に加筆した（図8-6）。

表8-12 援助授受の個人的規範とホストシステムとの折り合いによる相談相手の相応しさの見極めのプロセスの特徴

		援助授受の個人的規範の4タイプ			
		タイプA [自己解決志向]	タイプB [日常的援助の優位性]	タイプC [専門的援助への両価的態度]	タイプD [専門的援助の妥当な理解と使い分け]
ホストシステムとの折り合い	"安定・良い" ↓ "不安定・悪い"	・問題を自分の力で切り抜けたり，やり過ごしたりすることで，他人に頼らず自己解決することが優先される。こうした志向性は，ホストシステムとの関係性など，異文化滞在に伴うものでなく，性格・習慣と見なされている。	・親しさが重視され，相談のためには人間関係を深める努力が行われる。同国人・母国家族等と同様の双方向の深い人間関係が体験されるなら，日本人も相談相手の選択肢となる。 ・専門的なサービスは，日常的関係性から独立して捉えられておらず，専門家／非専門家にかかわらず，相手の親しさが重視される。 ・知らない相手，双方向の対人的結びつきが成立しない相手は相談相手の候補とならない。 ・ホストシステムに対する否定的認知や特定の少数の日本人との間の否定的体験は，日本人全体の特徴として一般化されやすく，日本人への援助要請は抑制されがちである。	事前接触のない相手も，選択肢に加えられる。専門性については独自理解に基づいており，自身の専門的サービスイメージに基づいて，サービスに関する情報取得・見極めが行われる。ホストシステムとの良好な関係，母国と比較したときの日本のシステムの先進性の認知はサービス利用を促進する。 ・ホストシステムとの関係が不安定な場合，母国と比較して日本のシステムを自分に合わないものと見なしている場合，ホストシステムへの不満・不信頼が，学生支援サービスの利用を抑制する。日常的な場面で体験されるホストシステムとの否定的関係性は，大学の提供するサービスの利用抑制につながる。	・必要に応じて，サービスの利用に関する情報採集（対応言語・場所・時間等）が行われる。 ・専門的援助と日常的援助は使い分けがなされる。 ・専門的サービスの日常的関係性からの独立性が高く，ホストとの対人的関係の影響が，専門的サービスの評価に及ぼす影響は小さい。
相応しさの見極め枠組みに変容を促す《きっかけとなる状況》		・自己対処の限界性が認知され，問題を無視しておくことが出来ない場合	・日常的援助の限界の認知（身近な人からは望んだ様なサポートが得られない場合）		・専門的援助が文化普遍的と見なされない場合 ・ホスト成員・ホストシステムとの間での著しく不快な体験がある場合（大学の提供するサービスや日本人の提供するサービスの否定へ）

第8章 留学生と学生支援サービスをつなぐ視点

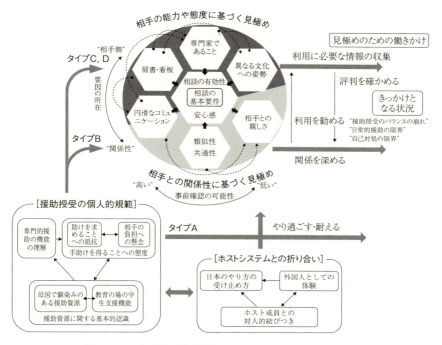

図8-6 モデル図2【学生支援サービスへのアクセスの流れ】

(1) 自己解決への強い志向性：学生支援サービスへの消去法的アクセス

　自己解決志向性の強いタイプAの学生には，専門的援助に対する様々な理解の程度の学生が含まれており，専門性の機能を十分に理解しているが，それを利用することを個人的な選択肢としない学生もいれば，専門的援助資源の存在自体をほとんど認識したことがなく，利用するかどうかを検討したことのない学生もいた。いずれの場合も，"無視する""やり過ごす""意志の力で乗り越える"といった認知的処理によって，具体的な問題解決の動きが延期されたりする傾向がみられた。そうした方法での対処が困難であると判断された場合（《きっかけとなる状況》"自己対処の限界"）にのみ，他者への相談が選択肢として検討される。その場合，相手が専門家であっても，親しい相手であっても，同様に相談のしにくさが体験されるが，同輩に助けられることによるプライドの傷つきや，周囲の人に負担をかけることへの懸念から，日常とは関係ない学生

191

支援の専門家のほうが消去法的に選択される場合があった。

(2) 相手との関係性に基づく見極め：学生支援サービス回避の流れ

　日常的援助資源が優位とみなされ，相手を「知っていること」が重視されるタイプＢの場合，専門家であれ非専門家であれ，個人的な関係性の深まりの程度が問題となり，相談相手として候補に挙がるのは，すでに親しい関係にある相手か，今後関係を深める可能性がある相手に限られる。文化的共通性や留学生としての地位の一致〈類似性・共通性〉は，相手との共通経験の基盤となり関係形成を促進し，〈相手との親しさ〉を生み，《相談への安心感》を高めるだけなく，そうした相手は，有益な助言や手助けが得られる確率の高い相談相手とみなされやすかった（《相談の有効性》）。一方，見知らぬ専門家は，「ただ話を聞いてくれるだけ」「具体的に役立たない」「わかってもらえると思えない」というように，〈役に立つ〉〈共感的理解〉が得られるサービスと捉えられていなかった。また相談相手としての適切性を見極めるための働きかけとしては，同国人ネットワークとつながる努力や，相手と事前に知り合いになるなど関係形成のための努力（見極めの具体的手段：“関係を深める”）が中心となっていた。

　ホスト成員は，来日後の生活の中で有力な援助資源であるが，研究室の同僚学生など物理的接触のあるホスト成員は，相互扶助的な援助授受が成立しにくい相手であり援助が求めにくい。あるいは，関係を深める機会が乏しかったり，関係が深まらなかったりして，関係性を前提とした相談相手となりにくい。気兼ねなく援助を求めることができる関係をホスト成員との間に築くことを断念せざるをえない場合には，相談相手となりうるのが，自国出身者や留学生仲間に限定されていく。来日後，人間関係が限定的にしか発展しなかったり（ホスト成員との結びつきの強さ：“浅い”），日本社会や日本の大学，日本人との間の体験が心地よいものではない場合（日本のやり方への馴染み：“馴染まない”，評価：“否定的”）は，その連続線上に布置される，学生支援サービスの提供者である日本人援助者も（専門的援助と日常的援助の線引き：“なし”），相談が回避されがちとなる。研究室の学生や指導教員など，直接接触を持つ日本人ホストとの関係の深まらなさや馴染まなさ，日本人学生の関係形成への関心の“薄さ”は，ホスト成員との結びつきを代表する体験となりやすく（対人関係の範囲：“狭い”），日本人を，関係を深めることが可能な相手とみなすのを阻害すること，さらに

「文化が違うから」というように，関係性の構築の失敗が文化差に帰属されることによって，相談のしにくさが研究室内の日本人学生のみならず日本人全体に一般化されてしまうことが，援助専門家を含む日本人全体に対する援助要請の抑制のメカニズムとしてみられた。

(3) 専門性重視の資源の見極めの流れ：学生支援サービスへのアクセスの流れ

タイプDは，《専門的援助の機能の理解》が明確で，専門家ならではの働きかけや，守秘性・誠実な対応が「専門性の一部」と捉えられており，相談することの《有効性》《相談への安心感》のいずれの側面も，相手が〈専門家であること〉によって担保される。専門的援助と日常的援助の線引きが認識されており，両者は異なる機能を持つが，対立するとはみなされておらず，問題状況に合わせて専門的援助と日常的援助の使い分けが行われる。したがって，専門的援助が必要な場面であれば，学生支援サービスが選択される。相談相手と顔見知りであることや，出身文化や言語の共有などは，相談する相手に必須要件として求められておらず，日本的なやり方や日本人との間の関係性は，専門家や専門的サービスに対する見方に直接的には影響しない。ただし日本よりも先進的なメンタルヘルスのサービスを持つ国もあり，そうした国の出身者は，自国のサービスは信頼できるが，日本では同等に高い専門性が保証されておらず，信頼性が判断できないと回避する場合もあった。さらに，差別体験などの著しく不愉快な体験は，日本の大学のシステム全体，日本人全体に対する否定的な評価に結びつく場合もあった。

専門的援助の機能が，家族や友人から得られる日常的援助とは異なるものであると理解されている場合であっても，実際にそうしたサービス利用の経験がなく，また母国において同種のサービスが未整備・未発達なタイプCの場合，専門的援助の有効性に対する期待はあるが，安心感・確信は不足しており，両価的な態度が示された。こうした不安定な専門性に対する理解を示す群にとっては，援助資源にリーチできるかどうかが，［ホストシステムとの折り合い］のよさ，システムに対する信頼感の高さにより強く影響を受けていた。母国の社会システムと比較して，日本のシステムのほうが肯定的なイメージ（同等かそれ以上）で捉えられている場合は，大学への相談は後押しされていた。またタイプC，Dのいずれも，専門的援助サービスに関する情報に対してはオープ

ンな態度を示しており，専門的資源に関して提供された情報をキャッチし，必要が生じた際には速やかな情報収集が行われていた。

第4節　分析3：学生支援サービスの利用継続メカニズムの検討

4.1　分析3の流れ

図8-6で示したような状況下で，学生支援サービスへのアクセスが生起したあと，そのまま利用が継続される場合もあれば，中断が生じる場合もある。

第4節においては，学生支援サービスにアクセスした経験を持つ留学生が，その後，どのように相談を継続したり，中断したりするのかを検討する。対象は，サービスの利用経験者であり，ステップ1の3名（info1, 2, 3），ステップ4（info9, 10, 11, 12, 13）の5名が該当する。表8-2で示したインタビュー項目のうち，利用経験者を対象とした質問項目に沿った質問を行った。また，自由記述欄に記述を行った者のうち，学内の相談資源の利用経験があるのは，中東アジア（1名），東南アジア（2名），南アジア（3名），中南米（3名），欧米（0名），中東アフリカ（1名）の合計10名であった。自由記述内容のうち，利用後の感想，利用した体験についての評価に該当する部分を抜き出し，ラベルづけを行った。さらに，同一インタビュー協力者のアクセス前後の相談資源に対する評価基準の変化や，インタビュー協力者間の評価基準の比較を行いながら，カテゴリーを精緻化していった。

以下，それぞれアクセス後の相談継続の過程に関して得られたカテゴリーを整理し，利用者がアクセスしたサービスを評価し，利用を継続したり，中止したりするプロセスを説明する。

4.2　相談の場の適切さをどう評価するか

相談資源へのアクセス後，その相談相手に対して，どの程度問題解決をゆだねるかが，来室初期の段階では検討されていた。その際，そのサービスが［相談の基本的要件］を満たしているかどうか再確認する作業が行われた。アクセス前に用いられた［相応しさを担保する特徴］のうち，〈肩書・看板〉以外の要因が用いられ，相談資源の適切さを評価・確認する軸となっていた。アクセ

ス後の評価は，援助の場における実体験に基づいて行われるため，カテゴリー名は次のように変更した。まず，［相応しさを担保する特徴］は，［適切さの評価基準］とした。さらに〈専門家であること〉は〈専門家ならではの関わり〉に，〈類似性・共通性〉は〈共通性の認識〉〈相手との親しさ〉は，相手との〈関係性の深まり〉と変更した。

話したいと思っていた相談内容を，実際に相手に打ち明けるか，次回も来室しようと思うかどうか，問題が新たに生じたときには再来室をすると思うかどうかなど，どの程度〈悩みを打ち明ける〉のか，さらに相談を継続するのかどうか（〈相談の場との関わり〉）の二側面において決定がなされた。またこの間も表8-10の《見極めのための働きかけ》が継続的に行われており，特に相手の反応に焦点をあて，"様子見"を行ったり，"話題の選択"を行いながら，相手を評価するうえで必要な"情報収集"をしたり，"相手との関係を深め"たりすることが試みられていた。

4.3 相談の場との結びつきが深まるとき

相談資源へのアクセスに続き，相談が行われていく過程を，インタビュー協力者間，また同一インタビュー協力者のアクセス前後の変化を比較しながら検討した。まずカテゴリー間の関連性に触れながら，《相談の場との結びつき》が生じ，結びつきが深まる過程を説明する（表8-13）。

タイプA (info9) やタイプB (info10) の学生は，アクセス前の相応しさの見極めの基準は，〈類似性・共通性〉〈相手との親しさ〉に沿っており，援助サービスに対しては馴染みの薄さや抵抗感があることから，消去法によるサービス利用者である。来室した時点では，相談員・専門家をどの程度信頼できるか定かではなく，継続するかどうか，相手にどの程度悩みを話すかは決定されていない場合もある。例51のように，具体的な助言や有効なアイディアなど，〈専門家ならではの関わり〉が期待されることが，相談資源の選択につながり，さらに援助的介入の"効果の実感"が得られることが，〈相談の場との関わり〉の継続を促している。また相手の自分に対する関わり方を"様子見"しながら，打ち明ける内容を調整する中で，「友好的」「力を尽くしてくれた」というように，相手からの関係形成への積極的な態度が感じられること（相手との〈関係性

表 8-13 《相談の場との結びつき》

カテゴリー	下位カテゴリー	プロパティ:"ディメンション"	データ例（ラベル名）
《相談の場との結びつき》相談の場をどのような場と見なし，問題解決において専門家をどのような存在と位置づけるのか	〈問題を打ち明ける〉相手に相談内容をどのようにどの程度伝えていくのかについての個々の決定	自己開示の程度:"浅い""深い" 打ち明ける内容の特定性:"馴染んだ場所ですべての相談""内容により資源を使い分け" 個人的なことを打ち明ける程度:"徐々に変化""個人的なことは打ち明けない"	・事務的な扱いしかしてくれないならば，人間関係の深い話はできない（深い話をするかどうかの判断）
	〈相談の場との関わり〉相談の場を信頼し，必要に応じて相談する頼りになる資源と見なすかどうかに関する判断	利用継続への動機付けの高さ:"頼りにしている""依存したくない""困ったらいつでも" 利用継続への動機付けの変化:"なし""向上""低下" 専門家の存在の個人的意味:"心の支え""道具的情報源""人間的関係性""オーソリティ" 相談相手への信頼感:"低い""高い" 情緒的結びつき:"一緒にいる感じ""ない"	・心のよりどころとしてとても大事（心のよりどころ） ・何か周波数が一致するような。それをここでは感じて，［中断した］あちらでは感じなかった，ということです（情緒的結びつき）

の深まり））が，悩みを打ち明けるスピードを加速させると考えられる。

　例51　私たちがその問題を解決するのに，何か有益なアイディアや提案があれば，それを教えてくれるのではないかと思って。／相談室の支援は，私たちの期待を上回るものでした。相談員は，会った時，とても友好的で，自分達の気持ちや不安を理解できそうだと感じました。／（相手を）信頼をするのにもっとも大事なのは実際のところは「時間」です。すぐに信頼するのは難しい。／（様子をみる）時間と会話が必要です。相手と話して，時間を過ごさないと信頼できません（大丈夫かどうか確認しながら）最初は余り大事ではないことだけ話すかもしれません。個人的なことは最初あまり言わないと思います。／X 相談室のことは，大変短い時間で信頼するようになりました。それは多分，X 相談室が我々のために力を尽くしてくれたと感じたからです。──info9

　来室時にアンビバレントな感情を有していたタイプ C (info1) の場合，「ちゃんと意見してくれる」（例52）ことが重視されており，タイプ A，B の場合と同様，専門的援助に対する事前の信頼が十分ではない場合には，即効性を持

つ援助の効果の実感が，相談への動機づけを高めると考えられる。対応が「事務的ではない」と感じられることも，相談に対する安心感を生み，自己開示を促進させていた。

例52　初めて訪ねる時の印象が大事。事務的な扱いしかしてくれないならば，人間関係の深い話はできない。ちゃんと意見してくれるならいいけど，真剣に対応してくれるならばと思ってきて，それで（来室を続けることを）決めた。――info1

このように，消去法的な来室者や専門的援助資源についての十分な理解のない状態での来室者の場合，具体的・道具的なレベルでの成果が認識しやすいことと，相手からの積極的な関係形成のための働きかけが感じられることが重要であるといえる。

一方，専門的援助に対する事前の認識がなされているタイプDの場合，アクセス前には，相談することが〈役に立つ〉かどうかを，来室後は，相談相手の有する専門的スキルや態度によって，期待通りのサービスであったかどうか（期待したサービス内容との一致）について評価が行われていた。〈専門家ならではの関わり〉を重視する事前の枠組みに変化はなく，身近なサポート源に相談するのとは異なる効果が得られるかどうかが重要とみなされていた（例53）。

例53　心理士は，私が「どうすべきか」というアドバイスをくれました。心理士は，「一度に多くの事をし過ぎているから，少し整理したほうが良い」といったことを言ってくれます。私はそうしたサービスを探していたので，うまく探せて本当によかったです。――info3

さらに，アクセス段階では，相談相手との〈共通性の認識〉は必須の要件とはされていないが，悩みや困難を〈打ち明け〉，〈相談の場との関わり〉を深めていく際には，共通性は重要な要素と認識されていた。これについては，4.6項で検討を行う。

対応の適切さを評価することを通じて相手への信頼や相談の効果の確認が進み，話したいことを〈打ち明け〉たり（自己開示の程度："深い"），〈相談の場との関わり〉（利用継続への動機付けの変化："向上"）が促進されたりする場合もあれば，逆に相談することに対する意欲の減退（利用継続への動機付けの変化："低下"）が生じる場合もあった。それによって，学生支援サービスを，直面する

問題状況を解決するための援助資源の候補リストに位置づけるのか，あるいは除外するのかが決定されていた（《相談の場との結びつき》）。

4.4 相談の場との緩やかなつながりの維持

ステップ4の5名は継続利用に至っていないが，中断の判断もなされていない。このうち2名（info11, 12）は，サポートを得ることに対してオープンな姿勢を示し，日常的援助資源と専門的援助資源を使い分けており，専門家でなければ対応できない問題が将来的に生じれば再来室すると考えていた。info12は，数回の来室により当面の問題が解決されたことから継続はなされていないが，次回また自分自身で解決できない問題が生じた場合には相談する意向を示している。また，「日本語の問題や進路選択の問題に関しては友達よりも大学」「感情的な問題の相談は知り合い」というように，相談したい内容に合わせて今後の専門的援助資源の利用可能性が示唆されている。

タイプBのinfo11は，例54に示されるように，仲間内の情報を相談資源の相応しさを見極めるうえで最も重視しており，大学が提供するサービスを全面的には信頼していない。留学生対象の相談室を相応しい相談資源とみなしているのは，相談以外の目的（日本人ボランティアとの交流目的）で日常的に出入りしており，相談員と以前から面識があるためであり，「関係性」「既知性」が信頼の基盤となっている。

このような単発の利用の繰り返しの場合であっても，相談室の存在が学生自身の意識の中にあり，必要となった場合には利用されるのであれば，学生と相談資源は緩やかにつながっているとみなしてよいだろう。

> 例54 実はこれはY人の留学生の間のうわさなんですけど，Z相談室（特定の相談資源の名称）でカウンセリングとか，先生のこと，自分の指導教官がよくないことを相談したら，指導教官がわかってしまうといううわさがあります。／私はXプログラム（交流プログラム）でここ（相談室）に来て以来，毎週こちらに来ていますから，こちらを一番信頼していますから，実際他の（相談の）場所の情報もいただきましたが，（そちらに）行くと考えたことがありませんでしたので，もし後輩にどこにきけばいいかと聞かれたら，いつも「こちらはいいよ」と言っています。——info11

4.5 相談の場とのつながりが途切れるとき

来室はしたものの，その後，継続に至らなかった場合は何が生じているのであろうか。インタビュー協力者のうち，相談の場における否定的な体験によって相談を中断した経験を持っていたのは1名であった。一方，自由記述には，複数の中断ケースについての感想が記述された。この場合，中断は，学生側が相談相手の関わりに対して不満を持ち，問題がまだ解決していない段階で来室するのをやめたケースを指す。明確な中断のケースにおいては，〈共通性の認識（の欠如）〉〈異なる文化への姿勢〉〈関係性の深まり〉〈円滑なコミュニケーション〉〈専門家ならではの関わり〉の5領域すべてが，中断の理由と関連して示された。

また中断が生じたケースにおいて特徴的なのは，共通性の認識の不在や，文化の問題の扱い方の不適切さ，コミュニケーションの不具合など，一つの領域における不足や不満足が，単独で影響力を持つのではなく，相手との間の〈関係性の深まり〉の不在を経由して，中断をもたらしていることであった。たとえば，相手との間に十分な関係性が形成されていないと感じられている段階で，援助的介入を行ったり，特定の切り口からの見立てを伝えることが，学生側からは的外れな介入とみなされたり，「問題を適切に理解していない」「決め付け」と受け止められ，中断につながる場合がみられた（例55，例56）。

例55　何も治療がないっていうか，「なぜ来室したのか」とも聞いてくれず，「僕がだれか知らずにどうやって薬を出すの？」と思ったので，自発的に自分の問題を話しましたが，私は，ちょっとそこで混乱してしまいました。（相手がきちんと対応してくれなかったと感じる理由には）言葉のこともあるのかな，とは思います。それほど（相手は）英語が堪能ではなかったので。（その援助の体験は）最高の経験とは言えませんでした。／それは文化の違いかもしれません。──info2

例56　日本でカウンセリングに行ったことがありますが，そのカウンセラーは，私の問題が生じている「文化的理由」を探そうとやっきになっていて（he was so fixated in trying to find "cultural reasons" to my problems），私を一人の人間としてみようとしませんでした。──自由記述　中南米

さらに，関係性が深まっていない状態では，差異の解釈や，差異の肯定的な

意味づけは生じず，援助に対する不満足さが，言語の問題や文化差に帰属される流れが生じていた。専門的援助サービスの利用の中断の理由が，文化差の問題に起因する場合には，その特定の専門家のみならず，ホスト出身の援助者全体の否定につながる場合もあった。

利用の中断が明確なこれらのケースに対して，例57のように，相談室が援助資源として有益であることが確認済みであるにもかかわらず，相談の継続や再来室にはためらいが示される場合もある。

> 例57　Z相談室は，問題を解決するようサポートしてはくれますが，多くの学生は，Z相談室に迷惑をかけたくありません。なので頻繁にそこに行きたくはありません。一つ問題があったとしたら，多分3回（の相談）が最大で，普通1, 2回だと思います。そんなに迷惑をかけたくないのです。なぜならば，Z相談室はその他多くの学生の世話で忙しいとわかっているからです。—— info10

> 例58　とても大きな困難な目に遭っているときに助けてもらいました。なので，X相談室のために何かしたい，と思ったので，このインタビューに謝礼を受け取らずに協力しているのです。—— info9

<u>自己解決志向性</u>が"強く"，母国で援助を求める側に回った体験が"少なく"，人に助けを求めることが自己イメージにそぐわず，他人に一方的に頼ることに対する抵抗感が強い学生の場合，援助要請において援助授受のバランスが重視され，返礼の機会のない援助を受ける役割に留まることへの抵抗感や負債感が強い。<u>日常的援助資源と専門的援助資源の線引き</u>が"不明瞭"な状態で消去法的に専門家への相談がなされる場合，援助授受の基本原則（双方向性，互恵性）が専門家に対しても適用されてしまうため，相談するばかりで相手の役に立てないという関係に留まることに対して居心地の悪さが体験されやすい。例58の学生は，大学の相談室から援助を受けたことの返礼として，本調査のインタビュー協力を申し出たと回答しており，謝礼を断ることによって，援助授受のバランスの回復を試みている。こうした学生たちは，サービスの有効性の否定や，利用の拒否を行うわけではなく，利用頻度を極力減らすことで相談のニーズと相談に伴う心理的負担の間のバランスの維持を図っていることから，「中断」ではなく，「非継続・利用抑制」の特徴を示しているといえるだろう。た

第 8 章　留学生と学生支援サービスをつなぐ視点

だしこれらのケースはいずれも，みかけ上は同じ，相談室とのつながりが途切れた学生たちとなる。

4.6　援助者と利用者の間の共通性

援助資源の見極めが専門性を重視したものであった場合も，関係性重視であった場合も，来室後は相手との〈関係性の深まり〉が，〈相談の場との関わり〉に影響を及ぼし，相談の継続や再来室を促したり中断をもたらしたりしていた（《相談の場との結びつき》）。

　　例59　あなたが（わたしのことを）考えてくれている，僕の文化に関心を持ってくれているというのも感じました。何か K 国のもの（info2 の出身地域のお土産品）をオフィスにおいていて，自分のことについても少し話してくれたのは，とても大事なことでした。とてもいい気持ちでした。治療そのもの，認知行動療法がどうの，というより，この部分が基本的な部分で，それで何度か相談に行ったり，他の人にも紹介しているのだと思います。——info2

「専門家であれば適切な対応をしてくれるはず」という，専門性への期待に支えられた来室の場合でも，相談を継続し，相談の場で相手に悩みを打ち明けていく際には，例59に示されるように，「治療そのもの，認知行動療法がどうの」よりも，「あなたが考えてくれている，僕の文化に関心を持ってくれている」という相手からの積極的な働きかけにより生じる〈関係性の深まり〉が重要視されていた。相談相手から"人間的"な働きかけがなされることにより，相手との間には「何か周波数が一致するような」（info2）体験が生まれており（〈共通性の認識〉），それによって相手との関係性が深まり，相談を継続しようとする動機づけを高めていた（〈相談の場との関わり〉<u>利用継続への動機付けの変化</u>："向上"）。

　また〈共通性の認識〉において，来室前には，民族や出身文化，母国語など確認可能な属性の一致を意味していたものが，アクセス後には，より主観的な「共通性」が問われており，援助関係を通じて感じられる人間としての共通性や価値観の一致の体験，あるいは差異が存在する場合であっても，その差異への肯定的な意味づけが生じていた。

201

例60　最初は，英語で話すのは難しい，母語でなければ難しいと思いました。でも，大丈夫でした。／相手に自分の文化のことを説明する必要がありましたが，それは面白い経験でした。相手は広い心を持っているので。／（カウンセラーに）確認したことはないですが，（私のカウンセラーは，）海外生活の経験はあると思います。だから，彼は他の文化を理解することができるのだと思います。海外生活経験のある日本人は，すごく変わります。海外生活のない日本人とはとても違う行動パターンを示します。少なくとも１年海外生活経験があると，心が広がるのだと思います。それは私も体験したので，他の人も体験していると思います。── info3

　例60において語られるように，言語や文化差の問題は越えることが可能であり，本質的な問題ではないと感じられれば，相談の具体的成果がすぐに得られない場合でも，「相応しくない，期待はずれである」という中断の判断が早急に下されることはない。相手側の態度や働きかけを慎重に見極めながら時間をかけて援助関係が構築・維持されていた。専門家と利用者との間の〈関係性の深まり〉と，差異の無意味化や共通性の発見（〈共通性の認識〉）は相互作用しながら進んでおり，そのプロセスを通じて，相談の場がより安心できるもの，有効なものとして体験されているといえる。

第5節　留学生の学生支援サービス利用の2段階モデル

　分析を通じて，学生の語りの中から，援助資源の有用性や信頼性を見極める際に重視される側面を抽出してきた。得られた仮説モデルを統合したものが，図8-7の留学生の学生支援サービス利用の2段階モデルである。仮説モデルは，学生のサービス利用形態を示しており，相応しい相談相手を見極め，相談内容を打ち明けていく道筋を説明している。相談相手を見極める基準は多次元的であり，多方面から影響を受けていた。母国における社会化の過程で各人が身につけてきた［援助授受の個人的規範］と，来日後の日本社会における体験を踏まえた［ホストシステムとの折り合い］の二つは，見極めの枠組みの形成に影響を及ぼす主要な要因であった。

　学生と学生の過ごす環境との間の動的，相互作用的側面により，学生支援サ

第8章 留学生と学生支援サービスをつなぐ視点

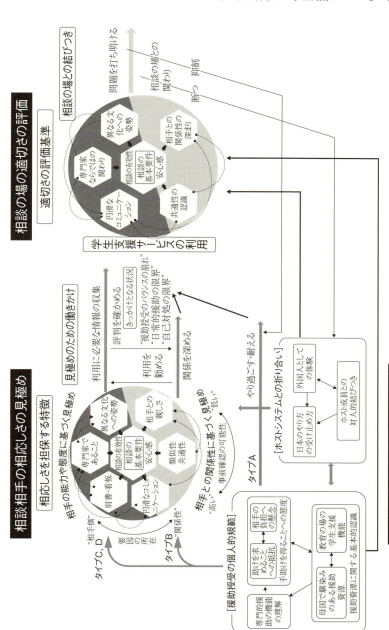

図8-7 統合モデル図：留学生の学生支援サービス利用の2段階モデル

ービスとの結びつきが生じたり，生じなかったりするが，一旦結びつきが生まれたあとも，相手に何をどこまで相談することができるか，見極めの作業が継続していた。

民族的少数派を対象にした研究において，Rogler & Cortes（1993）は，最終的に専門家によって提供されるサービスの利用に至る道筋は単一ではなく，複数の help-seeking pathways があると指摘している。この道筋の複雑さは，出身文化における援助に対する基本的認識が多様であることや，留学生とサービス援助者との間の言語的・文化的相違の存在，さらにキャンパスの中での少数派としての地位などによることが，仮説モデルからは説明できる。中でも，留学生にとってサービスを見極めるために必要とされる情報の取得が難しいことや，ホストとの日常的関係性の構築がスムーズに進まない場合があること，時にはホスト集団からの孤立や差別的扱いを体験することは，彼らが学生支援サービスの確からしさをどのように見極めるのかを理解するうえで，重要な側面と考えられた。

研究5において導かれたこの仮説モデルでは，学生個人の援助資源利用に至る内的プロセスを明らかにしながらも，学生と相談資源が存在する状況の中に各学生の援助要請行動を位置づけている。これにより，複雑な道筋の把握を単に個々人の意思決定のプロセスとして説明するのではなく，道筋の生起に影響を及ぼす状況要因と共に捉えていくことが可能となっている。

協力依頼に応じた学生のみが対象であることから，GTAにおいてデータ収集終結の基準となる理論的飽和に達したとの判断を行うことが難しいが，ステップ4以降に新たなカテゴリーは追加されなかったことから，学生のサービス利用状況を示す暫定モデルの生成には十分なデータ量であったと判断できよう。

理論的飽和の判断が難しいことを補うために，抽出したカテゴリーを示す際には，そのカテゴリーの表す現象のバリエーションを可能な限り示し，プロパティ・ディメンションの次元までを含めてデータの提示を行った。したがって，モデルでは説明できない現象に対しては，新たな反応や条件のバリエーションとしてその現象を扱い，モデルを改訂していくことが可能である。検討対象とする集団や集団の属する文脈を変え比較分析を行うことによっても，モデルをより包括的で精緻なものにしていくことができるだろう。

次章では，本仮説モデルを用いて，日本の大学において求められる留学生支援サービスのあり方について検討し，第8章までの議論や先行研究の知見も踏まえつつ，留学生がよりアクセスしやすいと感じるサービスについて考察を行う。

注

1) GTA の基本的な入門書といえる，Corbin と Strauss 著 *Basics of Qualitative Research* は，1998年に第2版（Strauss & Corbin, 1998），2008年には第3版（Corbin & Strauss, 2008）が出版されている。それぞれの版でカテゴリー，コーディング，概念，ディメンション，プロパティについての定義が若干異なっているが，ここでは主に最新版の第3版の定義を引用した。
2) 第6章の注1）において述べた通り，研究3で実施した質問紙調査においては，本書で扱わなかった，「来日後の困難体験」についても検討しており，ここでは平均値以上の困難体験度を報告した人を相談のニーズがある人とみなした。

第9章

多様性に対応した学生支援サービスの姿

　第8章においては，留学生が学生支援サービスの利用に至る多様な道筋を説明するための仮説モデルを生成し，学生支援サービスへのアクセスが生起する主要な状況，またアクセス後の相談継続がいかに可能となるのかを示した。モデル生成を通じ，少数派である留学生の体験・行動を理解するためには，学生の社会文化的背景と，学生たちが日々を過ごす場の要因の両方の理解が必要であることが明らかとなった。また，利用に至った学生のみならず，潜在的な利用者の特徴までを含めた議論が求められることを示した。

　多様なニーズを踏まえ，よりよい学生支援サービスを構築していくためには，既存のサービスの何をどのように変える必要があるのかを明らかにしていく作業が必要となる。以下では，国内で育った学生を想定してつくられてきた既存の学生相談に関する先行研究や，本書のこれまでの議論を踏まえながら，仮説モデルを用いて留学生の学生支援サービス利用の特徴を整理し，改善点についての提案を行っていく。

第1節　留学生が利用しやすい学生支援サービス

1.1　学生支援サービスと留学生の接点をつくるための工夫

　学生個人の特徴や置かれた状況によって，学内の資源の利用は促進されたり抑制されたりしうることを仮説モデルは示している。より多くの留学生に学内資源が選択肢とみなされることが，まずは重要である。

　学生相談室等の利用は，問題の認識と査定，援助要請の意思決定，援助を受ける，という三つの援助要請の流れで説明され（高野・宇留田，2002），学生が「困難な状況への気づき」を持ち，それに対して「対処行動による模索」「他者資源の活用による模索」を行い，その中で「行き詰まり感」が高まることが，

学生相談機関の利用行動を生起させる（高野ほか，2008a）。

　また，カウンセリング経験のある学生は，「行き詰まり感」がそれほど高まっていない時点でも来談行動をとるのに対して，カウンセリング経験のない学生は，事態が悪化したり，困難を乗り切る模索がうまくいかなかったりして，「行き詰まり感」が高まって初めて，援助資源を利用する選択を行うことも指摘されている（高野ほか，2008b）。学生相談資源利用全般において指摘されるこうした特徴を踏まえながら，本書で示してきた結果を整理すると，以下のような点が留学生の特徴として浮かび上がる。

　まず，自分では対応が困難であるとの行き詰まりが感じられることは，留学生にとっても相談資源の利用の《きっかけとなる状況》の主要な要因の一つであった。さらに，カウンセリング経験の有無のみならず，専門的援助資源に対する認識枠組みが，学生支援資源への援助要請には影響を及ぼすと考えられた。また，問題への自己対処が可能であるかどうかの査定の段階においては，自己解決しようとする傾向を強く示す学生ほど，他者への相談が選択肢になりづらい特徴を示していた。行き詰まりのある状況で援助要請行動を抑制する自己解決傾向の強さについて，水野（2003）は，東アジア出身留学生は日本人学生よりもその傾向が強いという指摘を行っている。さらに，水野はその理由として，留学という経験が様々な問題への対応のスキルを向上させる可能性を挙げている。本書は東アジア出身者のみを対象としていないが，仮説モデルにおいては，留学生の自己解決志向性の高さは，彼等の対応スキルの高さではなく，〈助けを求めることへの抵抗〉や〈相手の負担への懸念〉など，助けてもらうこと，他者に迷惑をかけることへの抵抗感・負債感によって説明がなされた。

　高野・宇留田（2002）は，援助要請行動の意思決定は，援助を求めること／求めないことに付随する，コストと利益の側面からの計算が影響しており，物理的・心理的コストの軽減を図ることが，日本の大学の学生サービスの課題であることを指摘している。上記のように，留学生の自己解決志向性の高さが，援助を求めることへの抵抗や負担感とより強く結びついているとしたならば，主に心理的コストの面への配慮が必要となるだろう。高野ら（2008b）は，援助機関側が学生に提供する情報の役割に注目し，学生相談機関に対する援助要請の態度と学生相談に関する情報ニーズとの関係を検討している。その結果，援

助要請に対する親和性が高いほど，学生相談のシステムに関する情報を求める傾向，スティグマ耐性が低い学生ほど，学生相談の実際について情報を求める傾向が高い結果を得ている。結果を踏まえ，高野らは，スティグマ耐性が低い学生に対しては，学生相談機関が何を行っている場所なのかというより具体的な情報を公開することが，援助を受けることに対するネガティブなイメージを軽減する可能性を指摘している。

　伊藤（2011）も，学生相談機関に関するガイダンスの効果を検討しており，情報を得ることで「有益な支援の提供」に関する相談機関イメージが高まった学生は，学業や進路，就職など学生生活に関する相談の来談意思が高まり，「利用対象者」に関するイメージが高まった場合は，対人関係，精神衛生，性格などの心理的な問題に関する相談への来談意思が高まることを見出し，「情報提供の効果には情報提供を受ける学生側の要因を視野に入れて考えること」，また「学生への情報提供の目的に応じてガイダンスの内容を変える必要があること」を指摘している。

　本書で取り上げた研究3においては，留学生にとってサービス利用に関する最大の懸念は，サービスについてよく知らないことであり，サービス利用に付随するスティグマは，それほど強く懸念としては示されなかった。しかし相談資源について知っている層に限ると，たとえ相談資源について知っていたとしても，利用に対する懸念が小さいわけではないという結果も示された。伊藤（2011）の研究においても，ガイダンスの実施形態にかかわらず，ガイダンスを行うことは，相談機関に関する周知度を高めるが，周知度の向上は来談意思の高まりを意味しないことを明らかにしている。

　研究5においては，質的研究を用いて，より詳細に学生支援サービスに対するイメージを聞き取ることを通じて，学生が相談資源を見極める枠組みの複雑な構造が明らかとなった。キャンパスで提供されている援助サービスに対して，馴染みのなさや信頼しづらさが表明され，そうした思いを抱く多様な理由が示された。利用促進のための援助資源側からの働きかけが効果を持つかどうかは，利用者側の持つ認識に左右されると考えられるが，その認識は非常に多様である。仮説モデルは，援助サービスを提供する際に，留学生がどのような認識枠組みを有しているのかを査定する際に利用可能なツールとなりうるだろう。

また,援助者側からの一方的な情報周知の働きかけではなく,留学生側からも,大学が提供するサービスに関して,情報収集や評判の確認,援助者との接点の構築など,積極的な《見極めのための働きかけ》が生じることも,仮説モデルにおいて説明された。援助者側には,留学生側からのこうした働きかけに対して適宜適切に応じていくことが求められている。たとえば,相手の能力・態度を基準とした相談資源の見極めを行う学生は,必要が生じれば相談資源に対する主体的な情報収集を行う集団であった。したがって,援助者の専門性の高さや守秘義務の原則など,サービスに関する詳細情報の提供をタイミングよく行うことができれば,援助要請行動が促進されるだろう。研究4において示したように,よろず相談的な案内に加えて,相談室の持つ専門的援助機能の説明を行うことが,心理的問題を主訴とする学生の来室を増加させうる。

　一方,相談相手の見極めにおいて,相談する相手との関係性を重視する留学生は,何が役立つかという判断において,留学生仲間からの評判や,直接相手と接点を持つことを重視していた。サービスの利用を勧めてくれる知り合いの存在は,サービスの確からしさを見極めるのに役立っており,関係性を重視する学生たちにとって,仲間内の評判が重要な情報となる場合があった。こうした傾向は,広く指摘されるものであり,Rogler & Cortes (1993) は,コミュニティ内で共有されている医療文化の特徴が,援助資源へのアクセスに影響を与えることを指摘している。国内の研究においても,たとえば,木村・水野 (2008) は,学生にとって重要な周囲の人物が学生相談室の利用を肯定的に認識している度合いと,学生相談に対する被援助志向性の高さの関連を指摘している。しかしながらこのことは同時に,仲間内の評判が,サービスへのアクセスを抑制する場合があることを意味している。相談において関係性を重視し,相互扶助的な援助授受に馴染んだ学生に対して,単に相談資源に関する情報周知を行うだけでサービス利用に対する態度変容に大きな効果があるとは考えにくく,援助資源と学生との直接的な接点を増やしていくことも重要である。また,情報提供を行う際に,専門性の側面を強調することが,サービスに対する信頼性を高めるのに有効ではない可能性にも留意が必要である。

　さらに,大学内外でのホスト社会との関係が良好ではない場合,たとえ専門的サービスの利用には抵抗感がない学生であっても,ホストによって提供され

るサービス全体に対して不信感を抱いている場合がある。そのため、大学内の資源であることが、学生とのつながりを難しくする場合もあった。

仮説モデルを用いることで、間接的な情報周知や専門性を強調したサービス案内の効果の限定性は、留学生側が持つ援助資源の確からしさを見極める際に重視される軸の多様性によるものであることが明らかとなった。また、少数派としての留学生の地位的特性が様々な形で援助資源との結びつきに影響を及ぼすことから、多数派の学生に対する働きかけとは異なる配慮の必要性が示された。援助者側は、モデルを用い留学生の持つ枠組みの特徴を査定しながら、有効な働きかけを随時選択し、留学生との間の結びつきを強めていく必要がある。

既存のサービスの利用促進に向けた働きかけに加えて、より利用しやすいサービスの形を模索していくことも重要である。第7章では、援助資源の専門分化が日本の大学においても進みつつあることを指摘したが、専門分化したサービスは、利用者側に専門性の高い援助を提供することを可能とする一方で、1ヶ所で対応可能な問題の範囲を限定する。複合的な問題を抱えやすく、就職や学業、生活相談などの切り口のほうが援助資源につながりやすい留学生たちにとっては、細分化された資源は必ずしも利用しやすいサービス形態ではない。また、分化したサービスを留学生に周知するためには、それぞれのサービスの「専門性」をより強調した説明が必要となるため、前述の通り、学生がサービスの信頼性の評価の際に用いる基本的ロジックが、専門家側の用いるものと異なっている場合、専門性を強調することによって学生の足がサービスからより遠のく危険性すらあるだろう。サービスの形態について、より本質的に見直していく必要性については、のちほど改めて述べる。

1.2 援助関係構築の初期の課題への対応

研究5で示した仮説モデルの特徴の一つは、留学生の学生支援サービスへのアクセスを二つの段階に分けて捉えたことと、その二つの段階が連続しており、相互に影響を及ぼしている点を明らかにした点にある。

学生相談領域における援助要請研究では、通常サービスの利用に至るまでの段階を扱い、一旦面接が開始されたあとの早期中断の問題は、事例研究の中で、援助者とクライエント間の援助関係の問題として検討されることが多い。利用

決定がなされたあとの早期中断は,サービスの内容や形態に起因するものではなく,事例検討によって明らかにされるべき,事例性・個別性の強いものとして捉えられている。学生が援助資源に対して十分な情報を得ることができ,それに基づき判断を下し,利用に至っている場合には,アクセス段階と面接開始後の問題を分けて考えるこの前提は成立しやすいだろう。対して留学生は,前述したように,専門的援助に関する情報不足や認識の相違によって,判断を下すための十分な情報がない状態やサービスに対する異なる期待を持った状態で来室に至る場合がありうる。さらに援助者との間の言語的・文化的差異の問題が存在する。このことから,アクセス自体に独自の障壁があるのと同時に,一旦アクセスがなされたあとも,相談資源の見極め作業が継続している場合がある。また相談資源の見極め・評価の一段階目と二段階目が連続的かつ相互に影響を及ぼしており,二つの段階を切り離して検討することが難しい。

　研究4においては,生活相談や就職相談を入口として,あるいは交流プログラムへの参加を通じて相談室との結びつきを深め,心理的なケアにつながる学生が少なからず存在することを指摘したが,こうした留学生のサービス利用の特徴は,第一期と第二期の連続性,さらに援助資源の相応しさを見極める軸の多面性という視点でみると理解しやすい。

　学生が相談資源にコンタクトしたあとの問題,つまり仮説モデルの第二段階目を理解することの重要性は,研究2で検討を行った,学生相談機関の相談員側の体験によっても明らかにされている。図5-1「留学生の相談の傾向」に示した通り,気軽に相談が求められないというアクセスの問題に加え,アセスメントの困難さ,迅速な問題への解決が期待されること,面接の場が要求や不満を表明する場になりがちであること,継続がなされないことなど,援助の初期段階で,留学生特有の課題が生じることが相談員側に体験されている（表5-2）。

1.3　援助者との文化差の影響の扱い

　また仮説モデルは,相手との類似性・共通性が,サービスの見極めのプロセスと適切さの評価という,援助関係構築の初期段階において影響を強く持つことを示した。先行研究においては,民族や人種等の属性の援助者との一致は,相手との間に価値観や面接目標,人生経験などが共有されているという憶測を

生み，援助者への信頼感を高めたり，治療同盟の形成を促進することを通じて（Cabral & Smith, 2011; Meyer et al., 2011），結果的に早期中断を減じうる可能性が指摘されてきた（Atkinson & Lowe, 1995; Lau & Zane, 2000; Zane & Hatanaka, 1994）。

留学生相談の場においては，援助者はホスト出身者である場合が大半であり，可視的な類似性・共通性は生じにくい状態で援助関係を構築していく必要がある。留学生同士や同国人同士の間での共通性の認識が半ば自動的に生じるのに対して，日本人相談員との間の共通性の認識は，相談の場において，差異の影響を無意味化したり，肯定的に捉え直したりするようなプロセスが進むことで生じうることを本書では明らかにしてきた。またそうした類似性・共通性が相談の継続や問題の開示を促すと考えられた。対して，共通性の発見のプロセスが生じない相手に対しては，決めつけや助言の有効性に対する不安が高まりやすく，相談相手とみなされにくいことも示した。

あらかじめ存在する共通性や類似性ではなく，それが積極的に発見されるこのプロセスはどのように説明できるだろうか。またそれにはどのような意味があるだろうか。Chang & Berk（2009）は，クライエントとセラピストの間に生じる亀裂・齟齬（ruptures）が修復されることが，援助関係や援助の効果に肯定的な影響を及ぼす可能性を指摘している。文化差を超えた共通性が，留学生と学生サービスの結びつきを強めるプロセスは，可視的な共通性が存在しない相手との間に，相違を越えて関係形成が進むことにより，亀裂・齟齬の修復が生じる過程であり，そうしたプロセスを経て成立した援助関係は，援助過程をより促進する可能性を秘めているといえる。

この共通性発見のプロセスは，援助者側からの積極的な関係形成の働きかけや，差異への適切な対応を学生が体験することにより促進されていた。これらはSue & Zane（1987）が述べるところの，文化的に適切に対応する援助者の多文化対応力の一つであると考えられる。

一方，亀裂や齟齬が修復されない場合には何が生じるのであろうか。Chang & Berk（2009）は，ヨーロッパ系米国人セラピストとのセラピーを体験した，人種的・民族的少数派クライエントにインタビュー調査を行い，バックグラウンドが一致しないクライエント・セラピスト関係を検討している。この研究によると，セラピストの多文化対応力とセラピーの満足度の間には関連がみられ

なかったが，セラピストの多文化対応力の不足（incompetent）はセラピーへの不満足と関連を示した。セラピーに満足であった層は，満足感をセラピストの一般的なカウンセリングの能力に帰属させるが，不満足を感じた層は，その原因を多文化対応力の不足と関連づけやすい。つまり，利用者側からは，満足のいく援助者からの働きかけは，必ずしも「文化的に適切な対応」とは認識されないが，働きかけが不満足なものであったときには，その理由が文化的な側面に帰属される可能性がある。文化的差異のある援助者と利用者の間の関係は，差異を乗り越えることによって豊かな援助効果をもたらす可能性と同時に，亀裂や齟齬を修復不可能な決定的なものとしてしまう危険性も有しているといえる。

1.4 多様な結びつきを可能とする援助構造

仮説モデルにおいては，サービスと学生との結びつきのパターンが多様であり，相談資源と緩やかなつながりを維持しながら，単発的な利用を繰り返す集団も存在することを示した。また日常的援助と専門的援助の区分に関する認識の差異が，こうした多様な結びつき方の背景にはあることを説明した。両者を明確に区分していない学生は，専門的援助者との間にも，日常的な関係性同様の緩やかなつながり方を望む場合が多く，時間や場所の枠を明確に設けたうえで援助関係を構築・維持する通常の専門的援助とは，想定される援助の前提が大きく異なる。このような学生側の持つ基本的な認識を，心理教育的な手法により変容させることは，一つの介入の方向性ではあろう。しかしながら，学生が自身の認識に基づいて，相談の場との関係を選択できるよう，相談構造側を調整していくことも，文化的に多様な学生とのつながりをつくるうえでは必要である。特に，数千人を超える留学生を抱える大学においては，学生に予防的・教育的介入を行う機会を得ること自体が困難であり，文化的に規定された行動パターンを来日後に変容させることを前提としたサービスは機能しない。対して，第7章で取り上げたような，多様な結びつきが可能な多機能サービスは，個別相談を利用する／しない，という二者択一を学生に迫らず，様々なタイプの学生にとって利用しやすいサービス形態といえるだろう。

援助の構造が緩やかである場合には，しかしながら，日常的な関係性同様に，相談相手に対する遠慮や申し訳ないという負債感，あるいは相談相手への依存

など，効果的な援助を阻害する感情や関係性の問題も生じやすい。また相談の内容や学生の心理特性によっては，枠組みが明確であることが，援助の効果を高める場合もありうる。さらに，限られた人数の相談担当者がサービスを担っていたり，対応者が一人しかいない場合などは，緩やかな相談構造の中で，意味のある援助的関係を築き，維持していくことは大変な作業であり，巻き込まれ／抱え込みとバーンアウトのリスクと隣り合わせである。援助構造が不確かな場で支援を行っていくことは，より高い専門性が求められることを十分に認識し，またサービスを提供する部署や援助者が孤立して問題を抱え込むことがないよう，サービスを支えるより上位の仕組みを構築しておくことも，柔軟性が高い相談構造を有効に機能させていくうえでは必須である。

1.5 留学生集団内の多様性の理解

本書においては，留学生を集団としてひとまとめに捉えることの問題性を認識しながらも，同時に，留学生と国内で育った学生のニーズの違いを明らかにすることや，文化・言語を共有する集団ごとの特徴を示すことが，多様性に対応したサービス構築を進めていくうえで戦略的に重要であることも指摘してきた。中でも学生の出身国の社会文化的特徴は，彼らの専門的援助の捉え方に強く影響を及ぼしており，サービス改善に取り組むうえで理解が必要な点であると考えられた。以下に，援助資源の見極めにおいてみられる，社会文化的特徴についてまとめる。

日常的援助関係と専門的援助関係との間に明確な線引きを行っていない学生は，専門家に対しても，日常的関係性で重視されるのと同様に，相手と顔見知りであるかどうか，相手との付き合いの長さや共通性の有無といった点から，相談相手としての相応しさを判断しようと試みていた。また，関係性が双方向で互恵的なものであることが重視され，サポートの提供者と受け手が固定される相談の場においては，居心地の悪さや相手への申し訳なさを体験しがちであった。このように関係性を軸に相談資源の適切性を判断する特徴を示す学生は，主にアジア圏を中心にみられた。

対して，専門的援助と日常的援助の線引きを明確に行い，日常の関係性に求めるのとは別のものを相談の場に求める留学生にとっては，相手と事前に顔見

知りであることは相談の必須要件ではなく，相手の能力や態度が評価基準として重視されていた。こうした特徴は，欧米・中南米出身者に中心的にみられた。研究4で示された相談資源の利用実態においても，欧米・中南米出身者は学生支援サービスを，個人的な悩み事の相談資源，いわゆるカウンセリングサービスとして利用する学生の割合が他集団よりも多い集団であった。ただし，研究3では，大学が提供するサービスに対して示す態度は，欧米出身者と中南米出身者とでは異なることも明らかにされた。研究5では，中南米出身の学生は，母国よりも日本の大学においてサービスが整備されていると感じ，日本の大学のシステムをより高く評価していることが語られた。対する欧米出身者は，サービスに対する不満や不信が自由記述欄に多く記載され，インタビューに協力した欧米出身の2名も，日常的な場でホストとの関係が深まらないことや，日本の大学の組織的な特徴に対して否定的な意見を語った。

欧米出身者は，学生支援サービスの積極的な利用を行う学生が存在する半面，日本の大学において提供されるサービスや，日本人によって提供されるサービスの利用回避傾向を示す層も存在する。こうした欧米出身者の特徴は，仮説モデルを用いることで次のように説明できるだろう。まず，欧米諸国は一般的に心理援助の専門的サービスが日本よりも社会全体に浸透しており，学生も専門的援助に対する事前知識を有していることが多い。したがって，来日後，キャンパス内外の専門的援助資源に関する情報を収集し，母国のサービスを基準に，その適切性について見極める作業が行われる。その過程には各人の日本的なシステムとの関係性や，日本人との関わりが影響を及ぼしており，文化的差異を体験し，差異を否定的に受け止めている学生の場合，日本人によるサービスに対して文化的呼応性の側面への懸念を抱きやすい。中でも日本語力が高い学生のほうが，日本人との関係性を深め，ホストシステムに深く関わる機会を有している分，母国文化と異なる価値システムを体感することが多く，そのことが文化的呼応性への懸念を高めている可能性が考えられるだろう。

日本語力が高い学生のほうが，日本人イメージが否定的であったり，日本人とのトラブルが多い傾向はこれまでにも指摘されており（岩男・萩原，1988；加賀美，1996），さらに，その傾向が欧米出身者においてより強い（岩男・萩原，1988）ことが示されている。欧米言語（特に英語）に関しては，他言語に比べる

とサービスの選択肢が存在し，特に都市部では有料のサービスが提供されている。ただし，秋山（1998）は，こうした英語による有料サービスの主たる利用者層である欧米出身者は，日本人によって提供されているサービスの忌避傾向を示し，その理由として「言語の障壁」「文化的な理解の不足」「プライバシーの漏洩への不安」を挙げることを報告している。日本人により提供されるサービスを信頼できる，頼れる資源とみなさない層は，日本人以外によって提供されているサービスを利用の第一選択肢と考えるだろう。つまり，欧米出身者は，専門家による援助を文化普遍なものとみなして利用し，概ね満足している層と，日本人により提供されるサービスを忌避する層に二分化している可能性があり，その態度形成には，日本社会と各人の日常的な関係性が影響していると考えられる。

第2節 「留学生向け」サービスの再考

　前述の議論を踏まえながら，それでは日本の大学の現状において，どのような学生支援サービスが留学生にとって利用しやすいといえるか整理したい。
　留学生対象の支援に関して，国や大学の示す施策の中でたびたび言及されるのは，サービスの一元化であり，ワンストップサービスである。しかしながら，ワンストップ化の具体的手順や，その現実性・問題点については全く触れられておらず，検討もなされてこなかった。本書で示してきた通り，キャンパスの多文化化の現状を踏まえると，多くの大学において留学生にとって利用しやすいサービスの形態は，留学生を対象とした分業型のサービスであり，また研究4で示したような，複合的な問題に柔軟な援助構造の中で対応が可能な多機能サービスであるといえるだろう。
　ただし，このような留学生向けサービスをキャンパスに設置し，機能させていくためには，キャンパスの実態を踏まえ，学内の諸資源との組織レベルでの連携と，留学生対応に関する全学の方針が必須である。学生支援サービス全体の中で留学生対応の相談資源はどのような機能を担うのか，他の相談資源とはどのような関係性にあるのかを，説明可能な状態にしていくことも重要である。こうした入念な計画なしに，トップダウンで性急にサービス整備を進めようと

した場合，キャンパス全体に留学生支援の課題は共有されず，ワンストップサービスとは名ばかりの，孤立した留学生向けサービスに陥ってしまうだろう。サービスの一元化は，キャンパス全体の多文化対応の準備性や必要な分業体制の整備状況次第では，留学生が利用できる学内資源の選択肢を減らし，留学生対応の孤立化・局在化（田中，1998b）を招くものである。

現在，「留学生向け」サービスを設置している大学においては，サービスが孤立した状態に陥っていないかどうか，留学生のニーズが充足されているか，確認が必要である。同様に，留学生支援サービスを全学のサービスの中で統合的に担っていく体制を選択している大学の場合も，実態把握が求められる。ただし，統合型のサービスの中では，サービスが多様性に対応したものであるのかどうか，必要とする学生にサービスが届いているのかどうか，把握は分業型の場合よりも難しい。

留学生のニーズに対する理解を，相談資源を利用する留学生への対応経験の積み重ねのみで高めていくことには限界がある。また少数派のニーズの把握には数値的・量的指標以外も必要であることも，統合型のサービスにおいてはより強く認識する必要がある。

統合型・分業型いずれの場合も，サービスが有効に機能するためには，全学的な理解と組織的な支えが不可欠であるが，既存の体制の変容を伴うような組織的な取り組みは容易には進まないことが指摘されている。中でも，変化を求められることとなる多数派からは，変化に対する「揺り戻し」（バックラッシュ）(Thomas, 1992, p. 26) や，多様性を学びや効果を向上させる機会として活用しようとする取り組みを，意図的・非意図的に阻害する「多様性に対する抵抗」(diversity resistance) が生じる (Thomas & Plaut, 2008, p. 5) ことが報告されている。国内の大学においても，多数派側が変化に無関心であったり，非協力的であることが，留学生対応の学内体制を分離した状態に留めてきた主要な要因の一つであろう。

したがって，最終章においては，本書全体を振り返りながら，「大学の国際化」という大きな文脈の中に学生支援サービスの整備の問題を再び位置づけ，大学がいかにこの課題に取り組んでいけるか，という視点から考察を行っていくこととする。

第10章
キャンパスの国際化とは何か

学生支援サービス構築の視点から

　本書では、大学国際化の時代においてキャンパスの抱える課題を、学生支援の視点から検討してきた。中でも多様化する学生のニーズに対応可能な学生支援サービスとは何か、その実現に向けてどのような取り組みが求められるのかを中心に議論を進めてきた。

　留学生の抱える問題、援助者の職能の問題、あるいは援助関係の問題など、ミクロ的な次元において生じる問題を理解することは、大学が留学生を受け入れていくうえで欠かすことができない重要な作業である。一方「それでは、我々は何をなすべきか」という次のステップに論を進めるためには、議論を個別の次元に留めるのではなく、より高次の次元に位置づけ捉え直していくことが求められる。そのため本書では、留学生個々の問題状況ではなく、「留学生に対する学生支援サービス」という次元に注目し、どのようなサービスが望まれるかを示してきた。これらを踏まえ本章においては、新たな時代に求められる学生支援サービスの実現に向け、国や大学コミュニティの構成員、専門家はどのような課題を有するのかを検討し、「キャンパスの国際化」とは何かについて考察を深めたい。

第1節　本書が明らかにしてきたこと

　本書では、国内外の留学生に関する先行研究の問題点を踏まえ、文化的多様性や文脈性に配慮した研究を心がけた。また実態に基づく議論を重視し、留学生と留学生を受け入れる場に関する実証的なデータを用いながら、サービスのあり方を検討してきた。

　まず第1・2章では、既存の留学生支援体制の特徴について、それらを生んできた背景要因とともに整理し、課題の明確化に取り組んだ。高等教育の国際

化は，時代とともにその意味するところが変化しており，従来留学生を迎えることを中心に取り組まれてきた国際化推進は，今日では，教育・研究活動のボーダレスな展開へと，その目的・具体的活動領域が拡大している。グローバル化に伴う外的な要因に強く動機づけられた今日的国際化の施策の下では，国際化（留学生受け入れ数の増加）がキャンパスに及ぼす影響に対する注目は弱く，時間をかけ，キャンパス内部のニーズに対応した改革を進める視点も不足しがちである。政策面，財政面で政府の高等教育への影響力が大きい日本の大学において（芦沢, 2008），国際化の取り組みはとりわけトップダウンの影響を受けやすい領域であり，施策の転換は，留学生受け入れの理念的拡散と留学生支援の実践の停滞をもたらしていることを，本書においては指摘してきた。

こうした状況を受け，第3章では，文化的多様性への対応が進んだ諸外国の先行研究にも触れながら，留学生支援の拡充につながる視点を整理した。留学生の多様性に学生支援サービスが対応していくうえでは，サービスを支える組織的な取り組みや多様性に対する社会全体の認識，制度など，マクロ要因も含めた検討が重要であると考えられた。また有効な学生支援サービスの姿は，サービスが埋め込まれたキャンパスの状況に左右されるため，それぞれの場において実態を踏まえた判断が必要であることを指摘した。文脈依存性の高さに留意し，実態に基づいた議論を進めていくために，第4章以降は筆者の実施した五つの研究の結果を示しながら，学生相談体制，学生相談の担い手，留学生，留学生を対象とした支援サービスそれぞれの視点から，留学生支援の実態と課題の把握を行った。

研究1（第4章）の学生相談機関を対象とした調査では，留学生に対する相談体制には，統合型の体制と，留学生支援を担う機関を別途設け，学内で支援を分業・分離で担っていく体制があること，国立大学においては後者の分業型・分離型が多いことを確認した。さらに，いずれの支援体制の場合も，留学生対応にあたっての明確な方針が不在の場合が多く，多様性に対応可能な学生支援に関する議論は進んでいない状況を示した。続く研究2（第5章）では，学生相談の場での留学生対応についての調査結果から，学生相談従事者の留学生対応経験は限られており，学生対応において不安が示されていることを明らかにした。また，各サービス形態に固有の課題があり，文脈を無視して有効なサービ

ス形態を論じることは実践的ではないことを指摘した。

　研究3（第6章）においては，学生支援サービスの利用の障壁に関して，留学生側の視点を検討した。また研究4（第7章）では，留学生に対象を特化した分業型のサービスの例として，留学生相談室の実践事例を取り上げ，留学生にとって利用しやすいサービスの形態について考察を行った。留学生のニーズや状況の変化に対して，柔軟に対応可能なサービスが求められることや，個別相談に加えて，交流プログラムや就職支援等のサービスを同時に提供する多機能型のサービスは，多様性に対応しやすい可能性を指摘した。研究5（第8章）においては，留学生に対するインタビューデータの検討を行い，学生支援サービス利用を説明する仮説モデルとしてまとめた。

　このように，学生の多様性に対応するためにサービスのあり方を検討していく作業は，「キャンパスの国際化」のプロセスそのものである。教育・研究・学生支援の諸領域において，このような取り組みが進められ，かつ結果が大学全体で共有されていく場こそが「国際的なキャンパス」といえよう。

　学生支援サービスの国際化，あるいは多様性に対応可能な学生支援サービスの構築は，大学の国際化推進の取り組みの中に入れ子状に位置づけられるものであると同時に，大学の国際化を内側から促し，支えていく機能も担っている。以下では，ここまでの議論を踏まえ，キャンパスの国際化に向けて，学生支援の領域からの提案をまとめていきたい。

第2節　キャンパスに求められる変化

2.1　キャンパス内部からの変化

　高等教育の国際化は，国境を越えた教育・研究活動の展開に注目が集まりがちであるが，改めて述べるまでもなく，それらを可能にするためのキャンパス環境の整備やキャンパス内部の意識変化も，重要な課題といえる。

　留学生が日常的に感じる，ホスト社会との間の有意義な関係構築の難しさは，援助を求めたり，大学の提供するサービスに対する見方に影響を及ぼしていた。中でも「外国人」であることによる被差別的（と学生が捉える）体験は，日本的な仕組みの中に埋め込まれたサービス全般に対する否定的評価につながる可能

性があることを，本書では示してきた。キャンパスにおける不快な体験，たとえば，関係構築に対する日本人学生側からの関心，関与の少なさや，教職員から日本のやり方を押し付けられていると感じる体験などは，多くの学生に共通しており，改善に向けホスト側の変容が求められる領域であると考えられる。

　日本人学生の異文化と関わる能力育成については，グローバル人材育成の議論の中で昨今大きな関心を集めており，その手段として，国内生と留学生の交流促進や共修，学生の海外派遣等が議論されている。しかしながら，授業実践等の取り組みは，個々人の異文化接触に対する動機づけ等により参加者が選択される selectivity の問題（Gurin & Nagda, 2006）を持つ。同様に，教職員の国際化の問題も，国内外で注目される領域であるが，教職員の国際化に対する経験，能力，関心や関与の不足も深刻であり，これらは予算不足に次ぐ，国際化推進の障壁であることが報告されている（IAU, 2014, p. 69）。

　第9章で指摘した通り，変化に対しては多数派側からの抵抗が生じうる。抵抗の根底にあるのは「しばしば，明確ではない将来，心地よい慣れ親しんだ現状がなくなることに対する恐れ，あるいは状況をコントロールできないことに対するフラストレーション等」（Thomas & Plaut, 2008, p. 3）である。こうした多数派の体験する複雑な感情に適切な対応がなされなかったときには，多様性への抵抗が強まると考えられている。

　これに対して，今日実施されている日本人学生に対する働きかけの多くは，国内生の海外への関心や外国語学習への動機づけを高めるといった文脈に留まりがちであり，国内・学内に存在する多様性の尊重，多文化共生や少数派のニーズへの配慮など，日常的な異文化との対峙を想定していない。教職員の国際化に向けたSDやFDにおいても，海外研修等がその具体的な手段として挙げられることが多く，国外での活動経験や外国語力，外国への関心の高さとして，教職員の多文化対応，国際化対応力が語られがちである。しかしながら，キャンパス内に存在する多様性に対する姿勢や，多数派として体験する異文化受容に対する気づき，異文化に対応する能力の育成が，海外に短期間滞在することや国外の事例を座学で学ぶことのみで身につくとは考えにくい。またそうした体験を経て，仮に学生や教職員の異文化や多様性に対する気づきが一時的に高まったとしても，その後そうした気づきを，キャンパスの内側からの変容の促

進力として活用していく仕組みが十分に構築されていないことも課題である。

　国際化対応の人材育成や人材の雇用に対する関心が高まっていることも，本書においては指摘した。しかしながら，「留学生担当」「国際系」といった人々の担う業務範囲や専門性は，大学の国際化に向けた取り組みが過渡期的な状況にあることもあって，明確にすることが容易ではない。加えて，新たに雇用される人材の多くが，任期付きのポジションで採用されており，キャンパス内部の環境変容にどの程度力を発揮できるか，定かではない。

　特定の授業実践，研修プログラムや人材配置は，キャンパス全体の変革，変容の包括的な計画の中に位置づけられて初めて，その効果を十分に発揮しうるものであり，そうした計画なしに，単発で実施・導入されることの効果は極めて限定的であろう。また，既存の組織体制の中で，文化的差異への気づきを高めるような働きかけを個人に対して行うだけでは不十分であり，組織の既存の文化そのものを変容させるような組織開発（organizational development）の視点が重要である（Jackson & Holvino, 1988; Kezar, 2007）。

　多様性への適切な対応や多様性推進の取り組みは，教育・研究，支援に携わる教職員，留学生を含む全学生に求められるものであり，構成員全体の多文化対応力の底上げや既存の体制・制度の変化を含む，計画的，継続的かつ組織的な取り組みが必要とされている。

2.2　キャンパス全体の変容に向けた包括的取り組み

　Hudzik（2011）が述べるように，高等教育の国際化は，目標とされるゴールであるだけではなく，それぞれの大学が目標を遂行するための手段である。これまで国内の大学においては，国際化の議論が学内の限られた部署のみの関心事であり，何のための国際化か，国際化とは何かについての学内の共通認識が育ちにくい土壌があったと考えられる。このことは，キャンパス内部からの，変化に向けた主体的な動きを抑制してきたといえるだろう。Milemら（2005）は，キャンパスにおける多様性推進の取り組みは，特定の委員会や部署が孤立して担いうるものではなく，キャンパス各次元・活動領域に浸透させていくことが必要であると主張している。

　加えて，近年のトップダウンの国際化推進施策の下では，数値化可能な達成

目標・評価指標が設置され，短時間で変化が生じやすい領域に議論が集中する傾向に拍車がかかっている。時間を要する本質的な変容は後回しとなりがちであり，結果，キャンパスの日常と施策の乖離が生まれやすい。キャンパスの多文化化推進を問うてきた研究においては，組織やシステム次元の変容につながらない取り組みは有効性が低いことが指摘されている（Jackson & Holvino, 1988; Milem et al., 2005; Pope et al., 2014; Wiliams et al., 2005; Williams, 2013）。今後もこれまでのように，日本人学生向けサービスの単なる英語化や，キャンパスの一部だけを出島化（近田，2011；横田，2013）した対応などが繰り返された場合，キャンパスの国際化は表層的なレベルに留まり続け，学生教職員の多様性・異質性に対する意識や，学生支援サービスを含む，学内の既存の仕組みの全体的な国際化，多文化化は停滞し続けるだろう。組織的次元の変化をいかに系統的に促していくかが大きな課題であるといえる。

Hudzik（2011, p. 10）は，国際化に向けた大学の取り組みに関して「（組織によって）ミッションが多様であり，取り組みを開始する地点も異なることから，国際化・グローバル化に関連した課題や機会への対応は，それぞれの組織ごとに独自に練られたものとなる」とし，包括的な国際化に向けた統一の道筋があるわけではないと述べている。たとえば，国内の大学を例にとると，米澤ら（2008a）が指摘するように，国立大学は研究活動中心，私立大学は教育活動中心の国際化への目標設定が行われる傾向が強く，「このような各大学のミッションの違いに基づく目標設定の多様性を尊重すること」が議論の前提条件として必要となる。

国際化の目標や，それに伴い目指されるキャンパスの姿として，画一的な像を示すことは難しいと考えられるが，それゆえに，なぜ国際化に取り組むのかを構成員全員で共有化し，共通の目標に向けた歩みを進めていくことが，各大学に求められているといえよう。

第3節　留学生支援の場からキャンパスの国際化に向けて

3.1　留学生支援の場の役割の再定義

キャンパスの国際化に向けた歩みの中で，留学生支援の場はどのような役

第 10 章　キャンパスの国際化とは何か

割・機能を担えるだろうか。

　まず，留学生の学生支援ニーズを，「留学生」の問題として扱ってきたこれまでの留学生支援の視点は，学生支援全体の枠組みの変容を遅らせてきた側面があることから，見直す必要があろう。本書においては，留学生のための支援の拡充という視点に加えて，キャンパスの変容を促す内側からの継続的な推進力としての留学生支援サービス，という視点から，留学生支援とキャンパスの国際化の関係性を示してきた。これらを整理し，留学生支援の目的と対象に分けて図示したものが，図 10-1 である。

　留学生支援の場において明らかとなる様々な問題状況には，個々の学生のミクロな要因に起因する心理的問題も含まれるが，多くの問題は環境要因と留学生側の要因のずれが背景要因の一つとなっている。江淵（1997）は，留学生受け入れの諸理念は相反する性質を持つものであることを指摘しているが，国や大学という次元における留学生受け入れの動機と，個々の学生の留学の目的との間には，元来次元の違いがあり，不一致は生じやすい。中でも「学生支援的な視点に立つ，多様性を尊重したサービスの拡充策」と，「自国利益への貢献可能性を重視した選択的戦略的留学政策」とは，短期的には相容れない性質を持つ。留学生支援の場は，このような次元間・異文化間の調整役を担うが，留学生相談という場面に限ると，大半は学生個人の次元で問題化した事象に，学生を援助するという役割から対応することとなる。したがって，まずは目の前の留学生の問題状況に対して，学生個人にとって最善の状況を目指し，支援することが優先される。

　しかしながら，単純に個別対応を繰り返すだけでは，国際化への効果は限定的である。繰り返し問題化する事柄や，多くの学生に共通して体験される問題状況については，その背景要因・構造上の問題など，より高次の次元に存在する問題性を明らかにし，中長期的なスパンで留学生受け入れの枠組みについて検討していく視点を持つことが求められる。

　さらに，施策を意味のあるものとしていくためには，実践を通じて得られる知見を定期的に大学運営の上位システムにフィードバックする仕組みを構築し，キャンパスの課題が確実に施策に反映されていくように働きかけ，実践と施策をつないでいく必要がある。キャンパス内部からの組織的な次元を含む変化を

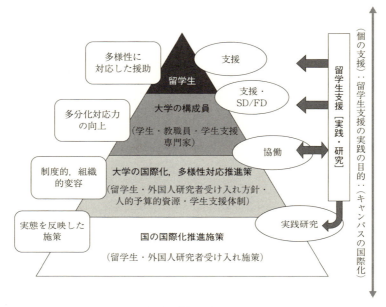

図10-1 留学生支援の実践の目的と対象

生じさせるためには,組織の上層部の理解や一貫した支持が得られることが必要である(Williams et al., 2005)。学生支援の場と組織の上位システムとの協働の重要性は,藤川(2007)の報告などにもみられるが,留学生支援の場は施策との連動性が特に強い領域であることから,一貫した上層部の姿勢はとりわけ重要であろう。

　国際化を進めるプロセスにおいて,キャンパスで生じている問題を適宜把握することは容易ではない。またそれぞれの教職員が自身の職務範囲で体験しうることは限られており,留学生一人ひとりの経験も個人的・個別的なものである。

　これに対して,学生調査の実施等により,学生のニーズを系統的に,かつ継続的に把握していくことが必要であるが,文化的にセンシティブな調査の実施には,キャンパスの多文化化状況についての正確な理解が必須である。また,数量的な指標のみでは把握が困難である,少数派学生のニーズを確実に把握する手段も求められる。

本書で示してきたように，留学生支援の場は，構成員の直面する様々なレベルの問題が日常的に明らかになる場であり，キャンパスで問題化している状況を幅広く把握し，国際化に向けた取り組みの効果や問題点をいち早く知る場となりうる。さらに，こうした留学生支援の実践の場の機能を学生調査の実施や少数派のニーズの把握に活用することは，課題の可視化と共有化につながり，キャンパスの日常と施策との間のずれを埋めることに貢献するだろう。受け入れ戦略の前段階，初期段階から，留学生支援の実践者が施策に関与することができれば，留学生受け入れの体制整備に対して具体的な提案を行ったり，問題に早期に介入し対処することができ，効果的に受け入れを支えていくことも可能となろう。受け身的なあり方を脱し，国際化施策と実践の場の有機的な連動性を高めていくことが，留学生支援の場の機能として求められる。

3.2 国際化に向けた取り組みの継続と共有化

サービスの多文化化，キャンパスの国際化に取り組むうえでは，留学生のニーズと提供されているサービスの適合性が継続的に点検・評価され，改善のための働きかけが行われていることが必要である。また，大学・相談機関・援助者等の各層の関係者が，自身の取り組み課題を明確に把握でき，他の層がどのような取り組み状況にあるのかを適宜確認・共有できることも重要である。

こうしたモニタリングを可能にするために，表10-1に，チェック項目をリスト化し，「学生支援サービスの国際化に向けた取り組みガイドライン」として示す。

ガイドラインに沿って国際化推進施策を見直すことにより，各大学において，キャンパスの国際化の中で学生支援の問題がどのように扱われているのか確認し，現状の課題を明らかにすることができるだろう。また，既存の留学生支援の体制において，業務の分担がどのように行われているのかを把握し，資源配分を最適化したり，体制を組み直したりしていく場合にも役立つ。こうした作業は，多様化が進行するキャンパスにおいて，学生支援をどのように担っていくのかについての，大学全体の合意形成のプロセスといえる。組織開発の戦略作りや，研修体制の整備の際に必要な，スタートラインと目標の共有化作業も可能とするだろう。加えて，新たな国際的なプログラムを立ち上げる際に，そ

表10-1 学生支援サービスの国際化に向けた取り組みガイドライン

(1) 学生支援サービスの主たる担い手が，在籍留学生の特徴を把握しており，その知識を広報活動や利用しやすいサービスの構築，来室した学生のアセスメントに生かすことができる。

[留学生に関する知識]
☐ 在籍留学生の大まかな特徴（在籍者数，出身地域，年齢，性別，信仰，言語力，経済状況，学部・大学院，来日の経緯等）を把握している。
☐ 出身地域ごとに，来日する学生層が送り出し国においてどのような社会経済的層を中心に構成されており，かつ国や大学がその地域に対していかなる受け入れ理念・リクルーティング戦略を有しているかを把握している。
☐ 留学生の出身国における，心理援助・メンタルヘルス等の専門的援助資源の特徴や，大学等の教育機関が有する学生支援機能の特徴について把握ができている。
☐ 学生の出身地域ごとの同国人ネットワークの実態・機能を把握している。
☐ 学生支援サービスにつながりにくい留学生集団に関して，学内の代替資源や支援の際にキーパーソンとなり得る人が把握できている。

[広報活動]
☐ 来日前・入学直後の留学生に対して，大学が提供する学生支援サービスについて，学生にも理解しやすい説明の仕方で案内がなされている。
☐ 留学生が確実に目にすることができる情報媒体を用い，学生の目に留まりやすい言語を用いて広報されている。
☐ 学生支援サービスに関する情報が，入学後も留学生の目に常時触れる形で案内されている。
☐ 学生支援サービスの案内において，文化的・言語的多様性を尊重したサービスであることが明示されている。
☐ 学生支援サービスの案内において，サービスの提供者についての情報（専門性，留学生対応経験を豊富に持つこと，言語能力，多様性を尊重する態度等）が明示されている。
☐ 学生支援サービスの案内において，守秘義務の方針が示されている。

[サービス内容・提供の方法]
☐ 留学生の文化的・言語的特徴に配慮したサービスが提供されている。
☐ 学生の援助授受のスタイルに馴染む，利用しやすいサービスが提供されている。

(2) 学生支援サービスを提供する機関において留学生対応の方針が明確にされ，学内の関係者間で共有されている。

☐ 学生支援を担う資源が学内に複数ある大学において，留学生に対するサービスの基本的な提供方針と資源間の役割分担が明らかにされている。
☐ 留学生対応の方針が在籍留学生のニーズに合致していることが確認されている。
☐ 学生支援の主たる担い手の間で，留学生に関する情報を共有する仕組みがある。
☐ 多様性を尊重した対応を行うことの必要性が関係者の間で共有・合意されている。

(3) 既存の留学生支援体制の特徴とその固有の課題が把握されている。また問題点を改善していくための方向性と具体的方策が示され，関係者間で共有されている。

[分業型・分離型のサービス]
□資源間の連携の方針が明らかにされており，大学全体で課題を共有する場が設定されており，機能している。
□学生支援サービス全体の中での留学生支援サービスの位置づけが明確にされている。
□重複するサービスを提供する相談機関がある場合，サービスの選択の主体は学生側にあり，留学生が各種サービスの利用から排除されないことが確実にされている。

[統合型サービス]
□サービス提供者となる専門家に対して，留学生理解を深めたり，文化的側面に配慮した援助を行ったりする職能を身につけることが期待され，その機会が提供されている。
□サービスを提供する援助枠組みに柔軟性があり，専門家が必要に応じて面接室以外でも学生に働きかけることが可能となっている。

(4) 大学全体が，留学生受け入れの基本理念・留学生に対する大学の責任に関して共通の認識を有しており，学生支援の担当者・留学生との協働のもと，留学生支援サービスの拡充に取り組んでいる。また留学生は，多様なニーズを持つ学生集団の一つであり，キャンパス全体が多様性への対応力を向上させていく方針の中に，留学生支援の拡充が位置づけられている。

□留学生を含む，学内の構成員の文化的言語的多様性が尊重されることが，大学の基本理念・方針に含まれ，さらにそれについて大学コミュニティに向け発信されている。
□多様性尊重・異文化コミュニケーション能力の向上に向けた学びの機会が，学生・教職員を対象に提供されている。
□システムを整備・運営する大学の上位組織と実践の場の間に，改善が必要な点について議論を行うことができる仕組みがある。
□留学生の意見を聴き，システム構築に反映させる仕組みがある。また留学生がそうした仕組みがあることを知っており，必要に応じて意見を述べることができる。
□在籍留学生に日本語でのサービスの利用が困難な学生がいる場合，その状況が大学全体で把握されており，当該学生集団に対してどのように学内サービスが利用可能な状況を保障するのか，大学としての方針が示されている。
□新たな留学生受け入れの戦略を進める際には，それによって増加が見込まれる留学生層に，学生支援上の特有のニーズがないか，学生支援の専門家と協働して明らかにし，予防的な支援体制の整備が行われている。

れにより生じうる学生の新たなニーズについて予測できれば，学生獲得戦略の段階で必要な支援体制の整備について議論することも可能になるだろう。

第4節 今後に向けて

4.1 専門家の社会的責任

グローバル化の進行とともに，様々な仕組みがこれまで通りには機能しなく

なっていく。既存の援助枠組みの適切性を問うていく作業が，文化の側面に限らず，性別や性的マイノリティ，世代や経済格差等，多様性が生まれるあらゆる領域において必要とされていくだろう。「多様性」から学生のニーズを理解する視点が弱い日本の大学においては，様々な「既存のもの」「当たり前のもの」について，問い直していくことが求められている。

　留学生向け，外国人向けといった社会的カテゴリーによる分断した議論を越え，多数派を含めた議論を進めていくことは，今後，多文化に対応した援助サービスを構築，浸透させていくために重要な第一歩となろう。一方，こうした議論において時折みられるのが，「誰もが多様である」という主張である。大学の国際化を進めるためには，日本人学生と留学生という区分を廃止すべきであり，国際化推進を担当する部署や，留学生相談等の留学生を対象としたサービスも不要である，という主張は一見合理的にみえる。しかしながら，実際にこれらの主張が意味するところは，発言が行われた文脈やキャンパスの状況とともに慎重に検討する必要がある。実践的な視点からは，現段階で大学が直面している課題の解決に，こうした主張は殆ど役立たない的外れなものであると言わざるをえない。

　文化的な差異は，国際化されたキャンパスにおいて消滅するのではなく，相違はむしろ拡大・可視化されていくものである。相違が存在し，それにもかかわらず，人々が共存可能なキャンパスこそが，目指されるキャンパスの姿であり，そうしたキャンパスは意識的，戦略的かつ継続的な働きかけなくしては実現しない。少数派の意見・ニーズは，意識的にそれを反映させ，尊重していく仕組みを構築しない限りにおいて，キャンパスの中で容易に埋もれてしまうものである。

　文化的・言語的少数派に属する人々が，既存のシステムの変化を求めて声を発したり，当事者としてサービス構築や人材育成に関与したりする機会は日本社会・日本の大学においては限られている。実践の場で対応を行う専門家が，少数派のニーズを代弁し，必要とされる変化を社会に示し，課題を議論の俎上に載せていくことは，変化に向けたプロセスの中で重要な意味を持っているといえるだろう。

　また，援助専門家と呼ばれる人々が，多数派としての立ち位置に無自覚なま

まで援助実践に携わることは大きな問題性をはらむ。多数派とは異なるニーズを持つ人が存在することに気づきを持ち，ニーズを可視化することや，対応に向けた術を探ることは，専門家の社会的責任といえよう。

　このような役割を担っていくうえでは，現場で得られる「何が大事か，何が問題か」という実感を大切にしながらも，経験知にのみ頼った感覚的な主張ではなく，主張を裏付ける実証データに基づいた議論を行っていくこと，つまりは留学生支援の場の知見を，キャンパスや社会と共有することが可能な言語に変換していく作業が求められる。従来，援助専門家は，援助者と利用者の次元において専門性を発揮してきたが，変動する社会において専門家としての役割を果たしていくためには，本書で示してきたように，既存の体制・環境の変化に向けた働きかけを行っていくことも極めて重要である。大学という場においては，留学生のニーズの理解と同時に，大学の風土や大学が目標としている将来像に関する理解を深め，大学コミュニティに対して戦略的に働きかけていくことが望まれる。

　専門家の社会的責任を果たしていく重要性の一方で，本書は専門家個々人の専門性の次元に責任を帰属させる議論には警鐘を鳴らしてきたつもりである。多様性への対応が進んだ諸外国と日本とでは，サービス構築を支える基本的な理念や法制度等の整備状況において，大きな隔たりがある。そのため，留学生相談をはじめとする，多文化多言語的なニーズを持つ人々への援助に関わる領域においては，法制度・社会制度が未整備な状態の中で，多くの援助者が個人的な動機づけ・意欲，体力によって，サービスを支えており，援助者自身が孤立した状態に置かれやすい（大西，2014）。問題を専門家個々人の気づきや問題意識のみに留めた議論は本質的ではなく，また，人材育成の仕組みのない状況で，外国語力や海外滞在経験を持つ人に，安易に多文化への対応が期待される現状にも異議を唱える必要がある。個人的に問題を抱え込むのではなく，法制度整備や社会的支援，活動に対する財政的支援，人材育成の方法，組織的体制の整備等の必要性を主張していくことも，専門家の重要な役目であろう。

4.2　心理援助モデルの発展への貢献

　本書では，日本の大学，あるいは日本社会において，サービスを構築する際

には，西欧的なシステムをそのまま導入するのではなく，利用者とサービス実施の場の特徴を踏まえる重要性を示してきた。伝統的なカウンセリングや「専門家」による援助に馴染みが薄い社会の出身者にとって，どのようなサービスが受け入れられやすいのかを検討していく本書の取り組みは，文化的・言語的少数派に対するサービスの向上のみならず，日本独自の援助モデルの開発にも貢献しうる。たとえば，本書では，学生相談の領域において進むサービスの専門分化が，必ずしも多くの留学生にとって利用しやすいサービスの実現を約束していない可能性を指摘した。こうした状況は，留学生に限らず，日本生まれの学生たちや，留学生以外の社会的少数派の中にも同様に生じているかもしれない。留学生対応から得られる知見は，こうしたキャンパスの共通課題を浮かび上がらせると同時に，留学生支援と学生支援の関係性を検討する作業を通じて，両者を包括する援助モデルの構築を促すものであり，学生相談の発展への寄与が期待できる。

　グローバル化とともに，多様性への対応は不可避の社会的課題となっていくと考えられる。多文化化が社会に先行して進むキャンパスにおける問題は，社会全体において今後生じうる状況を予見するものである。取り組みを社会に向け発信していくことは，新しい時代において求められる対人援助サービスの発展にとって重要であろう。

4.3　本書の限界

　本書では，サービス次元に視点を置き，組織体制やサービスのあり方を検討することを重視してきた。また，留学生相談の実践者である筆者の立場に偏らない，大学全体の学生支援サービスのあり方を視野に入れた議論を心がけた。それによって，留学生と留学生相談担当者に閉じがちであった留学生支援の課題を，より広い文脈の中で検討していくことを試みた。さらに，本書は，対象を特定の国出身者に限定せず，多様な文化・言語的背景を持つ学生に関して議論を行ってきた。

　留学生支援を通じたキャンパスの国際化という作業において，本書がここまで示してきた点は，国際化に取り組む国内の大学が共通して直面している問題を多く含んでいる。また，これまで扱われてこなかった留学生集団内の多様性

を文化的視点から明らかにすることができたことは，多様性への対応を大学が進めていくうえで，実践的にも大きな意味を持つと考えられる。さらに，社会的少数派のニーズを明らかにし，サービスをそうしたニーズにも対応しうるものへと適合させていくプロセスは，いずれの実践の場においても有益な視点を提供するものと考えられる。とりわけ，実践データをサービス改善に反映させる手続きは，変容に向けた働きかけをサービス次元で進めていくうえで汎用性が高いものといえよう。

ただし，その一方で，文脈依存性の高い課題の特徴や研究手法の限界により，本書で明らかにしてきたことが，どこまで日本の留学生支援に共通していえるのかは，慎重に検討が必要である。結果を留学生集団全体の特徴として過剰に一般化したり，日本の大学全体に当てはめたりすることは避け，明らかにし得なかった点についても自覚しておくことは，実践的にも理論の発展においても意味があるだろう。

留学生支援の実務家である筆者が調査を行ったことは，実践的に有意味な問いを立てることや，スムーズな研究の遂行，結果のより深い解釈を可能としたが，その反面，学生の自由な意見の表出の抑制や，大学とは距離を置きたいと思っている学生の調査への参加拒否などが生じた可能性も否定できない。加えて，調査の実施言語が限定されており，第二，第三言語による回答となった学生も多いこと，文化差，言語差が存在する調査者によるインタビュー実施も，表出される意見の内容や，深さ，側面に影響を及ぼした可能性がある。サービスに対する不満の表出や対面で年長者に意見を述べることに馴染みが薄い学生もおり，異文化間研究に伴うこうした限界についても留意のうえ結果を理解する必要がある。

また，本書では，留学生相談の実際の実践例を取り上げ，サービスの改善について検討を加えてきたが，検討対象としたのは，大学院生を中心とした大規模な留学生受け入れを行う，連携可能な学生支援の学内資源を比較的豊富に持つ大学であった。学生の顔と名前が一致する状況で留学生と関わることが可能な大学や，学生支援の基本的なリソースが不足した大学においては，実践上必要とされることが本書の知見とは異なる部分も多いだろう。

さらに，調査対象を大学院留学生に絞ったことにより，研究中心の留学生活

を送る学生の理解は深まったが，学部レベルの留学生のニーズに関しては本書では明らかにできていない。学部留学生や短期の交換留学の場合と，学位取得を目指す大学院生とは，学生生活の様子も大学，教職員との関係性も大きく異なる。留学生は，学年と年齢のずれが大きな集団ではあるが，全体的にみれば若い学生が多い学部生と大学院生とでは，発達段階的に抱える問題も対処の能力も異なると推測される。さらに，学部留学生と，大学院から日本に留学する学生とでは，留学の動機・経緯，来日後の援助資源の得やすさも同一ではないだろう。こうした点については，今後の研究によって明らかにしていく必要がある。

最後に，本書は，キャンパスの国際化・多文化化の主要な担い手である，教職員ならびに，国内で育った多数派の学生たちの視点を明らかにしていない。彼らの目に，日本の大学の国際化への取り組みはどのように映っているのか，指導教員や授業の担当者，あるいはクラスメートとして付き合う留学生に対し，どのような思いを抱いているのかは，ここでは描かれていない。

多様性への対応を進めていく過程においては，こうした多数派の人々の態度・関与は極めて重要である。中でも教育・研究の担い手である教員の果たす役割は大きい。彼らは，留学生を支える重要な資源であると同時に，学生との関係性において自身の多数派としての位置づけを自覚することや，授業や研究指導の場において，学生の文化的・言語的多様性を適切にマネージメントすることが期待される存在である。授業場面や研究室において，教員が多様性や異質さに対してどのような態度で臨むかは，そこで学ぶ学生たちに強く影響を及ぼすだろう。

今後，留学生支援が，留学生への支援から，キャンパスの国際化への貢献へと役割を拡大させていくうえでは，この多数派集団のニーズを明らかにしていくこと，留学生支援を主たる業務としない教員との協働が大きな課題となろう。

4.4 結びにかえて

留学は，各人の人生上の選択であり，個人的な次元で体験されるものであり，留学に伴い生じる様々な問題の解決主体もまた，当然学生個人である。しかしながらそれと同時に，国や社会，大学も，彼らの留学生活を支える責任を共有

していることを忘れてはならない。中でも教育機関の担う責任は大きい。留学生受け入れ成果の日本社会への還元性は重要な視点ではあるが，短期的な視点でそうした議論を行うことは，高等教育の場にはそぐわない。変容の必要性から目を背けることは，国際化を掲げる大学にとっては自己矛盾でしかない。大学が留学生のニーズを少数派のニーズとして無視，あるいは特別扱いするのではなく，多様性に目を向け尊重し，変容に向けた積極的な姿勢を示していくことは，国内で育った学生たちにとって，単に国外で異なる文化に触れることだけが，世界で生きる人材として求められているわけではないという，強いメッセージを送ることになるだろう。

　留学生を含むすべての構成員が，キャンパスにおける多様な価値の存在を認識し，それと共生していく力を身につけていくことは，長い目でみたときの留学交流の最大の効果である。また足元の国際化をしっかりと担う人材の育成は，次世代のリーダーを育成する高等教育機関の重要な役割といえるだろう。

初出一覧

　本書の一部は，以下に示す論文に，加筆・修正のうえ，大幅に改稿したものである。

第4章・第5章
大西晶子（2012）．留学生への相談・支援体制の現状と課題――学生相談機関における対応実態を中心に　学生相談研究，33 (1)，25-37．

第6章
大西晶子（2013）．在日大学院留学生の学生相談資源利用の障壁についての検討　心理臨床学研究，31 (5)，788-798．

第7章
大西晶子（2008）．留学生の利用しやすさに配慮した留学生相談活動――個別相談と日本人との交流プログラムの利用実態に注目して　学生相談研究，29 (2)，113-127．

引用文献

秋山剛（1998）．異文化間メンタルヘルスの援助を阻害する要因　こころの科学, 77, 59-64.
Altbach, P. G., & Balan, J. (2007). *Worldclass worldwide: Transforming research universities in Asia and Latin America*. Maryland: Jons Hopkins University Press.
アルトバック，P., ナイト，J. ／天野郁夫（訳）（2006）．高等教育の国際化――動機と現実　IDE, 482, 8-16.
Althen, P. G. (1995). *The handbook of foreign student advisor* (Revised ed). Intercultural Press.（服部まこと・三宅政子（監訳）（1999）．留学生アドバイザーという仕事　東洋大学出版会）
天野郁夫（2008）．国立大学・法人化の行方――自立と格差のはざまで　東信出版
天野郁夫（2013）．大学改革を問い直す　慶應義塾大学出版会
American Psychological Association (2003). Guidelines on multicultural education, training, research, practice and organizational change for psychologists. *American Psychologist*, 58, 377-402.
Anderson, T. R., & Myer, T. E. (1985). Presenting problems, counselor contacts, and no shows-international and American-college students. *Journal of College Student Development*, 26 (6), 500-503.
Arredondo, P., & Perez, P. (2006). Historical perspectives on the multicultural guidelines and contemporary applications. *Professional Psychology: Research and Practice*, 37 (1), 1-5.
Arthur, N. (1997). Counseling international students. *Canadian Journal of Counseling*, 31, 259-274.
Arthur, N. (2004). *Counseling international students: Clients from around the world*. NY: Kluwer Academic/Plenum Publishers.
芦沢真五（2008）．米国における大学国際化評価の担い手――政府および第三者機関の役割　日本への示唆　平成19年度文部科学省「先導的大学改革推進委託」研究代表井上明久　実施担当者米澤彰純　各大学や第三者機関による大学の国際化に関する評価に係る調査研究報告書　東北大学　pp. 135-147.
芦沢真五（2009）．第8章 米国における専門職と第三者機関――国際教育交流における専門職に関する考察（大学職員の開発：専門職化をめぐって）RIHE, 105, 78-87.
芦沢真五（2012）．留学生受け入れと高度人材獲得戦略――グローバル人材育成のための戦略的課題とは　ウェブマガジン留学交流, 2012年1月号　http://www.jasso.go.jp/about/documents/shingoashizawa.pdf（2013年11月13日）
芦沢真五（2013）．日本の学生国際交流政策――戦略的留学生リクルートとグローバル人材育成　横田雅弘・小林明（編）大学の国際化と日本人学生の国際志向性　学文社　pp. 13-38.
Atkinson, D. R., Bui, U., & Mori, S. (2001). Multiculturally Sensitive empirically supported

treatments-An oxymoron? In J. G. Ponterotto, J. M. Casas., L. A. Suzuki, & C. M. Alexander (Eds.) *Handbook of multicultural counseling* (2nd ed.). Thousand Oaks, CA: Sage Publications. pp. 542-574.

Atkinson, D. R., & Gim, R. H. (1989). Asian-American cultural identity and attitudes toward mental health services. *Journal of Counseling Psychologist*, 336, 209-212.

Atkinson, D. R., & Lowe, S. M. (1995). The role of ethnicity, cultural knowledge, and conventional techniques in counseling and psychotherapy. In J. G. Ponterotto, J. M. Casa, L. A. Suzuki, & C. M. Alexander (Eds.) *Handbook of multicultural counseling*, Thousand Oaks, CA: Sage Publications. pp. 387-414.

Atkinson, D. R., Thomson, C. E., & Grant, S. K. (1993). A three-dimensional model for counseling racial/ethnic minorities. *The Counseling Psychologist*, 21, 257-277.

Berthold, S. M. (2006) . Barriers to mental health care utilization for U.S. Cambodian refugees. *Journal of Counseling and Clinical Psychology*, 74 (6), 1116-1120.

Boone, M. S., Gene, R. E., Haltom, M., Hill, J. S., Liang, Y. S., & Mier, S. R. (2011). Let's Talk: Getting out of the counseling center to serve hard-to-reach students. *Journal of Multicultural Counseling and Development*, 39, 194-205.

Bryant, A., & Charmaz, K. (2007). Grounded theory research: methods and practices. In A. Bryant, & K. Charmaz (Eds.) *The Sage handbook of grounded theory*. Thousand Oaks, CA: Sage Publications. pp. 1-28.

Bundy, A. P., & Smith, T. B. (2004). Breaking with tradition: Effective counseling services for nontraditional students. *Journal of College Counseling*, 7, 3-4.

Buunk, B. P., Doosje, B. J., Jans, L. G. J. M., & Hopstaken, L. E. M. (1993). Perceived reciprocity, social support, and stress at work: The role of exchange and communal orientation. *Journal of Personality and Social Psychology*, 65 (4), 801-811.

Cabral, R. R., & Smith, T. B. (2011). Racial/ethnic matching of clients and therapists in mental health services: A meta-analytic review of preferences, perceptions, and outcomes. *Journal of Counseling Psychology*, 58 (4), 537-554.

Cardemil, E. V., & Battle, C. L. (2003). Guess who's coming to therapy? Getting comfortable with conversations about race and ethnicity in psychotherapy. *Professional Psychology: Research and Practice*, 34, 278-286.

Castro, F. G., Barrera, M., & Martinex, C. R. (2005). The cultural adaptation of preventive interventions: Resolving tensions between fidelity and fit. *Prevention Science*, 5 (1), 41-45.

Chang, D. F., & Berk, A. (2009). Making cross-racial therapy work: A phenomenological study of clients' experiences of cross-racial therapy, *Journal of Counseling Psychology*, 56 (4), 521-536.

Chang, M. J., Chang, J. C., & Ledesma, M. C. (2005). Beyond Magical Thinking: Doing the Real Work of Diversifying Our Institutions. *About Campus*, 10 (2), 9-16.

Charmaz, K. (2006). *Constructing grounded theory: A Practical guide through qualitative analysis*. London: Sage Publications.

Chen, S. X., & Mak, W. W. S. (2008). Seeking professional help: Etiology beliefs about mental illness across cultures. *Journal of Counseling Psychology*, 55 (4), 442-450.

Cheung, F. M. (2000). Deconstructing counseling in a cultural context. *Counseling Psychologist*, 28 (1), 123-132.

近田政博 (2011). 留学生の受け入れに関する大学教員の認識　名古屋高等教育研究, 11, 191-210.

中央教育審議会 (2003). 新たな留学生政策の展開について (答申) ――留学生交流の拡大と質の向上を目指して

中央教育審議会大学分科会留学生特別委員会 (2008).『留学生30万人計画』の骨子とりまとめの考え方に基づく具体的方策の検討 (とりまとめ)

Constantine, M. G., Chen, R. C., & Ceesay, P. (1997). Intake concerns of racial and ethnic minority students at a university counseling center: Implications for developmental programming and outreach. *Journal of Multicultural Counseling and Development*, 25 (3), 210-218.

Constantine, M. G., & Ladany, N. (2000). Self-report multicultural counseling competence scales: Their relation to social desirability attitudes and multicultural case conceptualization ability. *Journal of Counseling Psychology*, 47, 155-164.

Corbin, J., & Strauss, A. (2008). *Basis of Qualitative Research: Techniques and Procedures for Developing Grounded Theory*, (3rd ed.). Thousand Oaks, CA: Sage Publications.

Cornell University Asian and Asian American Campus Climate Task Force (2004). *Cornell university Asian and Asian American campus climate task force report*. Gannet health services. http://www.gannett.cornell.edu/cms/pdf/cmhw/upload/AAATFreport2004.pdf (2013年6月27日)

Dadfar, S., & Friedlander, M. L. (1982). Differential attitudes of international students toward seeking professional psychological help. *Journal of Counseling Psychology*, 29, 335-338.

Darnell, A. M., & Kuperminc, G. P. (2006). Organizational cultural competence in mental health service delivery: A multilevel analysis. *Journal of Multicultural Counseling and Development*, 34, 194-207.

Das, A. K. (1995). Rethinking multicultural counseling: Implications for counselor education. *Journal of Counseling and Development*, 74, 45-52.

DeVault, M. (1995). Ethnicity and expertise: Racial-ethnic knowledge in sociological research. *Gender and Society*, 9 (5), 612-631.

江淵一公 (1989). 国際化の分析視点と大学の国際化指標設定の試み　大学論集, 18, 29-52.

江淵一公 (1997). 大学国際化の研究　玉川大学出版会

Farsimadan, F., Draghi-Lorenz, R., & Ellis, J. (2007). Process and outcome of therapy in ethnically similar and dissimilar therapeutic dyads, *Psychotherapy research*, 17 (5), 567-575.

Fischer, E. H., & Farina, A. (1995). Attitudes toward seeking professional psychological help: shortened form and considerations for research. *Journal of College Student Development*, 36, 368-373.

Fisher, J. D., Nadler, A., & Whitcher-Alagna, S. (1982). Recipient reactions to aid. *Psychological Bulletin*, 91, 27-54.

藤川麗 (2007). 臨床心理のコラボレーション――統合的サービス構成の方法　東京大学出版会

藤川麗 (2008). 実践を通しての研究――実践型研究　下山晴彦 (編) 心理学の実践的研究法

を学ぶ　新曜社　pp. 79-90.
藤岡勲（2013）．文化的マイノリティに対する心理援助再考──コレクティブ・アイデンティティ発達理論による検討　臨床心理学，13（3），412-420，金剛出版
藤岡勲（2014）．『心理臨床学研究』における民族的マイノリティを対象とした研究活動，心理臨床科学，4（1），13-23.
Garkhuff, R. R., & Pierce, R. (1967). Differential effects of therapist race and social class upon patient depth of self-exploration in the initial clinical interview. *Journal of Counseling Psychology*, 31, 642-634.
Gerstain, L. H., Hepper, P. P., Aegisdottir, S., Leung, S. M. A., & Norsworthy, K. L. (2009). In L. H. Gerstein., P. P. Heppner., S. Leung., & K. L. Norsworthy (Eds.), *International handbook of cross-cultural counseling: Cultural assumptions and practices worldwide*, Thousand Oaks, CA: Sage Publications. pp. 3-32.
Glaser, B. G. (1992). *Basics of grounded theory analysis: Emergence vs. forcing*. Mill Valley, CA: The Sociology Press.
Glaser, B. G., & Strauss, A. L. (1967). *The discovery of grounded theory: Strategies for qualitative research*. Chicago: Aldine Publishing Company.
Green, D. O., Creswell. J. W., Shope, R. J., & Clark, V. L. P. (2007). Grounded theory and racial/ethnic diversity. In A. Bryant, & K. Charmas (Eds.), *The Sage handbook of grounded theory*, London: Sage Publications. pp. 472-492.
Griner, D., & Smith, T. B. (2006). Culturally adapted mental health interventions: A meta-analytic review. *Psychotherapy: Therapy, research, Practice, Training*, 43 (4), 531-548.
Grieger, I. (1996). A Multicultural organizational development checklist for student affairs. *Journal of College Student Development*, 34, 561-573.
Gurin, P., & Nagda, B. A. (2006). Getting to the what, how, and why of diversity on campus. *Educational researcher*, 35 (1). 20-24.
潘建秀（2005）．留学生支援に関する研究：国立大学の留学生アドバイザーのプロフィールについて　広島大学大学院教育学研究科紀要第三部，54，125-130.
Hansen, N. D., Randazzo, K. V., Schwartz, A., Marshall, M., Kalis, R. F., Christopher, B., & Kershner-Rice, K. (2006). Do we practice what we preach? An exploratory survey of multicultural psychotherapy competencies. *Professional Psychology: Research and Practice*, 37, 66-74.
早坂浩志・佐藤純・奥野光・阿部千香子（2013）．2012年度学生相談機関に関する調査報告　学生相談研究，33（3），298-320.
Hudzik, J. (2011). *Comprehensive Internationalization-From concept to action*. Wachingon DC: NAFSA.
Hwang, W. (2009). The formative method for adapting psychotherapy (FMAP): A community-based developmental approach to culturally adapting therapy. *Professional Psychology: Research and Practice*, 40 (4), 369-377.
Hyun, J., Wuinn, B., Madon, T., & Lusting, S. (2007). Mental health need, awareness, and use of counseling services among international graduate students. *Journal of American College Health*, 56 (2), 109-118.

池田忠義・吉武清實・高野明（2006）．学生相談における学業・進路の相談内容の特徴に基づく支援のあり方　東北大学高等教育開発推進センター紀要，1，143-155．

池田忠義・吉武清實・高野明（2008）．学生相談における相談内容の特徴に基づく支援のあり方——相談内容の質的分析から　学生相談研究，28（3），167-180．

井上孝代（1997）．多文化時代のカウンセリング理論　井上孝代（編）多文化時代のカウンセリング　現代のエスプリ　至文堂，377，pp. 30-40．

井上孝代（2002）．「マクロ・カウンセリング」の考え方とカウンセラーの役割　マクロ・カウンセリング研究，1，75-87．

井上孝代・伊藤武彦（1997）．留学生の来日1年目の文化受容態度と精神的健康　心理学研究，58，298-304．

井上孝代・伊藤武彦（1998）．留学生相談の実態と課題——全国高等教育機関の調査から　学生相談研究，19，22-32．

International Association of Universities (2014). *IAU 4th Global Survey on Internationalization of Higher Education*.

伊藤直樹（2011）．学生相談機関のガイダンスの効果に関する研究　学生相談研究，31，252-264．

岩男寿美子・萩原滋（1988）．日本で学ぶ留学生——社会心理学的分析　勁草書房

Jackson, B. W., & Holvino, E. (1988). Developing multicultural organizations. *Journal of Applied Behavioral Science and Religion*, 9, 14-19.

加賀美登美代（1996）．日本人ホスト側からみた外国人学生のトラブル事例　日本語と日本語教育，24，133-152．

加賀美常美代（2007a）．異文化間問題［3］外国人留学生の支援体制と連携　日本コミュニティ心理学会（編）コミュニティ心理学ハンドブック　東京大学出版会　pp. 769-774．

加賀美常美代（2007b）．異文化間問題［4］留学生支援としての予防的・教育的アプローチ　日本コミュニティ心理学会（編）コミュニティ心理学ハンドブック　東京大学出版会　pp. 775-781．

加賀美常美代・箕口雅博（1997）．留学生相談におけるコミュニティ心理学的アプローチの試み——チューター制度導入後の留学生寮相談室活動の質的変化　コミュニティ心理学研究，1（1），15-30．

葛西真紀子（2008）．Multicultural counseling competencies 北米のカウンセリング心理学の立場からの Multicultural competencies　こころと文化，7（2），152-158．

葛文綺（2007）．中国人留学生・研修生の異文化適応　溪水社

Kezar, A. (2007). Learning from and with students: College presidents creating organizational learning to advance diversity agendas. *NASPA Journal*, 44, 578-609. http://dx.doi.org/10.2202/1949-6605.1837

木村真人・水野治久（2008）．大学生の学生相談に対する被援助志向性の予測——周囲からの利用期待に着目して　カウンセリング研究，41（3），235-244．

木下康一（2003）．グラウンデッド・セオリー・アプローチの実践——質的研究への誘い　弘文堂

Knight, J. (2001). Monitoring the quality and progress of internationalization. *Journal of Studies in International Education*, 5（3），228-243．

Knight, J. (2008). *Higher education in turmoil: the changing world of internationalization*. Rotterdam: Sense Publishers.

小泉敬子（2010）．第3章　個別相談の方法　2 相談内容　日本学生相談学会（編）学生相談ハンドブック　学苑社　pp. 54-56.

Komiya, N., & Eells, G. T. (2001). Predictors of attitudes toward seeking counseling among international students. *Journal of College Counseling*, 4, 153-160.

厚生労働省（2008）．留学生等の高度人材受け入れ推進に関する施策　http://www.jil.go.jp/event/ro_forum/resume/081211/ogata.pdf（2011 年 12 月 2 日）

Kung, W. (2004). Cultural and practical barriers to seeking mental health treatment for Chinese Americans. *Journal of Community Psychology*, 32 (1), 27-43.

Kushner, M. G., & Kenneth, S. J. (1989). Fear of psychological treatment and its relation to mental health service avoidance. *Professional Psychology: Research and Practice*, 20 (4), 251-257.

Kushner, M. G., & Sher, K. J. (1991). The relation of treatment fearfulness and psychological service utilization: An overview. *Professional Psychology: Research and Practice*, 22 (3), 196-203.

Lau, A., & Takeuchi, D. (2001). Cultural factors in help-seeking for child behavior problems: Value orientation, affective responding, and severity appraisals among Chinese American parents. *Journal of Community Psychology*, 29, 675-692.

Lau, A., & Zane, N. (2000). Examining the effects of ethnic-specific services. *Journal of Community Psychology*, 28, 63-77.

Leong, F. T. L., & Sedlacek, W. E. (1986). A comparison of international and U.S. students' preferences for help sources. *Journal of College Student Development*, 27 (5), 426-430.

Levois, M., Nguyen T. D., & Attkisson, C. (1981). Artifact in client satisfaction assessment: Experience in community mental health settings. *Evaluation and Program Planning*, 4, 139-150.

Maramba, G. G., & Nagayama, H. G. C. (2002). Meta-analyses of ethnic match as a predictor of dropout, utilization, and level of functioning. *Cultural Diversity and Ethnic Minority Psychology*, 8, 290-297.

松原達哉・石隈利紀（1993）．外国人留学生の相談の実態　カウンセリング研究，26, 146-155.

松尾知明（2007）．アメリカ多文化教育の再構築――文化多元主義から多文化主義へ　明石書店

Mewett, H. F., & Nyland, C. (2008). Cultural diversity, relocation, and the security of international students at an internationalized university. *Journal of Studies in International Education*, 12 (2), 181-203.

Meyer, O., Zane, N., & Cho, Y. (2011). Understanding the psychological processes of the racial match effect in Asian Americans. *Journal of Counseling Psychology*, 58 (3), 335-345.

Mier, S., Boone, M., & Shropshire, S. (2009). Community consultation and intervention: Supporting students who do not access counseling services. *Journal of College Student Psychotherapy*, 23, 16-29.

Milem, J. F., Chang, M. J., Antonio, A. L. (2005). *Making diversity work on campus: A research*

based perspective. Washington, DC: Association of American Colleges and Universities.
Miller, G. H. (1978). Client ratings of a university counselling service and respondent anonymity. *Canadian Counsellor*, 12, 184-189.
箕口雅博 (2001). 異文化に生きる人びとへのコミュニティ心理学的アプローチ――中国帰国者,外国人留学生の場合を中心に　山本和郎（編）臨床心理学的地域援助の展開――コミュニティ心理学の実践と今日的課題　培風館　pp. 183-206.
箕口雅博 (2007). コミュニティ・リサーチ　日本コミュニティ心理学会（編）コミュニティ心理学ハンドブック　東京大学出版会　pp. 354-376.
Mistry, J., Jacobs, F., & Jacobs, L. (2009). Cultural relevance as program to community alignment. *Journal of Community Psychology*, 37 (4), 487-504.
Mitchell, S. L., Greenwood, A. K., & Guglielmi, M. C. (2007). Utilization of counseling services: comparing international students and U.S. *college students*. *Journal of College Counseling*, 10, 117-129.
宮崎悦子・岡益己 (2013).「JAISE 留学生相談指導事例集」にみる留学生指導担当者の実態――その業務領域と人材育成　留学生教育, 18, 1-13.
水野治久 (2003). 留学生の被援助志向性に関する研究　風間書房
水野治久・石隈利紀 (2001). 留学生のソーシャルサポートと適応に関する研究の動向と課題　コミュニティ心理学研究, 4 (2), 132-143.
モイヤー康子 (1987). 心理ストレスの要因と対処の仕方――在日留学生の場合　異文化間教育学研究, 1, 81-97.
文部科学省 (2008).「留学生30万人計画」骨子　http://www.mext.go.jp/b_menu/houdou/20/07/08080109.htm（2013年11月28日）
文部科学省 戦略的な留学生交流の推進に関する検討会 (2013).「世界の成長を取り入れるための外国人留学生の受入れ戦略」（報告書）　http://www.mext.go.jp/a_menu/koutou/ryugaku/_icsFiles/afieldfile/2013/12/24/1342726_2.pdf（2014年2月20日）
文部科学省 (2016). 大学における専門的職員の活用の実態 把握に関する調査結果　http://www.mext.go.jp/b_menu/shingi/chukyo/chukyo4/015/gijiroku/_icsFiles/afieldfile/2016/01/25/1366190_01.pdf（2016年2月20日）
Mori, S. (2000). Addressing the mental health concerns of international students. *Journal of Counseling and Development*, 78 (2), 137-144.
Morrow, S. L., Rakhsha, G., & Castaneda, C. L. (2001). Qualitative research methods for Multicultural counseling, In J. G. Ponterotto, J. M. Casas., L. A. Suzuki, & C. M. Alexander (Eds.), *Handbook of multicultural counseling* (2nd ed.). Thousand Oaks, CA: Sage Publications. pp. 575-603.
中矢礼美・中川正弘 (2008). 留学生支援体制の現状と今後の課題　広島大学留学生教育, 12, 15-24.
日本学生支援機構 (2007). 大学における学生相談体制の充実方策について――「総合的な学生支援」と「専門的な学生相談」の「連携・協働」　http://www.jasso.go.jp/gakusei_shien/jyujitsuhosaku.html（2012年3月30日）
日本学生支援機構 (2009). 大学,短期大学,高等専門学校における学生支援の取組状況に関する調査（平成20年度）　http://www.jasso.go.jp/gakusei_plan/torikumi_chousa.html#

soshiki（2011 年 12 月 2 日）
日本学生支援機構（2010）．平成 22 年度外国人留学生在籍状況調査結果　http://www.jasso.go.jp/statistics/intl_student/data10.html（2010 年 12 月 22 日）
日本学生支援機構（2011）．平成 22 年度大学，短期大学，高等専門学校における学生支援の取組状況に関する調査　http://www.jasso.go.jp/gakusei_plan/documents/torikumi_chousa.pdf（2013 年 12 月 20 日）
日本学生支援機構（2013）．平成 24 年度外国人留学生在籍状況調査結果　http://www.jasso.go.jp/statistics/intl_student/documents/data12.pdf（2013 年 4 月 3 日）
日本学生支援機構（2016）．平成 27 年度外国人留学生在籍状況調査結果　http://www.jasso.go.jp/statistics/intl_student/ichiran.html（2016 年 4 月 4 日）
Nilsson, J.E., Berkel, L. A., Flores, L. Y., & Lucas, M. S. (2004). Utilization rate and presenting concerns of international students at a university counseling center: Implications for outreach programming. *Journal of College Students Psychotherapy*, **19**, 49-59.
野田文隆・井上孝代（2008）．文化を理解する能力の教育とはどうあるべきか　特集にあたって　こころと文化，7（2），112-113.
能智正博（2011）．臨床心理学を学ぶ 6　質的研究法　東京大学出版会
OECD (2013). Education at a Glance 2013: OECD Indicators, OECD Publishing. http://dx.doi.org/10.1787/eag-2013-en（2013 年 11 月 22 日）
OECD (2014). "Indicator C4 Who studies abroad and where?" in Education at a Glance 2014, *OECD Indicators*, ORCD Publishing.　http://dx.doi.org/10.1787/eag-2014-25-en（2015 年 4 月 3 日）
岡益巳（2011）．新たな留学生相談指導協力体制の構築について　広島大学留学生教育，15，1-15.
Olson, C. L., Evans, R., & Shoenberg, R. F. (2007). *At home in the world: Bridging the gap between internationalization and multicultural education*. Washigon DC: American Council on Education.
大橋敏子（2008）．外国人留学生のメンタルヘルスと危機介入　京都大学学術出版会
大西晶子（2002）．異文化間接触に関する心理学的研究についてのレビュー──文化的アイデンティティ研究を中心に　東京大学大学院教育学研究科紀要，41，301-310.
大西晶子（2010）．多文化化する日本社会における心理援助の現状と今後の課題について　東京大学留学生センター教育研究論集，16，43-55.
大西晶子（2014）在住外国人に対する心理援助──実践の課題と心理援助専門家の役割に注目して　コミュニティ心理学研究，18（1），93-108.
小貫有紀子（2009）第 3 章 学生支援の組織と業務の役割分担に関する一考察（大学職員の開発──専門職化をめぐって）RIHE，105，24-36.
O'Reillya, A., Hickeya, T., & Ryana, D. (2013). Higher education professionals' perspectives on international student experiences of life and learning in Ireland: a qualitative study. *Irish Educational Studies*, **32**（3），355-375.
Pandit, K. (2013). International students and diversity: Challenges and opportunities for campus internationalization, H. C. Alberts, & H. D., Hazen (Eds.) *International Students and Scholars in the United States-Coming from abroad*. NY: Palgrave Macmillan. pp. 131-141.

Pedersen,P. B. (1991a). Multiculturalism as a generic approach to counseling. *Journal of Counseling and Development*, 70, 6-12.

Pedersen, P. B. (1991b). Counseling international students, *Counseling Psychologist*, 19, 10-58.

Pescosolido, B. A. (1992). Beyond rational choice: the social dynamics of how people seek help. *American Journal of Sociology*, 97, 1096-1138.

Pescosolido, B. A., Brooks, C. G., & Keri, M. L. (1998). How people get into mental health services:Stories of choice,coercion and "muddling through" from "first-timers". *Social Science and Medicine*, 46 (2), 275-286.

Pines, A. M., Zaidmana, N., Wang, Y. H., Han, C. B., & Ping, L. (2003). The influence of cultural background on students' feelings about and use of social support. *School Psychology International*, 24 (1), 33-53.

Pipes, R. B., Schwarz, R., & Crouch, P. (1985). Measuring clients fears. *Journal of Consulting and Clinical Psychology*, 53, 933-934.

Pope, R. L. (1993). Multicultural organizational development in student affairs: An introduction. *Journal of College Student Development*, 34, 201-205.

Pope, R., Mueller, J., & Reynolds, A. (2009). Looking back and moving forward: Future direction for diversity research in student affairs. *Journal of College Student Development*, 50 (6), 640-658.

Pope, R. L., Reynolds, A. L., & Mueller, J. (2014). *Creating multicultural change on campus*, San Francisco: Jossey-Bass.

Poyrazli, S., Arbona, C., Nora, A., McPherson, R., & Stewart, P. (2000). Relation between assertiveness, academic self-efficacy, and psychosocial adjustment among international graduate students. *Journal of College Student Development*, 43 (5), 632-642.

Raunic, A., & Xenos, S. (2008). University counseling service utilization by local and international students and user characteristics: A Review. *International Journal of Advanced Counselling*, 30, 262-267.

Redmond, M. V., & Bunyi, J. M. (1993). The relationship of intercultural communication competence with stress and the handling of stress as reported by international students, *International Journal of Intercultural Relations*, 17 (2), 235-254.

Roger, M., Angela, M., Soth-McNett., & Matthew, V. M. (2007). Multicultural counseling competencies research: A 20-year content analysis. *Journal of Counseling Pyschology*, 54 (4), 351-361.

Rogler, L. H. (1989). The meaning of culturally sensitive research in mental health, *The American Journal of Psychiatry*, 146 (3), 296-303.

Rogler, L. H., & Cortes, D. E. (1993). Help seeking pathways: A unifying concept in mental health care. *American Journal of Psychiatry*, 150, 554-561.

Russell, J., Thomson, G., & Rosenthal, D. (2008). International student use of university health and counselling services. *High Education*, 56, 59-75.

留学政策懇談会（1997）．今後の留学生政策の基本的方針について　http://www.mext.go.jp/b_menu/shingi/chousa/koutou/015/toushin/970701.htm（2013年12月12日）

齋藤憲司（2008）．教育のコミュニティとネットワークづくり　中釜洋子・高田治・齋藤憲司

（編）心理援助のネットワークづくり〈関係系〉の心理臨床　東京大学出版会　pp. 159-246.
齋藤憲司（2010）．学生相談の理念と歴史　日本学生相談学会（編）学生相談ハンドブック　学苑社　pp. 10-29.
戈木クレイグヒル滋子（2006）．グラウンデッド・セオリー・アプローチ――理論を生みだすまで　新曜社
Salmi, J. (2009). *The Challenge of Establishing World-Class Universities*, Washington: The World Bank.
佐々木新・島田修（2000）．大学生におけるソーシャルサポートとの互恵性と自尊心の関係　川崎医療福祉学会誌，**10**（2），249-254.
佐藤郁哉（2008）．質的データ分析法：原理・方法・実践　新曜社
Searle, W., & Ward, C. (1990). The prediction of psychological and sociocultural adjustment during cross-cultural transition. *International Journal of Intercultural Relations*, **14**, 449-464.
Sehgal, R., Saules, K., Young, A., Grey, M. J., Gillem, A. R., & Nabors, N. A. (2011). Practicing what we know: Multicultural counseling competence among clinical psychology trainees and experienced multicultural psychologist. *Cultural Diversity and Ethnic Minority Psychology*, **17**(1), 1-10.
Setiawan, J. (2006). Willingness to seek counselling, and factors that facilitates and inhibits the seeking of counselling in Indonesian undergraduate students. *British Journal of Guidance & Counselling*, **34**(3), 403-419.
Shigematsu, S. M. (1997). Confronting basic barriers to counseling by international students advisors. 留学生交流・指導研究，**1**，27-34.
下山晴彦（2000）．研究の方法論　下山晴彦（編）臨床心理学研究の技法　福村出版　pp. 10-33.
下山晴彦（2012）．近年の大学の変化と学生相談の課題　下山晴彦・森田慎一郎・榎本真理子（編）学生相談必携 GUIDEBOOK　金剛出版　pp. 12-25.
下山晴彦・峰松修・保坂亨・松原達哉・林昭仁・齋藤憲司（1991）．学生相談における心理臨床モデルの研究――学生相談の活動分類を媒介として　心理臨床学研究，**9**（2），55-69.
白石勝己（2006）．留学生数の変遷と入管施策からみる留学生 10 万人計画　財団法人アジア学生文化協会　ABK 留学生メールニュース，**61**，1-6．http://www.abk.or.jp/asia/pdf/20061225.pdf（20143 年 12 月 10 日）
白土悟（2010）．大学における留学生支援体制の再考　留学交流，**22**（4），2-5.
白土悟・権藤与志夫（1991）．外国人留学生の教育・生活指導における現状と課題――大学教員及び事務職員層に対する質問紙調査報告　九州大学比較教育文化研究施設紀要，**42**，97-119.
Snowden, L. R., & Yamada, A. M. (2005). Cultural differences in access to care. *Annual Review of Clinical Psychology*, **1**, 143-166.
総務庁行政監察局（1993）．留学生の受入対策に関する行政監察結果報告書
園田智子（2011）．群馬大学留学生のメンタルヘルスとソーシャルサポートに関する研究――大橋論文 2005 の追試の結果から　群馬大学国際教育・研究センター論集，**10**，1-15.
Stefl, M. E., & Prosperi, D. C. (1985). Barriers to mental health service utilization. *Community Mental Health Journal*, **21**, 167-178.

Stevens, F. G., Plaut, V. C., & Sanchez-Burks, J. (2008). Unlocking the benefits of diversity: All-inclusive multiculturalism and positive organizational change. *The Journal of applied behavioral science*, 44 (1), 116-133.

Strauss, A., & Corbin, J. (1998). *Basics of qualitative research. Techniques and procedures for developing grounded theory* (2nd ed.). Thousand Oaks, CA: Sage Publications.

Sue, D. W. (2001). Multidimensional facets of cultural competence. *The Counseling Psychologist*, 29, 790-821.

Sue, D. W., Arrendo, P., & McDavos, R. J. (1992). Multicultural counseling competencies and standards: A Call to the profession. *Journal of Multicultural Counseling and Development*, 20 (2), 64-88.

Sue, D. W., Bernier, J. E., Duran, A., Feinberg, L., Pedersen, P., Smith, E., & Vasquez-Nuttall, E. (1982). Position paper: Cross-cultural counseling competencies. *The counseling Psychologist*, 10 (2), 45-52.

Sue, D. W., Carter, R. T., Casas, M. J., Fouad, N. A., Ivey, A. E., Jensen, M., LaFromboise, T., Manese, J. E., Ponterotto, J. G., & Vazquez-Nuttall, E. (1998). *Multicultural counseling competencies: Individual and organizational development*. Thousand Oaks, CA: Sage Publications.

Sue, D. W., & Sue, D. (1977). Barriers to effective cross cultural counseling. *Journal of Counseling Psychology*, 24 (5), 420-429.

Sue, S. (2006). Cultural competency: From philosophy to research and practice. *Journal of Community Psychology*, 34, 237-245.

Sue, S., Fujimno, D. C., Hu, L., Takeuchi, D. J., & Zane, N. W. S. (1991). Community mental health services for ethnic minority groups: A test of cultural responsiveness hypothesis. *Journal of Consulting and Clinical Psychology*, 59 (4), 561-569.

Sue, S., & Zane, N. (1987). The role of culture and cultural techniques in psychotherapy: A critique and reformulation. *American Psychologist*, 42, 37-45.

栖原暁 (2003).「留学生指導担当教官」の役割と可能性——「留学生センター指導部門の存在意義」をめぐる議論データから　東京大学留学生センター紀要, 13, 1-32.

栖原暁 (2009). 入管法・住民基本台帳法改正を受けて——日本は外国人をどう受け入れようとしているのか　東京YWCA「留学生の母親」運動　講演会資料　http://www.tokyo.ywca. or.jp/ryugakusei/kouen0910.pdf (2013 年 12 月 20 日)

スカリー悦子・白土悟・高松里 (2011). 2009 年度九州大学留学生センター・留学生指導部門報告　九州大学留学生センター紀要, 19, 155-165.

周玉慧・深田博己 (1996). ソーシャルサポートの互恵性が青年の心身の健康に及ぼす影響　心理学研究, 57 (1), 33-41.

週刊朝日進学 MOOK (2010). 大学ランキング 2011　朝日新聞出版

鈴木國文・大東祥孝 (1989).「外国人留学生のメンタルヘルス」その基本的留意点——プライバシーの問題，帰国という壁　全国大学保健管理研究集会報告書, 27, 137-139.

高橋彩 (2010). 歴史的視点で見る COISAN ジャーナル　留学生交流・指導研究, 12, 9-15.

高松里 (1997a). 多文化間カウンセリングの特徴——日本人を対象としたカウンセリングと比較して　留学生交流・指導研究, 1, 22-26.

高松里 (1997b). 留学生相談システムとしてのボランティア活動——サポートネットワーク

〈そら〉の組織化を通じて　留学生教育，1，69-83.
高松里（2002）．多文化間カウンセリング論——クライエント（留学生）の特徴とは何か？　九州大学留学生センター紀要，12，15-26.
高松里（2003）．多文化間カウンセリング論（Ⅱ）支援システムの構築　九州大学留学生センター紀要，13，101-111.
高野明・宇留田麗（2002）．援助要請行動から見たサービスとしての学生相談　教育心理学研究，50，113-125.
高野明・吉武清實・池田忠義・佐藤静香・関谷佳代（2008a）．学生相談機関への来談者の問題把握のプロセスに関する研究　東北大学高等教育開発推進センター紀要，3，155-161.
高野明・吉武清實・池田忠義・佐藤静香・関谷佳代（2008b）．学生相談に対する援助要請の態度と学生相談に関して求める情報の関係 学生相談研究，28（3），191-201.
田中共子（1993）．留学生相談の領域　学生相談研究，4，73-82.
田中共子（1998a）．留学生教育・指導のあるべき姿——留学生指導体制の担い手について　広島大学留学生教育，2，32-56.
田中共子（1998b）．留学生指導体制の段階的展開に関する一考察　広島大学留学生センター紀要，8，63-79.
田中共子（2000）．留学生のソーシャル・ネットワークとソーシャル・スキル　ナカニシヤ出版
田中共子（2003）．日本人学生と留学生の対人関係形成の困難に関する原因認知の比較　学生相談研究，24（1），41-51.
田中共子（2010）．異文化適応とソーシャルスキル　日本語教育，146，61-75.
田中共子・高井次郎・神山貫弥・村中千穂・藤原武弘（1990a）．在日外国人留学生の適応に関する研究（1）異文化適応尺度の因子構造の検討　広島大学総合科学部紀要，14，77-94.
田中共子・高井次郎・南博文・藤原武弘（1990b）．在日外国人留学生の適応に関する研究（2）新渡日留学生の一学期間におけるソーシャル・ネットワーク形成と適応　広島大学総合科学部紀要Ⅲ，14，95-113.
田中共子・高井次郎・南博文・藤原武弘（1991）．在日外国人留学生の適応に関する研究（3）新渡日留学生の半年間におけるソーシャル・ネットワーク形成と適応　広島大学留学生センター紀要，1，77-95.
谷口真美（2008）．組織におけるダイバシティ・マネジメント　日本労働研究雑誌，50（5），69-84.
Taylor, S. E., Sherman, D. K., Kim, H. S., Jarcho, J., Takagi, K., & Dunagan, M. S. 2004 Culture and Social Support: Who Seeks It and Why? *Journal of Personality and Social Psychology*, 87 (3), 354-362.
TELL（2013）．2012年度年次報告　http://www.telljp.com/images/uploads/TELL_AR2012_jpn.pdf（2014年2月5日）
寺倉憲一（2009）．我が国における留学生受け入れ政策——これまでの経緯と「留学生30万に計画」の策定　レファレンス，59（2），27-47.
Thomas. D. A. (1992). *Beyond Race and Gender: Unleashing the Power of Your Total Workforce by Managing Diversity*, NY: Amacom.
Thomas, K. M., & Plaut, V. C. (2008). The many faces of diversity resistance in the work place.

In Thomas, K. M. (Ed.) *Diversity Resistance in Organizations*. NY: Lawrence Erlbaum Association. pp. 1-22.

Thomson Reuters (2013). Times Higher Education (THE) World university rankings 2012-2013. http://www.timeshighereducation.co.uk/world-university-rankings/ (2013年8月7日)

東京大学保健・健康推進本部 (2011). 平成23年度健康管理概要 http://www.hc.u-tokyo.ac.jp/announce/HSC2011gaiyo.pdf (2013年12月20日)

外ノ池裕美 (2006). 学生相談における外国人留学生への危機介入 学生相談研究, **26**, 209-220.

Toporek, R. L., & Reza, J. V. (2001). Context as a critical dimension of multicultural counseling: Articulating personal, professional, and institutional competence. *Journal of Multicultural Counseling & Development*, **29** (1), 13-30.

Townes, D. L., Chavez-Korell, S., & Cunningham, N. J. (2009). Reexamining the relationships between racial identity, cultural mistrust, help-seeking attitudes, and preference for a black counselor. *Journal of Counseling Psychology*, **56** (2), 330-336.

Tracey, T. J., Leong, F. T., & Glidden, C. (1986). Help seeking and problem perception among Asian Americans. *Journal of Counseling Psycholgy*, **33**, 331-336.

鶴田和美・齋藤憲司 (2006). 学生相談シンポジウム――大学カウンセラーが語る実践と研究 培風館

Turcic, S. (2008). Needs assessment of International students in the City of Sydney. Project report. http://www.cityofsydney.nsw.gov.au/_data/assets/pdf_file/0004/71428/Needs-Assessment-International-Students.pdf (2013年12月22日)

Uba, L. (1982). Meeting the mental health needs of Asian Americans. *Professional Psychology*, **13** (2), 215-221.

Uba, L. (1994). *Asian Americans: personality patterns, identity, and mental health*. NY: Guildord Press.

上原麻子 (1988). 留学生の異文化適応 広島大学教育学部日本語教育学科・留学生日本語教育（編）言語習得及び異文化適応の理論的・実践的研究 pp. 111-124.

馬越徹 (1991). 異文化接触と留学生教育 異文化間教育, **5**, 21-34.

Vogel, D. L., Wester, S. R., & Larson, L. M. (2007). Avoidance of counseling: Psychological factors that inhibit seeking help. *Journal of Counseling & Development*, **85**, 413-422.

Wang, K. T., Heppner, P. P., Fu, C. C., Zhao, R., Li. F., & Chuang, C .C. (2012). Profiles of acculturative adjustment patterns among Chinese international students. *Journal of Counseling Psychology*, **59** (3), 424-436.

Wang, W. H. (2009). *Chinese international students' cross-cultural adjustment in the U.S: The roles of acculturation strategies, self-construals, perceived cultural distance and English self-confidence*. Ann Arbor, MI: ProQuest.

Ward, C., Bochner, S., & Furnham, A. (2001). *The psychology of culture shock* (2nd ed.). Hove, EastSussex: Routledge.

Ward, C., & Chang, W.C. (1997). "Cultural fit": A new perspective on personality and sojourner adjustment. *International Journal of International Relations*, **21** (4), 525-533.

Ward, C., & Kennedy, A. (1993). Psychological and sociocultural adjustment during cross-cultural transitions: A comparison of secondary students overseas and at home. *International Journal of Psychology*, 28, 129-147.

Ward, C., & Rana-Deuba, A. (2000). Home and host culture influences on sojourner adjustment. *International Journal of Intercultural Relations*, 24 (3), 291-306.

渡戸一郎（2008）．通常行政に編入される東京の外国人政策――保守化する東京都と豊島区の政策動向を中心に　グローバル都市研究，1，9-28.

渡戸一郎（2009）．自治体政策における「外国人相談」の意義と課題――多言語政策としての「言語サービス」の視点から　東京外国語大学多言語・多文化教育研究センター（編）外国人相談事業，実践のノウハウとその担い手　シリーズ多言語・多文化協働実践研究，別冊2，pp. 83-92.

渡部留美（2014）．国際教育交流担当者の専門性とキャリア形成――現状と課題（特集　大学の「第三の専門職」を考える）大学マネジメント，10（3），23-28.

Williams, D. A. (2013). *Strategic diversity leadership*. Virginia: Stylus Publishing.

Williams, D. A., Berger, J., & McClendon, S. (2005). *Toward a model of inclusive excellence and change in higher education*. Washington DC: Association of American College and Universities.

Yakunina, E. S., & Weigold, I. K. (2011). Asian international students' Intentions to seek counseling: Integrating cognitive and cultural predictors. *Asian American Journal of Psychology*, 2 (3), 219-224.

Yakushko, O., Davidson, M. M., &Sanford-Martens, T. C. (2008). Seeking help in a foreign land: International students' use patterns for a U.S. university counseling center. *Journal of College Counseling*, 11, 6-18.

山本多喜司（1986）．異文化環境への適応に関する環境心理学的研究　昭和60年度科学研究費一般研究：（B）研究成果報告書

山内タカ子（2001）．アジア系留学生との関わりにおける一考察　学生相談研究，22（1），16-22.

山崎瑞紀（1993）．アジア系留学生の対日態度の形成要因に関する研究　心理学研究，54（3），215-223.

Yang, R. P. U., Noels, K. A., & Saumure, K. D. (2006). Multiple routes to cross-cultural adaptation for international students: Mapping the paths between self-construals, English language confidence, and adjustment. *International Journal of Intercultural Relations*, 30, 487-506.

Yi, J., Giseala, L. J., & Kishimoto, Y. (2003). Utilization of counseling services by international students. *Journal of Instructional Psychology*, 30, 333-342.

横田雅弘（1997）．留学生の適応と教育　江淵一公（編）異文化間教育研究入門　玉川大学出版部　pp. 67-84.

横田雅弘（2007）．平成18年度文部科学省先導的大学改革推進経費による委託研究　留学生交流の将来予測に関する調査研究　http://www.kisc.meiji.ac.jp/~yokotam/relatedresearch.html（2011年12月10日）

横田雅弘（2013）．外国人学生の受け入れと日本人学生の国際志向性――本書の問題意識とその背景　横田雅弘・小林明（編）大学の国際化と日本人学生の国際志向性　学文社　pp. 1-10.

横田雅弘・白土悟（2004）．留学生アドバイジング：学習・生活・心理をいかに支援するか　ナカニシヤ出版

Yonezawa, A. (2009). The internationalization of Japanese higher education: Policy debates and realities. *Nagoya Journal of Higher Education*, 9, 199-219.

米澤彰純（2013）．日本の「世界水準大学」政策の行方　米澤彰純（監訳）新興国家の世界水準大学戦略　世界水準をめざすアジア・中南米と日本．東信堂　pp. 69-88.（Altbach, P. G., & Balan, J. (Eds.). (2007). *Worldclass Worldwide: Transforming Research Universities in Asia and Latin America*. Jons Hopkins University Press. Maryland.）（ただし該当章は翻訳版のみに掲載）

米澤彰純・廣内大輔・村澤昌崇（2008a）．日本の大学における国際化への取り組みとその現状　平成19年度文部科学省「先導的大学改革推進委託」研究代表井上明久　実施担当者米澤彰純　各大学や第三者機関による大学の国際化に関する評価に係る調査研究報告書　東北大学　pp. 7-23.

米澤彰純・廣内大輔・村澤昌崇（2008b）．大学国際化への支援と評価　平成19年度文部科学省「先導的大学改革推進委託」研究代表井上明久　実施担当者米澤彰純　各大学や第三者機関による大学の国際化に関する評価に係る調査研究報告書　東北大学　pp. 25-41.

Yoon, E., & Jepsen, D. A. (2008). Expectations of and attitudes toward counseling: A comparison of Asian international and U.S. graduate students. *International Journal of Advanced Counselling*, 30, 116-127.

Yoon, E., & Portman, T. A. A. (2004). Critical issues of literature on counseling international students. *Journal of Multicultural Counseling and Development*, 32 (1), 33-44.

吉武清實（2005）．改革期の大学教育における学生相談――コミュニティ・アプローチモデル（展望）教育心理学年報，44，138-146.

吉武清實・大島啓利・池田忠義・高野明・山中淑江・杉江征・池田淳子・福盛英明・岡昌之（2010）．2009年度学生相談機関に関する調査報告　学生相談研究，30 (3)，226-271.

Zane, N., & Hatanaka, H. (1994). Ethnic-specific mental health services: Evaluation of the parallel approach for Asian-American clients. *Journal of Community Psychology*, 22, 68-81.

Zane, N., Sue, S., Chang, J., Huang, L., Huang, J., Lowe, S., Srinivasan, S., Chun, K., Kurasaki, K., & Lee, E. (2005). Beyond ethnic match: Effects of client-therapist cognitive match in problem perception, coping orientation, and therapy goals on treatment outcomes. *Journal of Community Psychology*, 33 (5), 569-585.

Zhang, J., & Goodson, P. (2011). Predictors of international students'psychological adjustment to life in the United States: A systematic review. *International Journal of Intercultural relations*, 35, 139-162.

Appendix

[研究1] 学生相談機関用質問紙

I 相談室全体についてお伺いします。

1 大学・相談室の形態について,当てはまるものを選択してください。☑
1) ☐a. 私立大学　☐b. 国立大学法人
2) ☐a. 学生相談機能を持つ独立した相談室（全学対象）
　　☐b. 保健管理センター等の一機能としての学生相談室等
　　☐c. その他の相談室形態（　　　　　　　）
2 相談室での多言語対応状況（日本語以外での対応の状況についてお答えください）
例. 英語（週3日），中国語（必要に応じて中国語のわかる職員を通訳として手配）等
3 在籍する留学生の特徴
1) 在籍する留学生の学内身分a～eのうち,該当者数の多い順に並べて記入してください。
　　a. 留学生別科生　b. 学部留学生　c. 大学院留学生
　　d. 滞在1年以下の交換留学生　e. 他
2) 在籍する留学生の言語力について当てはまるものを選択してください。☑
　　☐a. 日本語が上手な学生のみ在籍（留学生別科等を除く）
　　☐b. 日本語が上手な学生・日本語がまったくできない学生両方が在籍
　　☐c. よくわからない
　　☐d. その他（　　　　　　　　　　　　　　　　　　　　）
4 留学生への相談対応体制について
1) 留学生への相談対応体制として当てはまるものを選択してください。☑
　　☐a. 日本人学生・留学生は共通の相談室を利用
　　☐b. 日本人学生・留学生共通の相談室に加えて,留学生を対象とした相談・支援
　　　　部署がある（メンタルヘルスの問題にも対応）
　　☐c. 日本人学生・留学生共通の相談室に加えて,留学生を対象とした相談・支援
　　　　部署がある（メンタルヘルスの問題には対応していない）

□d．よくわからない

　　　□e．その他（　　　　　　　　　　　　　　　　　　　　　　）

2）4-1）でb，cを選択した方にお聞きします。相談室と留学生相談担当部署・担当者との連携状況について，連携の有無や具体的な内容をご記入ください。

3）留学生の利用者に対して，相談室での基本的な対応の方針（たとえば，ケース担当者の選択や，学内外の他リソースへの学生のリファー等の方針，日本語以外の言語での対応方針など）がありましたら，記入してください。

5　留学生の相談室利用状況についてお答えください。

1）留学生の相談室利用状況について，利用者データ等で把握が可能ですか？☑

　　　□a．できる：留学生の利用状況が把握・類推できる分類カテゴリーがあり，利用者データで把握可能

　　　□b．できない：留学生の利用状況を把握・類推できる分類カテゴリーはなく，利用者データでは把握できない

　　　□c．できない：利用者の統計データを取っていない

　　　□d．その他（　　　　　　　　　　　　　　　　　　　　　　　）

2）留学生の利用実態について選択してください。☑「留学生数」を示す，あるいは類推できるデータがない場合は，大よその数でお答えください。

　　(1) 留学生の年間利用者数合計（ケース数：過去3年平均）

　　　　　　　　　　　　　　人程度

　　(2) 相談室全体の利用者人数中の留学生の利用者数の割合（過去3年平均）

　　　　　　□a．0％　□b．～5％　□c．～10％　□d．～20％　□e．～30％

　　　　　　□f．～40％　□g．～50％　□h．上記以外（　　）％程度

　　(3) 相談室を利用する留学生の学内身分・在籍段階（多い順に並べてください）

　　　　　　a．留学生別科の学生　b．学部留学生　c．大学院留学生

　　　　　　d．滞在1年以下の交換留学生　e．その他

3）留学生からの相談内容について，貴相談室の相談内容分類カテゴリーに沿って，多い順に5つ記入してください（データがない場合などは，大よその印象に基づいて回答してください）。

6　留学生向けの広報機会の有無

　オリエンテーションや留学生向けガイドブックなどで相談室案内をする機会などありましたら，具体的に記入してください。

Appendix

[研究2] 学生相談機関用質問紙

Ⅱ 回答者ご自身についてお聞きします。差支えのない範囲でお答えください。

1 学生相談等への従事経験
1) 専門・資格等（複数選択可☑）
   ☐a．大学カウンセラー　☐b．臨床心理士　☐c．社会福祉士
   ☐d．精神保健福祉士　☐e．看護師　☐f．医師　☐g．その他：（　　　　）
2) 心理相談業務等経験年数＿＿年　学生相談従事年数＿＿年（うち現在の所属先＿＿年）
3) 現在の学生相談との関わり方（あてはまるものを選択してください☑）
   ☐a．専任相談員
   ☐b．非常勤相談員（回答対象の大学での学生相談従事は　　週に　　　　日）
   ☐c．学部・研究科教員との兼任（学生相談従事は　　　週に　　　　日）
2 学生相談の場で，留学生の相談への個別相談対応のご経験についてお答えください。
1) 個別対応経験　☐ない　　☐ある
   「ある」を選択された方にお聞きします
2) 留学生への相談対応は，年間平均で＿＿＿＿＿ケース程度・担当ケース全体の＿＿＿％ぐらい
3) 留学生への対応時に使用する主な言語（留学生対応のケース中の使用割合%を書き入れて下さい）
   日本語（　）　英語（　）　中国語（　）　その他の言語（　）
4) これまで対応した留学生の出身地域（あてはまるもののうち，対応経験数が多い順に並べて下さい）
   a．北米　b．中南米　c．欧州　d．オセアニア　e．中近東　f．アフリカ
   g．南アジア　h．東南アジア　東アジア（i．中国　j．韓国　k．台湾
   l．その他の東アジア諸国）
5) これまで対応した留学生の相談室への来談経緯（当てはまるもののうち多い順に並べてください）
   a．留学生の自主来談　　b．留学生の友人経由
   c．留学生支援部署（留学生センター・国際センター等）の紹介
   d．留学生のクラス担任・指導教員等の紹介
   e．学生課・教務課等，学生支援に携わる職員の紹介
   f．保健管理センター等医師の紹介
   g．学外の医師・医療機関などからの紹介
   h．その他（　　　　　　　　　　　　　　）

3 留学生への相談対応について，ご自身の考えを記入してください。
1）留学生からの相談・相談内容の傾向について，お気づきのことがありましたら記入してください。
2）留学生への相談対応に対して，戸惑いや不安を感じることがありますか？
　（1）対応に対する不安・戸惑い
　　　まったくない＝1　あまりない＝2　どちらでもない＝3　少しある＝4
　　　たくさんある＝5
　（2）4，5を選択された方は，どのようなことに対して不安・戸惑を感じますか？
3）これまでの対応経験の中でとくに対応が難しいと感じられた点がありましたらご記入ください。
4）留学生への相談対応において，ご自身が留意・工夫されていることがありましたら記入してください（留学生への相談対応の経験がない場合は，どのような点への留意や工夫が必要と思うかご回答ください）。
5）日本人カウンセラーが留学生に対応する際に，特別なスキルや知識，態度が必要であると思いますか？
　まったく思わない＝1　あまり思わない＝2　どちらでもない＝3　そう思う＝4
　強くそう思う＝5
　そう思う（思わない）理由：＿＿＿＿＿＿＿＿＿＿＿＿＿＿＿＿＿＿＿＿＿
　また，必要であるとしたら，どのようなものが必要でしょうか。自由に記入してください。：
6）留学生に対する相談体制の整備において，以下のようなことがらの必要性の度合いについて，ご自身の考えにあてはまるものを選択してください。
　まったく思わない＝1　あまり思わない＝2　どちらでもない＝3　そう思う＝4
　強くそう思う＝5
　（1）カウンセラーが留学生対応に必要なスキルや知識を習得するための研修機会
　（2）カウンセラーが留学生相談の専門家からスーパーバイズを受ける機会
　（3）必要に応じて通訳者などが調達できる学内の仕組み
　（4）外国語に堪能なカウンセラーの相談室への配置
　（5）留学生への対応を専門とするカウンセラーの相談室への配置
　（6）留学生への対応に特化した別の相談室の学内での設置
　（7）学内の留学生支援部署・相談担当者との連携の強化
　（8）学外の外国人支援機関，専門家との連携の強化
7）その他，留学生に対する学生相談体制の整備や，留学生に対する相談対応の充実化に向け，必要であるとお考えになる事がありましたら，記入してください。

Appendix

[研究3] 留学生用質問紙　日本語版サンプル（実際は web 版）

あなたご自身についてお答えください。
1．性別：□女性　□男性
2．年齢：□-19歳　□-24歳　□-29歳　□-34歳　□-39歳　□40歳以上
3．出身国を選択，記入してください。ただし，同じ国出身者が少なく，国を記入すると個人が特定される場合等は，地域（北米・ヨーロッパ・東南アジア等）でも結構です。
　　□中国　□韓国　□台湾　□タイ　□ベトナム　□インドネシア
　　□アメリカ合衆国　□マレーシア　□バングラデシュ　□ブラジル
　　□フランス　□その他の国（　　　　　）
4．信仰：□キリスト教　□イスラム教　□仏教　□その他（　　）　□特になし
5．日本に住んでいる期間：□90日未満　□3ヶ月-6ヶ月　□-1年　□-2年
　　□-3年　□-4年　□-5年　□5年以上（滞在年数を記入してください：＿＿年）
6．現在所属する大学に入学したのはいつですか？
　　　　　　年　　　月　　　日　※日が正確にわからない場合は「1」を選択してください
7．現在のあなたのステイタスとして当てはまるものを選んでください。
　　□学部学生　□修士課程　□博士課程　□学部研究生　□大学院研究生
　　□ポスドク研究員　□その他（　　　　　）
8．日本では家族と一緒に住んでいますか？　□はい　□いいえ
9．あなたの現在の日本語力
　　①ほとんどできない・挨拶程度
　　②日常生活に最低限必要な程度
　　③日常生活が一通りこなせる
　　④日常会話レベル
　　⑤仕事や研究に支障がない（ビジネスレベル）
　　⑥ネイティブ・あるいはネイティブ同等レベル
10．あなたの現在の英語力
　　①ほとんどできない・挨拶程度
　　②日常生活に最低限必要な程度
　　③日常生活が一通りこなせる
　　④日常会話レベル
　　⑤仕事や研究に支障がない（ビジネスレベル）
　　⑥ネイティブ・あるいはネイティブ同等レベル

日本の大学において提供される学生支援サービスについての質問です。

11. 大学には、学生が困ったり、悩んだりしたときに利用できる相談室があったり、相談できる専門家がいることを知っていますか？
    ①まったく知らない
    ②聞いたことはあるが詳しく知らない
    ③知っているが利用したことはない
    ④利用したことがある

12. 学生のための相談室や専門家のことについて、どのようにして知りましたか？
    □インターネット
    □留学生の手引き（留学生のためのハンドブック）
    □新入留学生向けのオリエンテーション・ガイダンス
    □先輩・友人・留学生会等
    □チューターや研究室の日本人学生
    □指導教員やゼミ・授業の担当の先生
    □留学生の担当の事務室や担当の先生
    □その他（　　　　　　　　　　）

13. 相談室などを利用したり、学内の専門家に相談したりすることについてどのように思いますか？　以下の項目が、あなたが感じたり、心配に思ったりすることにどの程度あてはまるか選んでください。
    まったく思わなかった＝1　あまり思わなかった＝2　少しそう思っていた＝3
    強くそう思っていた＝4
    (1) 友達や家族に相談したほうが役立つと思う
    (2) 同じ文化出身の人のほうが自分の問題をよく理解できる
    (3) 日本人はたとえ専門家であっても自分の問題は理解できない
    (4) 相手は留学生のことについてよく知らないのではないか
    (5) ことばの問題で相談相手は私の問題を十分に理解できない
    (6) 専門家に相談することが自分の直面している問題の解決にどのように役立つかわからない
    (7) もっと深刻な問題を持つ人が行くところだと思う
    (8) 日本語以外の言語では利用できないのではないか
    (9) 大学に相談すると成績や研究能力の評価に悪い影響がでるのではないか
    (10) 自分で問題解決のできない弱い人間だと思われるのではないか
    (11) 相談したことの秘密が適切に守られるかどうかわからない
    (12) 母国で専門家に相談したときにいやな体験をしたので利用したくない

(13) 相談していることを友達に知られてしまうのではないか
(14) 相談室の利用の仕方がわからない
(15) 利用する時間がない
(16) 知らない相手に個人的なことを話すのに抵抗がある
(17) 自分の母語以外の言葉では言いたいことが伝えられない
(18) どのようなサービスが利用できるのか知らない
(19) 利用するのにかかる費用が心配

14. その他,あなたが相談室を利用したり,専門家に相談したりすることに対して感じている心配や,意見がありましたら,自由にお書きください。
15. その他,大学が留学生に提供している学生支援のサービスについて改善点や意見がある方は自由にお書きください。

　留学生のための相談機関等について,さらにご意見を伺いたい場合,面接調査を実施予定です。面接への協力が可能な方は,メールアドレスを記入してください。

あとがき

　本書は，筆者が2006年から行っている留学生相談の経験を踏まえ，日々の実践から生まれてきた問いをリサーチクエスチョンとして進めてきた研究をまとめたものである。2014年に東京大学大学院教育学研究科に提出した博士論文「国際化する大学に求められる留学生支援とは何か？――多様性に対応するサービスの構築」の一部に大幅に修正を加え，また，論文提出以降も目まぐるしく展開している留学生受け入れ政策について，新たに加筆を行った。

　実践と研究を並行させることは，時間的・体力的にはなかなか大変であったが，日々の実践をより広い視点から捉えなおしていく作業から改めて学ぶことは多く，楽しくもあった。専任で留学生相談に従事するようになってから10年目の節目の年に本書を出版できたことを，大変光栄に思う。

　博士論文審査の主査をお引き受けくださった東京大学大学院教育学研究科・下山晴彦教授には，学部時代から今日まで，実に長い時間，ご指導をいただいてきた。中でも実践家が研究を行うことの意味，研究者の社会的責任・役割について学ばせていただいたことは，筆者の現場での基本姿勢に強く影響している。学部時代から一貫して，臨床心理学の中では関心の持たれにくいテーマに取り組んできたが，そうした研究の継続が可能であったのは，「心理援助実践」に対する自由な発想が許された下山研究室の風土によるところが大きい。自由な活動を許容しつつ，研究者としての姿勢に関して厳しくご指導をいただいたことに深く感謝を申し上げたい。また，支えあい学びあう院生コミュニティの中で大学院生活を送ることができたことは大変幸運なことであり，同時期に学んだ先輩，同級生，後輩の皆さんとの出会いは一生の宝物と感じている。

　さらに，東京大学大学院教育学研究科の恒吉僚子教授，能智正博教授，高橋美保准教授，福留東土准教授には，副査をお引き受けいただき，新しい切り口から様々なご指導をいただいた。これによって，考察を深めていくことが可能

となった．大学院を離れて長い時間が経過した後に，こうした学びの機会をくださった副査の先生方に，深く御礼を申し上げたい．

　博士論文の執筆に向けた研究に取り掛かるのと前後して，職場の上司であった栖原暁教授が急逝された．震災も重なり，混乱の中で心細い数年間を送ったが，今思えば上司に見守られ，様々なアイディアを実践の中で取り入れていくことが可能な環境下で，留学生相談の実践者としてのキャリアをスタートできたことは大変幸運であった．さらに，今現在も，ともに考え，悩み，憤りながら日々の学生対応を積み重ねている同僚たちに心から感謝をしたい．

　なお，第4〜6章の研究については，平成22年度日本心理臨床学会研究助成事業により助成を受け実施した．記して感謝したい．

　本書の執筆にあたっては，東京大学出版会の小室まどか氏から様々な助言をいただいた．本ができあがっていくプロセスを先導いただいて大変心強く感じた．御礼を申し上げたい．

　私自身の異文化に対する関心は，振り返ってみると，生活の中で時間をかけて育まれてきたものであった．異文化に対する淡い関心を留学という形で具体化させること，さらに大学院での長い研究生活が可能であったのは，両親の支えによるところが大きい．また，すでに四半世紀以上も前になってしまったが，米国での留学生としての1年間の生活は，自身の多様性に対する態度形成に大きな影響を及ぼすものであった．留学生活を支えてくれたホストファミリーや友人たちにも感謝したい．

　最後に，博士論文や本書の執筆は研究者としては大変貴重な経験であったが，それによって家族との時間を大幅に減らすこととなった．家族の理解や支え，我慢にもここで感謝したい．

　そして，何よりも異国の地で学び，大きく羽ばたいていく留学生の皆さんからは，常に力をいただいてきた．今後の留学生との関わりの中で，少しでも恩返しができれば幸いである．

2016年8月

大西晶子

索　引

あ行

アクセスしやすさ　53, 140
異文化滞在者　20, 57
異文化適応　35, 36, 38, 57
援助関係　47, 49, 212, 213
援助者と利用者の間の共通性　201
援助授受
　　——の個人的規範　167, 189
　　相互扶助的な——　192, 210
援助専門家　41, 230, 231
援助要請　208
　　——研究　211
　　——行動　42, 208, 210

か行

学生支援サービス　20, 194
　　——の国際化　221, 227
　　——の利用継続　194
　　——へのアクセス　189, 193, 194, 211
　　——の利用障壁　99
学生支援の3階層モデル　22
学生相談　22, 23
学生層の多様化　4, 77
可視的な類似性・共通性　48, 213
カテゴリー　148, 151
　　——関連図　153
　　——生成　153
環境要因　225
キャンパスの国際化　7, 221, 227
グラウンデッドセオリーアプローチ（GTA）
　　60, 62, 147, 149, 205
グローバル30　16

グローバル化　1, 2, 6
グローバル人材　17, 18, 222
　　——育成推進事業　17
高等教育の国際化　3, 223
高度人材　15, 18
交流プログラム　118, 133
国際化拠点整備事業　16
国費外国人留学生制度　9, 12, 31
国立大学の法人化　16, 22
個別相談　118, 122

さ行

サービス
　　——形態　22, 51-54, 74
　　——の一元化　13, 14, 217
　　——の専門分化　22, 24, 211
　　——の文化的適切性　46, 49
　　——の文脈依存性　51, 52
　　——の利用回避　44, 216
　　——利用の特徴　41
　　統合型の——　71, 74, 75, 218
　　分業型の——　76, 217
　　来室型の——　75, 147
自己解決志向性　191, 208
実際的な障壁　93
質的研究法　59
社会文化的適応　37
柔軟な援助構造　144, 217
上位システムとの協働　226
心理的コスト　208
心理的適応　35, 37
心理的な障壁　93
スーパーグローバル大学創成支援事業　19,

265

30
スティグマ　100, 105
ステレオタイプ　56, 88
専門家の社会的責任　229, 231
早期中断　211, 213
相談資源の利用率　41
ソーシャルサポート　38-41
　　──研究　40
　　──ネットワーク　39, 136
ソーシャルスキル　110
組織開発　223, 227
組織的次元　52
　　──の変化　224, 225

た行

大学コミュニティ　22, 54, 231
大学の国際化　2-4, 7
　　──推進施策　16
大学の世界ランキング　2, 19
大学のユニバーサル化　22
多機能サービス　143, 214
多文化カウンセリング　45, 46, 50
多文化対応力　48-50, 75, 87, 88, 213, 223
　　個人的な次元の──　49
　　組織的な次元の──　50, 87
　　マクロ的な次元の──　50
多様性
　　──推進の取り組み　50, 51, 223
　　──に対応したサービス　5, 215, 221
　　──に対する抵抗　218
　　集団内の──　56
短期滞在者　20
ディメンション　148
伝統的なカウンセリングモデル／カウンセラー役割　22, 23, 44

な行

日常的援助と専門的援助　173, 214, 215
日本語力　106-109
入国管理政策　10, 11

は行

包括的取り組み　223
被援助志向性　44, 210
非専門家　20, 41
負債感　40, 200, 208
プロパティ　148
文化差　37, 88
文化的アイデンティティ　52, 57
文化的距離　37, 38
文化的呼応性懸念　100, 103, 108, 216
文化的少数派　20, 37, 41, 42, 46, 55
文化的多様性　56, 58, 94
文化的にセンシティブな研究／サービス／調査　57, 75, 226
文化的に適切な対応　48, 214
文化変容　43, 53, 110
文化や民族の一致　47

ま行

マッチング
　　──の影響／効果　46-48
　　──方略　53
　　専門家と利用者の属性の──　46

や・ら・わ行

よろず相談　138, 140
留学生　19, 55, 56
　　──10万人計画　9, 24
　　──30万人計画　10, 15
　　──指導担当教員　13, 29
　　──に対するカウンセリング　20
留学生アドバイザー　28
留学生アドバイジング　25, 28
留学生受け入れ　11
　　──理念の転換　15
留学生会　137
留学生支援　19-21, 24, 26, 29
　　──体制　12, 23, 65
　　──の場の機能　227
留学生政策　12, 15, 16, 21

留学生センター　　13, 14, 16, 71
留学生相談　　20, 21, 23, 25, 27, 73
　　──体制　　71, 74, 85
　　──の専門性　　26, 27

量的研究法　　59
理論的サンプリング　　148
理論的飽和　　149, 204
連携　　77, 89

著者略歴
1997 年　東京大学教育学部卒業
1999 年　東京大学大学院教育学研究科修士課程修了
2005 年　東京大学大学院教育学研究科博士課程満期退学
博士（教育学）・臨床心理士
東京大学留学生センター講師，同・国際本部国際センター本郷オフィス講師を経て，
現　　在　東京大学国際本部国際センター本郷オフィス准教授（2013 年〜）
主　　著　『学生相談必携 GUIDEBOOK』（下山晴彦ほか編，分担執筆，金剛出版，2012 年）
　　　　　『エンパワメントのカウンセリング』（井上孝代編著，分担執筆，川島書店，2007 年）ほか

キャンパスの国際化と留学生相談
多様性に対応した学生支援サービスの構築

2016 年 9 月 21 日　初　版

［検印廃止］

著　者　大西晶子（おおにしあきこ）

発行所　一般財団法人　東京大学出版会
　　　　代表者　古田元夫
　　　　153-0041 東京都目黒区駒場4-5-29
　　　　http://www.utp.or.jp/
　　　　電話 03-6407-1069　Fax 03-6407-1991
　　　　振替 00160-6-59964

組　版　有限会社プログレス
印刷所　株式会社ヒライ
製本所　誠製本株式会社

©2016 Akiko Ōnishi
ISBN 978-4-13-011144-7　Printed in Japan

JCOPY 〈(社)出版者著作権管理機構 委託出版物〉
本書の無断複写は著作権法上での例外を除き禁じられています．複写される場合は，そのつど事前に，(社)出版者著作権管理機構（電話 03-3513-6969，FAX 03-3513-6979，e-mail: info@jcopy.or.jp）の許諾を得てください．

チームワークの心理学──エビデンスに基づいた実践へのヒント
マイケル・A・ウェスト　下山晴彦(監修)　高橋美保(訳)　A5判・416頁・2800円
実証にもとづく心理学の観点から，タスクの設定，リーダーシップ，問題解決などのポイントを解説し，事例や実用的チェックリストを多数掲載．メンバーの学びと育ちを促進するチームづくりに必携の，世界12ヶ国で翻訳されたロングセラー．

外国人の子どもと日本の教育──不就学問題と多文化共生の課題
宮島 喬・太田晴雄(編)　A5判・272頁・3800円
学校に行かない外国人の子どもたちが増えている．学習の機会を剝奪され，あるいは学校で文化の壁に直面する子どもたちの現実．ニューカマー外国人の状況や日本の学校制度の問題，支援のあり方などを分析し，多文化に開かれた教育の姿を探る．

留学生と日本人学生のためのレポート・論文表現ハンドブック
二通信子・大島弥生・佐藤勢紀子・因 京子・山本富美子　A5判・234頁・2500円
アカデミックな文章における日本語表現を網羅．343表現を項目ごとに分類，実例とともに解説．さらに，レポート・論文の種類，引用の仕方や文献の示し方など，学生に必要な知識をまとめる．

うつと援助をつなぐ──援助資源マッチングに向けた臨床心理学研究
梅垣佑介　A5判・224頁・5400円
うつ病の病識認知に多彩な研究法を駆使して接近し，専門的支援と潜在的なニーズとの接合と，そこにおけるコミュニティ，インターネットがもつ可能性を提言する．

ここに表示された価格は本体価格です．ご購入の際には消費税が加算されますのでご了承ください．